Schulz · Außergewöhnliche Fahrrad-Touren

Thomas Schulz

Außergewöhnliche Fahrrad-Touren

Vorbereitung · Ausrüstung · Routen

Pietsch Verlag Stuttgart

Umschlaggestaltung: Siegfried Horn

Fotos: Markus Bolsinger (27), Martin Breuninger (5), Helmut Hermann (1), Hans-Georg Isenberg (4), Klaus-Dieter Jaensch (2), Harald Kuhnle (1), Staiger KG (5), Rest vom Verfasser.

Karten: Herbert Emmer

ISBN 3-613-50016-7

2. Auflage 1987
Copyright © by Pietsch Verlag, Postfach 1370, 7000 Stuttgart 1.
Eine Abteilung des Buch- und Verlagshauses Paul Pietsch GmbH & Co. KG.
Sämtliche Rechte der Verbreitung – in jeglicher Form und Technik –
sind vorbehalten.
Gesamtherstellung: Wilhelm Röck, 7102 Weinsberg.
Printed in Germany.

Inhalt

Vorwort

Die Idee zu diesem Buch entstand – wie sollte es auch anders sein – auf einer Radtour. Es muß Anfang Juli 1984 gewesen sein, irgendwo im Niederbayrischen, als mir der Gedanke kam. Wir waren gerade erst ein paar Tage unterwegs in Richtung Budapest, es war lausig kalt für einen Julitag, und ein feiner Sprühregen deckte uns ein. Wir kämpften uns eine lange Steigung hinauf – Klaus war mit seinem Zehngang-Rad schon fast oben, und jeder Berg ist eine Herausforderung für ihn; Absteigen und Schieben ist nicht drin! Dicht gefolgt von Ekke, der auf seinem 18-Gang-Mountain-Bike ständig damit beschäftigt war, den gerade erforderlichen Gang zu suchen. Weil die Schaltung nicht ganz korrekt eingestellt war, hörte man ein Krachen, Knakken und Klappern – schmerzhafte Töne für jeden Radler. Ganz hinten in unserem Feld saß Tommy Bauer wie ein Monument auf seinem großen schweren Dreigang-Rad, das es, als es fabrikneu war, sofort dunkelgrün anstrich, »zur Tarnung«, wie er sagt. Unerschütterlich-gleichmäßig kurbelte er so den Berg hinauf. Was wie Schwerstarbeit aussah, war in Wirklichkeit ein in Fleisch und Blut übergegangener runder Tritt, ein auf zigtausenden von Kilometern eingespielter Rhythmus. Mitten drin: Ich mit meinem Fünfgang-Sportrad, mehr liegend als sitzend, den Kopf tief zwischen die Schultern gezogen.

Hier, an diesem Berg war es, als mir der Gedanke kam, unsere gemeinsamen und persönlichen Tour-Erfahrungen in einem Buch zusammenzufassen. Vier ganz unterschiedliche Charaktere, die sich, wenn sie einmal im Fahrrad-Sattel sitzen, ohne viel Worte bestens verstehen. Dazu vier so völlig verschiedene Fahrrad-Modelle, die dennoch eines gemeinsam haben: daß sie einen ans Ziel bringen, wenn man es nur will.

Es muß also mehr dabei sein, als Kondition und perfekte Vorbereitung. Aber was? Vielleicht eine unbestimmte Suche nach Abenteuern. Eine Mischung aus Fernweh und Alltagsfrust. Angst davor, älter zu werden und deshalb der Beweis für sich selbst, es jederzeit wieder zu schaffen. Das eine oder andere Motiv ist immer mit dabei, oder alle zusammen. Sicher ist eines:

Wer bereit ist, sich für ein paar Wochen völlig aus seiner gewohnten Umgebung zu lösen und den Alltag, den beruflichen wie den privaten, hinter sich zu lassen, der erfüllt die allerwichtigste Voraussetzung für eine große Tour. Es sind die unvorhersehbaren Situationen, die das Interessante daran ausmachen: Das Wetter ist unberechenbar; die Frage, wo und wie man am Abend übernachtet, stellt sich jeden Tag aufs neue; Einkaufsmöglichkeiten und Wasserstellen muß man immer neu auskundschaften. Dazu kommt, daß Straßenkarten nicht immer ganz aktuell und Umwege deshalb an der Tagesordnung sind. Es sind nicht zuletzt auch die politischen Umstände in den jeweiligen Ländern, die eine kurzfristige Änderung der Pläne notwendig machen können.

In dem Moment jedoch, in dem man sein Ziel erreicht hat, sind alle Schwierigkeiten wie weggeblasen. Ich werde nie den Augenblick vergessen, als auf unserer ersten großen Tour, nach knapp 3000 Kilometern und dreieinhalb Wochen strapaziöser Fahrt, die Minarette der Blauen Moschee in Istanbul aus dem Dunst auftauchten – es war eine mit Worten schwer zu beschreibende Befriedigung, aber auch eine Neugier in mir. Nicht das Empfinden, »es geschafft« zu haben, sondern das Gefühl, als würde eine Tür in meinem Kopf aufgestoßen, hinter der ganz neue, fantastische Welten zum Vorschein kamen. Es war in der Tat eine Bewußtseins-Erweiterung, und von diesem Moment an war ich ein anderer Mensch.

Von da an stand jedes Jahr eine andere Radtour auf dem Programm. Jedes Mal waren wir hinterher körperlich ziemlich geschafft. Doch bereits kurze Zeit später planten wir schon die nächste Tour. Und so wird es vermutlich noch lange weitergehen.

Unsere Tour-Erfahrungen sollen in diesem Buch zur Sprache kommen – so knapp, wie es der Platz erlaubt, aber so ausführlich, wie es nötig ist, um dem Leser etwas von der Faszination einer großen Rad-Tour zu vermitteln. Mit keinem anderen Verkehrsmittel werden die Sinne so stark gefordert. Körper und Geist werden mit der Zeit freier, das Erleben steigert sich ganz intensiv.

Der Kontakt zu den Einheimischen ist überall – ob in Spanien oder der Türkei – direkter. In den Augen der allermeisten Menschen (Ausnahmen gibt es immer) kann ein Fahrrad-Fahrer, der schon ein paar tausend Kilometer hinter sich hat, kein schlechter Zeitgenosse sein. Und dies äußert sich immer und überall in einer unvoreingenommenen Freundlichkeit und Hilfsbereitschaft. Einladungen zu Familienfesten sind ebenso selbstverständlich wie das Angebot, auf der Wiese hinter dem Haus zu übernachten.

Mancher wird sich sagen: ich werde es nie schaffen, mit dem Fahrrad große Strecken hinter mich zu bringen. Irrtum: Fast jeder kommt fast überall hin, vorausgesetzt, er hat sich sein Ziel fest in den Kopf gesetzt. Egal, ob man nun

50 Kilometer am Tag zurücklegt oder 150, entscheidend sind nicht Material und Geschwindigkeit, sondern Ausdauer und Geduld mit sich selbst. Zugegeben: Das Thema Kondition ist wichtig, aber nicht allein entscheidend. Es gibt ein paar Dutzend Bücher zum Thema Fahrrad oder Fahrrad-Reisen; sie alle nehmen die Kondition zu wichtig. Die einen, weil sie das Radfahren mit Hochleistungssport verwechseln und erklären, wie man möglichst schnell mit dem Fahrrad von A nach B kommt. Und dann die anderen, die eine gewisse Scheu davor haben, ihren Lesern zu sagen, daß Radfahren tatsächlich anstrengend sein kann und deshalb Radwander-Routen vorstellen, bei denen die Leute womöglich mit dem Zug anreisen, Tagesetappen von 30 bis 40 Kilometern machen und jeden Abend ein Hotel mit Dusche suchen. Weder die eine noch die andere Version von Fahrrad-Tour wird in diesem Buch offeriert. Sondern die erklärte Meinung, daß besondere körperliche Fitness nicht die wichtigste Voraussetzung ist, höchstens eine angenehme Folge. Daß zweitens eine unvoreingenommene Haltung zu dieser besonderen Urlaubsart mindestens ebenso wichtig ist: Man macht um große Städte einen möglichst großen Bogen, meidet Hotels – und verzichtet damit absichtlich auf die allabendliche warme Dusche oder weiche Betten. Man versucht, sich ausreichend, aber preisgünstig zu ernähren, das heißt, man meidet großartige Restaurants.

Im Prinzip ist es nichts anderes als der Versuch, so intensiv wie möglich in und mit der Natur zu leben – im Freien zu schlafen, sich zeitweise von Feldfrüchten zu ernähren, Nebenstraßen zu benutzen. Das mag etwas romantisch klingen, aber für einen Mitteleuropäer, der die meiste Zeit seines Lebens in einer Großstadt verbracht hat, bedeutet eine mehrwöchige oder gar mehrmonatige Tour mit dem Fahrrad, ein ganz neues Verhältnis zur Natur und Umwelt zu finden.

Ich behaupte: Jeder ist körperlich, zeitlich und finanziell in der Lage, es uns gleichzutun. Und fast jedes Rad ist dafür geeignet, denn mit geringem Aufwand läßt es sich tourentauglich machen. So erklärt sich auch der Aufbau des Buches: im ersten Teil, dem theoretischen oder technischen, erfährt man, was man vor dem Start beachten sollte. Und es wird deutlich, daß die Vorbereitungen kein Hexenwerk und auch keine Frage des Geldes sind. Mut zum Risiko ist viel wichtiger als peinlich genaue Vorbereitung. Eine Radtour ist nicht dann erfolgreich, wenn alles nach Plan abläuft.

Zugegeben: man kann auch an einem Wochenende ganz neue Erfahrungen machen. Oder auf einer 100-Kilometer-Tour. Wer aber seine persönlichen Grenzen sucht und bereit ist, ein paar Wochen oder Monate im Sattel fremde Länder und Kulturen kennenzulernen, dem eröffnen sich ganz neue Erkenntnisse über sich selbst. Der Alltag im Beruf oder Privatleben kann einem irgendwann nichts Neues mehr bieten – in Extremsituationen jedoch tun sich völlig neuartige Aspekte auf.

Der zweite Teil des Buches versucht, in Reportagen, das wichtigste über die einzelnen Reiseländer mit den ganz persönlichen Erlebnissen zu verbinden.

Vielleicht, und das ist meine erklärte Absicht, legt mancher Leser oder manche Leserin das Buch nach der Lektüre beiseite und macht sich ohne Umschweife daran, eine große Tour vorzubereiten.

TEIL 1

Einleitung

Pioniere im Fahrrad-Sattel

Am 22. April 1884 stieg Thomas Stevens, ein Brite, der mit seinen Eltern in die Staaten ausgewandert war, in San Francisco auf ein Hochrad und fuhr winkend nach Osten. Fast zweieinhalb Jahre später, am 17. Dezember 1886 radelte er triumphierend in der japanischen Stadt Yokohama ein. Hinter ihm lagen 20 000 Meilen und Erfahrungen, die zur damaligen Zeit höchst exotisch klangen.

1884: Thomas Stevens fährt mit dem Hochrad um die Welt

Das Buch erzählt: »Hunger, Kälte, Wüsten, Überschwemmungen und Erdrutsche, Bären, Wölfe, wilde Hunde und Schlangen, Flöhe und Mücken setzten ihm zu. Und er litt unter der unstillbaren Neugier der Ungarn, Serben, Türken, Perser und Afghanen, die ihn auf seinem vernickelten Stahlroß reiten sehen wollten.«

Stevens freilich kommentierte später mit trockenem Humor die größten Anstrengungen und unwahrscheinlichsten Begebenheiten: So nennt er Bayern, das er auf dem Weg vom Elsaß nach Wien durchquert, das »bierdurstigste und wurstreichste Land«, und über die Schwäbinnen urteilt er beispielsweise: »Auf den abstoßenden Ebenen Württembergs sieht man sich unter den Frauen vergebens nach einer einnehmenden Gestalt oder einem gewinnenden Antlitze um ...« Er überstand auf seinem Weg die übelsten Straßen, den größten Matsch, Schneestürme und reißende Flüsse und setzte sich mit diebischen Begleitern und steinewerfenden Kindern auseinander – und das alles vom Hochrad aus!

Thomas Stevens war zweifellos einer der Ersten und Mutigsten, die sich, ganz allein auch noch, mit dem Fahrrad auf Tour begaben. Kauzige Zeitgenossen finden sich jedoch auch in der jüngeren Geschichte: Im Jahre 1937 setzte sich der Stuttgarter Musikprofessor Karl Isenberg mit seiner späteren Frau Lise auf ein Tandem. Ziel: Istanbul. Drei Monate waren die beiden unterwegs. Und überall, wo sich die Gelegenheit bot, setzte sich Karl Isenberg hin und schrieb bei Volksfesten und Familienfeierlichkeiten die Musik mit. Note für Note. Denn Tonbänder waren damals noch unbekannt und moderne Kassetten-Rekorder noch lange nicht in Sicht.

Die Studenten haben es ihm gedankt.

Pioniere im Sattel wird es immer wieder geben, solange es Leute gibt, die spontan beschließen, aus ihrem Alltagstrott auszubrechen. Helmut Hermann aus dem schwäbischen Markgröningen schreibt in seinem Reisetagebuch: »Heute ist ein Freitag im Februar 1974, heute werde ich in Kapstadt sein. Es sind noch 60 Kilometer. Der leichte Frühnebel verspricht einen sonnigen Tag. Schnurgerade senkt sich die Straße dem Meer zu, die Berge bleiben zurück. To Capetown 50 km, to Capetown 40 km, to Capetown 20 km. Die schnurgerade Straße wird belebter. Und dann das Ortsschild: Capetown-Kaapstad. Ich bin am Ziel. Ein Kontinent ist durchradelt. Der Kilometerzähler am Vorderrad steht auf 10 273.«

Fast ein Jahr war Helmut Hermann unterwegs, von Algier bis nach Kapstadt. Nach seiner Rückkehr schrieb er ein Buch (»Heiße Tour Afrika«). Sein Bericht ist mehr als eine Reportage. Es ist das Glaubensbekenntnis eines »Rad-Verrückten«, wie Uneingeweihte vielleicht sagen würden. Zehntausend Kilometer durch Wüste und Urwald, unter glühender Sonne, durch

1974: Helmut Hermann mit Fahrrad im Kongo

prasselnde Wolkenbrüche, mit Malaria-Infektionen, haben Helmut Hermann das Letzte abverlangt, Doch kaum ein anderer hat Afrika in seiner wilden Schönheit und Ursprünglichkeit so unverfälscht erlebt wie er.

Und was für Helmut Hermann und seine Afrika-Tour gilt, gilt auch für jede andere Radtour, ob sie nun nach Irland führt oder durch den Balkan, Das Wichtigste, was man braucht, ist nicht das richtige Rad, sondern die richtige Einstellung zu dieser zwar ungewöhnlichen, aber ebenso intensiven Reise-Methode.

Ein paar grundsätzliche Gedanken vorweg

Wohin, wann, wie lange?
Allein, zu zweit oder in der Gruppe?

DAS WOHIN

Natürlich sind die Reportagen im zweiten Teil des Buches zur Nachahmung gedacht. Sie stellen aber nur eine Auswahl und keine Eingrenzung dar. Radfahren kann man überall und auch fast überall hin. Sogar in China. Jeder hat außerdem ein Lieblings-Urlaubsland, das er einmal mit dem Fahrrad bereisen möchte. Das wäre nicht die schlechteste Idee. Es gibt Leute, zu denen gehöre ich übrigens auch, die fuhren schon ein Dutzend Mal mit dem Auto an die Costa Brava, bevor sie auf die Idee kamen, die vermeintlich gut bekannte Strecke mit dem Fahrrad zurückzulegen. Dabei stellt sich schnell heraus, daß man die Strecke garnicht kennt, sondern nur die Autobahn-Raststätten. Auf dem Fahrrad lernt man jedes Dorf kennen, jeden Bach, die Unterschiede in der Vegetation und der Architektur.

Ein Wörterbuch mitzunehmen ist immer empfehlenswert. Echte Verständigungsprobleme gibt es aber nirgends. Die Bereitschaft, weiterzuhelfen, ist bei den Nachbarn im Ausland gegenüber Fahrrad-Fahrern enorm. Welch ein Unterschied zu einem Auto-Touristen. Wahre Triumphe kann man in der Türkei feiern, wenn man zwischen Wasserbüffeln und Kamelen mit dem Rad ins Dorf einfährt. Aber auch in Frankreich und Italien, den klassischen Radsport-Nationen, ist der Rad-Tourer gleich ein Sportsfreund, kein Fremder mehr. Und keine Angst vor abgelegenen Wegstrecken.

Wer nicht gerade nach Schwarzafrika fahren will, sich um Dschungel-Gebiete oder Regenzeiten also nicht kümmern muß, findet auch fast überall Straßen oder Wege, auf denen man mit dem Fahrrad vorwärtskommt. Die besten Radwege findet man natürlich in Holland, der Urheimat des Radelns. Schlechte Streckenverhältnisse können dagegen überall auftauchen, selbst in Deutschland. Es kommt oft vor, daß sich irgendwo in Württemberg oder

15

Bayern ein asphaltierter Weg gerade dann in nichts auflöst, wenn man sich über ihn freut. In der Tat bei uns muß für Radfahrer noch viel getan werden!

Die Frage nach dem Wohin sollte also nicht mit der Frage nach den Straßenverhältnissen beantwortet werden. Gute Karten muß man haben! Das ist Grundbedingung. Ohne erstklassige Touren-Karten verfährt man sich schon im Schwarzwald und flucht dann über sein Ungeschick. Zum Thema Karten kommen wir später noch ausführlich. Zunächst jedoch die Frage nach dem Wann?

DAS WANN

Wenn irgend möglich, sollte man seine Tour so legen, daß sie nicht in die Schulferien fällt. Zwischen Pfingsten und Hochsommer am besten oder, sofern man gen Süden radelt, im Frühjahr oder Herbst. Auf keinen Fall jedoch macht es Spaß, zwischen Auto-Touristen umherzufahren. Je weiter man sich von Mitteleuropa entfernt, desto geringer wird naturgemäß die Gefahr, auf überfüllte Straßen und Strände zu stoßen. Wer auf die Sommerferien zurückgreifen muß, weil er selbst noch zur Schule geht, muß damit leben und sich so gut es eben geht, abseits der Hauptverkehrswege halten.

Ideale Reisemonate für alle europäischen Länder sind Mai und Juni. Überall ist es grün, schon einigermaßen warm, im Süden teilweise schon heiß. Im übrigen ist kühles Wetter auf dem Fahrrad leichter zu ertragen als Gluthitze. Es ist ein Irrtum, zu glauben, daß es zum Radfahren immer schön warm zu sein hat. Mit entsprechender Kleidung kann man locker auch bei zwölf bis 15 Grad Celsius fahren. Bei über 30° hingegen und die sind in Südjugoslawien, Griechenland oder der Türkei keine Seltenheit, es können auch mal 40° sein – wird das Radfahren geradezu gefährlich für den Kreislauf. Ein Hitzschlag kündigt sich immer mit leichten Schwindelgefühlen und Frösteln an. Und dann ist es meist schon zu spät.

Im Norden dagegen regnet es, auch im Hochsommer, unvermittelt. Ein irischer Landregen darf einen jedoch nicht zur Verzweiflung bringen. Denn erstens gibt es gute Kleidung und immer auch einen Pub oder sonstige Raststätten, wo man die nächste Trockenperiode abwarten kann. Die Zeit dort läßt sich sinnvoll nutzen, sei es für Reparaturen oder zum Briefeschreiben oder auch zum Schlafen.

Keine Angst vor dem Wetter oder klimatischen Besonderheiten der jeweiligen Länder. Man braucht immer etwas Glück, was das Wetter angeht. Auf dem Fahrrad wird es einem nur bewußter. Und das ist gut so. Es geht darum, mit der Natur zu leben und nicht gegen sie.

Eine Möglichkeit, das Wetter gewissermaßen zu überlisten, wäre, im

Herbst, Mitte September beispielsweise, in Deutschland loszufahren und sich in Richtung Süden zu orientieren. Dort ist es, vor allem an der Küste, im Herbst noch warm genug. Man fährt also der drohenden Winterfront nach Süden davon. Die Rückreise erfolgt dann per Bahn oder Flugzeug. Sofern man nicht Lust bekommt, gleich zu überwintern und erst im Frühjahr zurückzufahren. Das führt zur nächsten Frage: dem Wie lange?

WIE LANGE?

Im Idealfall: je länger, desto besser. Nicht deshalb, weil man sich dann auf der Fahrt absichtlich mehr Zeit läßt und die Tagesetappen auf unwesentliche Entfernungen kürzt. Sondern weil der zeitliche Druck wegfällt, zu einem bestimmten Zeitpunkt am Ziel sein zu müssen. Als Minimum sollte man drei Wochen ansetzen, damit der Körper auch genügend Zeit bekommt, sich umzustellen. Und damit sich der anfängliche Trennungsschmerz von der Zivilisation legt und einem neuen Gefühl der Freiheit weichen kann. Optimal sind sechs Wochen bis zwei Monate. (Unsere längste Tour dauerte drei Monate und ging über 6000 Kilometer). Immer vorausgesetzt, ein mehrwöchiger Urlaub läßt sich mit dem Beruf in Einklang bringen. Nicht jeder bekommt mehr unbezahlten Urlaub. Und nicht jeder will seinen gesamten Jahresurlaub auf einmal verplanen.

Um das Reiseziel und die Zeit, die man zur Verfügung hat, in ein vernünftiges Verhältnis zu setzen, sollte man als erstes klären, ob man die Strecke hin und zurück per Fahrrad bewältigen will oder »Nur« einfach und sich dann per Bahn oder Flugzeug auf die Rückreise begibt.

Von vornherein kann man auch längere Ruhepausen einplanen. Das Ziel dieser Überlegungen ist, anhand eines groben Etappenplans sicherzustellen, daß das anvisierte Ziel innerhalb der vorgesehenen Zeit auch erreichbar ist. Dabei errechnen sich die Tagesetappen weniger aus der Durchschnittsgeschwindigkeit – sie kann auf ebener und guter Straße zwischen 20 und 25 km/h betragen –, als vielmehr aus der Zähigkeit des Sitzfleisches. Wer mit einigermaßen guter Kondition an den Start geht, schafft locker 100 Kilometer am Tag. Aufgeteilt in Abschnitte von zwei bis drei Stunden summieren sich die Kilometer. Selbst 80 Kilometer am Tag läppern sich ohne weiteres zusammen. Quälen muß man sich dabei nicht, man sollte lediglich früh losfahren. Wie beim Bergwandern. Früh los, dann hat man mittags schon 80 Kilometer auf dem Zähler, und der Rest ist Routine. Besonders im Süden wird es gegen ein, zwei Uhr mittags unerträglich heiß, und eine mehrstündige Pause ist angebracht. Die Etappen nicht zu knapp wählen, lieber 30 oder 40 Kilometer durchradeln und dann wieder eine Pause einlegen.

Beispiel: Wir waren unterwegs in Südjugoslawien, es war Hochsommer, und wir wußten, daß es am Nachmittag brütend heiß werden würde. Wir fuhren um halb acht los und hatten – mit nur einer Pause – um halb zwölf bereits 90 Kilometer zurückgelegt. Danach radelten wir bis halb zwei (120 km), machten Pause bis um fünf Uhr nachmittags und legten anschließend noch einmal 40 Kilometer zurück. Eine durchschnittliche Fahrzeit von sechs bis acht Stunden ist nicht zuviel und ergibt summa summarum auch eine gute Tages-Strecke. Günstige Windverhältnisse nimmt man gern zum Anlaß, verstärkt in die Pedale zu treten, ebenso eine schön asphaltierte Straße, die zudem noch eben ist.

Unser Rekord: Von Granada in der Sierra Nevada bis Marbella an der Costa del Sol in zehn Stunden: macht 196 Kilometer, dank Windstille und lediglich einem nennenswerten Berg. Keine Angst vor großen Etappen!

ALLEIN, ZU ZWEIT ODER IN DER GRUPPE?

Wer allein fährt, ist nicht unbedingt einsam. Überall trifft man auf Radler, mit denen sich Erfahrungen austauschen lassen. Überall stößt man bei den Einheimischen auf reges Interesse an Person, Rad und dem »Sinn« der Sache. Aber: zu zweit macht es mehr Spaß. Was für viele Hobbys gilt, trifft eben auch auf Radtouren zu. An einem steilen Berg läßt sich zu zwei viel schöner fluchen als ganz allein. Und wenn der Gipfel erreicht ist und zur Belohnung sich die Abfahrt auftut, dann kann man sich zu zweit auch viel schöner darüber freuen. Den Gefühlen Ausdruck zu geben, sie einem anderen mitzuteilen, macht sie um so stärker.

Praktischer Nebeneffekt: Alles Werkzeug kann verteilt werden, das bedeutet eine nicht geringe Gewichtsersparnis für den einzelnen.

Zu dritt geht's natürlich auch, genauso wie zu viert. Aber bei wievielen ist die Grenze der Effektivität erreicht? Unsere ganz subjektive Erfahrung: Zu dritt oder zu viert macht die Radtour am meisten Spaß. Bei Gruppen von acht oder mehr Radlern wird es kritisch. Das Feld kann sich aufgrund des unterschiedlichen Rhythmus ziemlich auseinanderziehen, jeder Defekt eines einzelnen bedeutet Stopp für alle. Kleinere Probleme am Rad kommen alle Tage vor, und sie lassen sich meist auch schnell beheben. Bei drei Leuten heißt das aber nur dreimal Anhalten, bei zehn Leuten zehnmal. Unter Freunden ist das so eine Sache: Bei den häufigen Extrem-Situationen, beim Fahren unter sengender Sonne, Hunger, Durst und Erschöpfung, führen die psychischen Belastungen entweder dazu, daß sich die Freundschaft noch mehr festigt, oder dazu, daß man sich voneinander entfernt. Unter Streß kann man sich selbst und dem Freund nicht lange etwas vormachen. Das sogenannte »wahre Gesicht« zeigt sich spätestens dann, wenn einem die antrainierten oberflächlichen Verhaltensweisen des Alltags nichts mehr nützen.

Und eines soll hier betont werden: Es macht nicht den geringsten Unterschied, ob man als Mann in einer Männergruppe, als Frau in einer Frauengruppe oder bunt gemischt unterwegs ist. Frauen sind Männern konditionell nicht unbedingt unterlegen, und es hat sich erwiesen, daß Frauen bei irgendwelchen Schwierigkeiten oft die besseren Nerven haben. Eine Radtour ist schließlich auch eine gute Übung in sozialem Verhalten.

DIE SPORTMEDIZINISCHE SEITE DES GANZEN:

Was tut sich auf der Tour im Körper?

Das Bild ist bekannt: Jemand sitzt auf einem Fahrrad-ähnlichen Gestell und strampelt, ohne jedoch voranzukommen. Ein sogenannter »Home-Trainer«, eine Apparatur, auf der sich Übergewichtige ihre Pfunde abtrainieren wollen. In den wenigsten Fällen klappt das Vorhaben. Oft ist ein Herzinfarkt die Folge und nicht Fitneß. Dahinter steckt zweierlei: einmal, daß das Fahrradfahren tatsächlich den Körper schnell auf Hochtouren bringt und deshalb sowohl gut als auch gefährlich für den Organismus sein kann. Und weil das so ist, ist das Radfahren andererseits für die Wissenschaft ein wertvoller Maßstab der körperlichen Leistungsfähigkeit – medizinisch »Fahrrad-Ergometrie« genannt.

Wer regelmäßig Rad fährt, und wenn es auch nur kleine Strecken sind, dem kann die plötzlich Belastung bei einer Radtour kaum gefährlich werden. Wer jedoch, möglicherweise durch dieses Buch angeregt, aus seinem Büro-Leben ausbricht und sich in den Sattel schwingt, um gleich am ersten Tag 150 Kilometer zurückzulegen, der lebt gefährlich! Der Körper muß sich langsam an die Mehrbelastung gewöhnen. Daß sich jeder Organismus bei einer Radtour auf die veränderten Bedingungen einstellt, steht außer Frage. Unterschiedlich ist die Zeitspanne, die der einzelne dazu benötigt. Wer vorsichtig losfährt, seinen Körper am Anfang nicht zu sehr strapaziert, läuft wenig Gefahr. Eine gewisse Anstrengung jedoch ist ebenso wichtig. Das richtige Maß zu finden, bleibt immer schwierig.

Am besten, man trainiert sich eine gewisse Zeit vor der Tour, indem man immer mal wieder bestimmte Strecken nach Feierabend oder am Wochenende abfährt. Der Trainingseffekt stellt sich jedoch nur dann ein, wenn der Körper in leicht steigendem Maß belastet wird. Orientierungshilfe: einmal so richtig Schwitzen pro Tour, dann langsam treten, bis sich der Pulsschlag merklich beruhigt hat. Wer stets die gleichen Strecken fährt, wird schnell feststellen, daß der Punkt, an dem man zu Schwitzen anfängt, immer weiter hinausgezögert wird. Am besten eignet sich ein langgezogener Berg, an dem sich gut Markierungspunkte festmachen lassen. So lassen sich die Fortschritte ablesen.

Wer völlig untrainiert auf Tour geht, der sollte möglichst schonend beginnen. Natürlich ist es vertretbar, ohne Vorbereitung loszufahren. Das Training wird dann eben auf der Tour selbst nachgeholt. Ein Aspekt verbietet diese Alternative jedoch: Es macht einfach keinen Spaß, schon am kleinsten Berg absteigen zu müssen. Psychologisch also eine sehr schlechte Voraussetzung. Selbstzweifel zerstören die rechte Lust an der Tour.

Eins läßt sich auch bei guter Vorbereitung nicht immer ausschließen: ein Muskelkater. Doch keine Angst davor. Er wird mit Sicherheit nach ein paar Tagen für den Test der Tour verschwunden sein. Ein Muskelkater in den Oberschenkeln ist am häufigsten, aber er kann auch an ganz unerwarteten Stellen auftreten – auf dem Rücken zum Beispiel. Das hängt mit den besonderen Bewegungsabläufen beim Radfahren zusammen: Zur sogenannten »leistungsbestimmenden Muskulatur« gehören neben den Beinmuskeln auch die Armmuskeln. In der Ebene nahezu untätig, setzt die Armarbeit immer dann ein, wenn es an einen Berg geht. Jeder kann das beobachten: Jedesmal, wenn der Tritt aufs Pedal verstärkt wird, also am Berg, erfolgt eine Bewegung im Ellbogengelenk, ein »Zug« des Oberarms nach hinten. Und dieser Ablauf geht über die Bauchmuskulatur und über die Schulterblätter. Bei langen Steigungen, vor allem, wenn sie am Anfang der Tour häufig auftreten, werden so Bein-, Arm- und Rückenmuskulatur beansprucht. Angst vor Muskelkater ist jedoch, wie gesagt, unbegründet.

Es bliebe noch zu erwähnen, daß falscher Ehrgeiz sehr ungesund sein kann. Der Körper meldet sich, wenn seine Reserven erschöpft sind, man sollte auf ihn hören. Nicht dem ersten im Feld den Platz streitig machen wollen!

Das Wichtigste bei der ganzen Sache: das Rad

Aber: Rad ist nicht immer gleich Rad. Warum? Selbst ein nagelneues Rad aus dem Fachgeschäft eignet sich, so wie es ist, noch nicht für den großen Trip. Und ein altes Rad ist andererseits, bei entsprechender Umrüstung, immer noch gut genug für eine weite Reise.

Es ist klar: Die Fahrrad-Hersteller liefern mit ihrer ganzen Palette an verschiedenen Ausführungen brauchbare Qualität zu vernünftigen Preisen. Aber die zugrunde gelegten Konstruktionsprinzipien gehen nicht davon aus, daß sich der Käufer vor dem Fahrrad-Laden in den Sattel schwingt und 5000 Kilometer abspult. Dafür sind die Räder einfach nicht gebaut. Die Käuferschicht wäre viel zu klein.

Ein altes, in Ehren verstaubtes Gefährt dagegen mag stabiler aussehen als ein glänzendes fabrikneues Sportrad. Man kann aber jederzeit, und im übrigen mit geringer Investition, ein tourentaugliches Reise-Rad darauf zaubern. Jedes Rad, ob neu oder alt, hat seine Tücken. Das beginnt damit, daß man an einem Neu-Rad sämtliche Schrauben und Lager nachziehen und alle Züge schmieren muß, weil diese sich im Betrieb nach kürzester Zeit lockern, beziehungsweise trocken gehen. Das gleiche gilt für ein altes Rad, bei dem man unter Umständen gleich neue Bremsen, neue Felgen oder einen neuen Sattel anbringt. Entscheidend ist, daß man seinen Reise-Untersatz bereits Wochen, besser Monate vor der Tour auf Herz und Nieren prüft, einem verschärften Test unterwirft sozusagen, und sich auf die neuralgischen Punkte einstellt.

Die folgenden Betrachtungen sollen keine Kaufberatungen darstellen, sondern verdeutlichen, worum es bei einer Extrem-Tour geht. Nicht die Marke oder der Preis eines Fahrrades entscheiden über seine Touren-Tauglichkeit, sondern einzig und allein das, was der Käufer aus ihm macht.

Zu den einzelnen Typen:

Vorab: Es gibt auch Räder ohne Gangschaltung, und auch Leute, die damit auf große Reisen gehen. Aber im Ernst: Schon die Wahl zwischen drei Gängen steigert die Tagesleistung ganz erheblich und nebenbei den Lustgewinn. Völlig untauglich für Touren sind Klappräder – sie sind zu klein, zu instabil und zu anfällig für technische Defekte. In Frage kommen nur stabile Zweiräder, bei denen sich auch dann nichts verbiegt, wenn sie einmal umfallen (was im übrigen öfters vorkommt).

Im einzelnen:

DREIGANG-RAD

Die gute alte Dreigang-Nabenschaltung bietet gegenüber der Ketten-Schaltung den Vorteil der Unempfindlichkeit bei Nässe und Dreck und verzeiht auch manches Verschalten. Nachteil: drei Gänge sind, vor allem im Gebirge, nicht immer ausreichend. Deshalb kann man auch bei Touren im Alpenraum, oder auch auf Kreta beispielsweise, ein zweites größeres Zahnrad (Ritzel) mitnehmen, das sich in Minutenschnelle wechseln läßt und so mit einer kleineren Übersetzung für mehr Berg-Gängigkeit sorgt. Zu bedenken ist außerdem: Da man außerhalb Deutschlands so gut wie nirgends Ersatzteile für eine Dreigang-Nabenschaltung bekommt, sollte man von zuhause immer ein Dreigang-Kettchen (das in die Nabe eingeführt wird), einen Schalthebel (der leicht abbrechen kann) sowie genügend Speichen für das Hinterrad mitnehmen (da diese durch den größeren Nabendurchmesser kürzer sind als bei Rädern mit Kettenschaltung).

FÜNFGANG-RAD

Zur Zeit der Drucklegung dieses Buches waren Fünfgang-Naben-Schaltungen gerüchteweise schon im Ausland zu haben. Da es aber mit Sicherheit noch mindestens ein Jahr dauern wird, bis diese auch bei uns zu haben sein werden, möchte ich jetzt noch nicht darauf eingehen und mich auf die Ketten-Schaltungen konzentrieren.

Aufgrund geringfügiger baulicher Veränderungen wird in den Prospekten der Hersteller und in den Fachgeschäften zwischen Sport- und Tourenrädern unterschieden. Die inflationäre Verwendung des Begriffes »Sportrad« lenkt aber davon ab, daß nicht das Rad sportlich zu sein hat, sondern der Fahrer. Eine geringere Felgenbreite bei den sogenannten Sporträdern allein ist noch

Vielseitig verwendbar: ein Fünfgang-Rad

kein Maßstab für einen eventuellen sportlichen Einsatz. Lassen wir also die Begriffstrennung zwischen Sport- und Tourenrädern beiseite. Mit einem Sportrad kann jeder eine Tour machen, mit einem Tourenrad kann jeder Sport treiben.

Fünf Gänge sind eine feine Sache, wenn man einmal davon absieht, daß der Ganghebel meist am Rahmen angeschraubt ist und nur manchmal am Lenker. Im ersteren Fall muß der Fahrer also immer hinunter an den Rahmen greifen und dabei den Lenker loslassen, eine Instabilität des Gleichgewichts ist die Folge.

Wasser, Sand und Schmutz erreichen die Kettenschaltung ungehindert. Sie muß deshalb unterwegs regelmäßig gepflegt werden. Säubern, Fetten und Einstellen von Schaltung und Kette ist unerläßlich, soviel Zeit muß sein. Auch ein Kettenschutz schirmt nur oberflächlich und vor allem gegen Steinschlag ab. Alles in allem aber durchaus tourentauglich. Ebenso wie ein

ZEHNGANG-RAD

Für große Touren hervorragend geeignet. Zu bedenken ist jedoch, daß ein Zehngang-Rad in der Anschaffung fast durchweg teurer ist als Dreigang- oder Fünfgang-Räder, unter Umständen sogar sehr teuer. Mit cinem neuen

Für Anspruchsvolle: ein Zehngang-Rad

2000-Mark-Rad auf die große Reise zu gehen, wäre sicher eine gute Werbung für den Hersteller, aber das Risiko des Wertverlustes wäre zu hoch. Die Möglichkeit einer Karambolage, eines Unfalls, darf man nie ausschließen, die mechanische Beanspruchung ist unterwegs enorm. Kurz: man verliert zuviel mit einem teuren Rad. Die Devise soll nicht heißen: möglichst billig, sondern möglichst preisgünstig.

MOUNTAIN-BIKE

Etwas für die, die schon alles haben. Teuer und exotisch. Geeignet für alle Touren selbstverständlich, aber überhaupt nicht notwendig. Trommelbremsen gut und schön; 18-Gang-Schaltung auch gut. Aber wer will mit dem Fahrrad aufs Matterhorn? Wer die 18 Gänge auch nutzen will, braucht drei Hände, zwei zum Lenker festhalten und eine zum Schalten, denn das muß man ununterbrochen. Außerdem fehlen Schutzbleche, ein Gepäckträger und die Beleuchtung, was man zusätzlich anbringen muß und wodurch das ganze Mountain-Bike noch schwerer wird als es ohnehin schon ist. Die gleichen Einwände gelten übrigens für die bei Kindern und Jugendlichen so beliebten

Für alle, die schon alles haben: ein Mountain-Bike

BMX-RÄDER

was soviel heißen soll wie: Bicycle-Motocross. Sie sind ganz auf Stabilität
ausgerichtet, aber zu klein für große Touren. Außerdem bekommt man in
Südeuropa nirgendwo auch nur ein Ersatzteil für ein BMX-Rad. Gepäckträger, Schutzbleche und Lampe fehlen ebenfalls.

Für Touren ungeeignet: ein BMX-Rad

Schwer und schwerfällig: ein Tandem

WIE WÄR'S ALSO MIT EINEM TANDEM?

Auf den ersten Blick eine reizvolle Variante, besonders für Paare. Aber auch das eingespielteste Zweier-Team hat einen unterschiedlichen Tret-Rhythmus; Jeder geht einen Berg auf seine Weise an, ebenso wie jeder auf der anderen Seite des Berges wieder auf seine Weise hinuntersaust. Außerdem hat man auf einem Tandem nur einen einzigen Gepäckträger hinten. Und der Platz darauf wird bei zwei Fahrern knapp. So ein Tandem ist verdammt schwer. Zudem hängt die Verantwortung für das Verhalten im Verkehr immer von demjenigen ab, der vorn sitzt und lenkt. Zwei Leute auf zwei Rädern sehen mehr, hören mehr, passen mehr auf, haben mehr Platz für Gepäck und sind außerdem auch schneller als auf einem Tandem.

Sie haben sich entschlossen, ein neues Fahrrad zu kaufen

Manche Hersteller mögen sich entrüsten, wenn sie dieses lesen, aber es bleibt dabei: Wer sich entschlossen hat, für seine große Tour ein ganz nagelneues Fahrrad zu kaufen, der muß folgendes tun:
– Alle (unmißverständlich: alle) Schrauben und Muttern nachziehen.
– Alle Lager (Vorder-, Hinterrad sowie Tretlager) nachziehen.

26

- Alle Züge (Bremsen, Gangschaltung) schmieren oder ölen.
- Lenker und Sattel auf Arm- und Beinlänge justieren.
- Bremsklötze genau auf Felgenhöhe einstellen.

Dies sind Handgriffe, die gemacht werden sollten, bevor man überhaupt daran denkt, loszufahren. Und dies waren auch nur die notwendigsten. Bevor es auf große Tour geht, muß man noch viel mehr beachten. Doch dazu kommen wir später. Bis jetzt steht lediglich das neue Rad vor der Tür. Und jetzt steht ein rigoroser Praxistest an. Eine Tour übers Wochenende zeigt, inwieweit Sattel, Lenker und Gangschaltung noch auf die individuellen Bedürfnisse eingestellt werden müssen. Solch eine Tour kann über 50 oder 100 Kilometer gehen, wichtig ist, daß man genau auf Tourentauglichkeit achtet und sein neues Rad nicht schont. Das wird es dann auf der 3000-Kilometer-Tour auch nicht.

Wer sein Fahrrad täglich benützt, lernt es bald kennen. Wer mit seinem treuen Gefährt auf große Tour gehen will, sollte bedenken: Es gibt Teile, auf die es bei einem neuen Rad besonders ankommt, bei einem gebrauchten aber umso mehr. Der Grund ist die extreme mechanische Beanspruchung unterwegs.

Im einzelnen:
Wer ein älters Rad rüsten will, muß zunächst folgendes kontrollieren:
Die Lager: Das Tretlager sollte sich glatt und ohne irgendwelche Knirsch-Geräusche drehen lassen. Ein geringes Spiel ist normal, aber das Festziehen des Tretlagers kann auch nicht schaden. Das gleiche gilt für Vorder- und Hinterachse, die sich für wenig Geld auswechseln lassen, sofern es sich nicht um eine Dreigang-Nabe handelt (eine Achse kostet ein paar Mark). Wer das Tretlager nicht von vornherein auswechseln will, nimmt eines mit auf die Reise. Empfehlenswert sind Kugellager-Teile, denn vor allem im Süden nagen Seewind und Sand vorzugsweise am Tretlager.

Sehr empfindlich: das Tretlager...   **...und die Vorderachse**

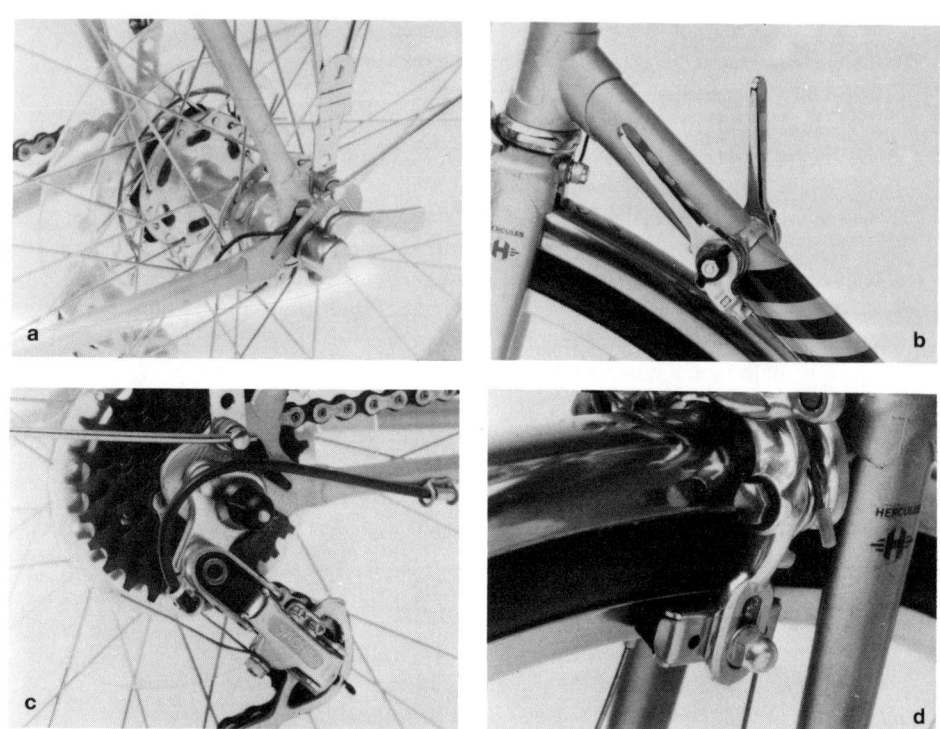

Benötigen besondere Pflege: a) die Hinterachse, b) die Schalthebel, c) die Kettenschaltung, d) die Bremsen

Schaltung: Die Züge sollten nicht korrodiert sein. Auswechseln ist nicht teuer und kein Problem. Neue Züge unbedingt fetten. Ebenso die Züge für die Bremsen.

Bei den **Bremsen** kann man entweder die Bremsgummis gleich auswechseln oder aber neue mitnehmen, die man der Einfachheit halber gleich mit neuen Fassungen, den »Schuhen«, samt den dazugehörigen Muttern einpackt.

Der Sattel: Ein interessanter Punkt. Denn beim Sattel ist es umgekehrt – Die alten sind die besten. Ein neuer Sattel ist hart und führt unweigerlich zu Sitzbeschwerden. Ein alter Ledersattel ist äußerlich kein Prunkstück, aber das Beste, was man seinem Rad spendieren kann. Schließlich reitet man mit seiner Kehrseite unter Umständen viele tausend Kilometer auf dem Sattel herum, der dafür nichts kann und gnadenlos alle seine Mängel auf das Hinterteil des Fahrers weitergibt.

Wenn neuer Sattel, dann auf keinen Fall einen der Kunststoff-Sättel, denn die werden entweder nie weich oder sie sind von vornherein schon zu weich. Außerdem können sie keine Feuchtigkeit von den Oberschenkeln aufnehmen. Die Folge: Man reibt sich wund.

Ein Ledersattel ist in der Anschaffung um das Doppelte oder Dreifache teurer als ein Kunststoff-Sattel, aber um ein Vielfaches wertvoller. Am Anfang überaus hart und unbequem, wird er im täglichen Reit-Betrieb ganz langsam weicher und paßt sich bei diesem Prozeß der Körper-, besser Gesäßform des Fahrers genauestens an. Und das um so schneller, je mehr man auf ihm schwitzt. Wichtig ist außerdem eine Federung, die hart im Nehmen ist, am besten sind Schraubfedern.

Radtour-Experten, zu denen ich mich zähle, gehen vor jeder großen Tour zunächst auf Sattel-Suche, sofern sie noch keinen haben, und klappern bei Verwandten, Bekannten und Kollegen die Dachböden und Kellergeschosse ab, in der Hoffnung, irgendwo noch ein altes verrostetes Fahrrad zu finden, von dem sie dann den alten, in Ehren eingerittenen Leder Sattel mit Drehstab-Federung abschrauben. Die ursprünglichen Eigner wundern sich meist über solche eigentümliche Suche. Aber nichts geht über diese gerühmten, sogenannten »Elefanten-Ärsche«, die so heißen, weil sie so aussehen. Und sie sind – leider – aus unseren Fachgeschäften weitgehend verschwunden.

Der Gepäckträger dagegen ist überall erhältlich. Stabil muß er sein, versteht sich. Und er sollte, wenn möglich, nicht gleichzeitig mit der Schraube befestigt werden, die auch die hintere Felgenbremse hält, sondern der Gepäckträger sollte direkt am Rahmen verschraubt sein. Zum Punkt Gepäckträger kommen wir noch, wenn es um die Touren-bedingten Feinheiten geht. Zuvor noch ein paar Worte zur

Beleuchtung: Das Licht muß funktionieren. Obwohl oder gerade weil man nur sehr selten bei Dunkelheit unterwegs ist. Es gibt mittlerweile schon seit mehreren Jahren Halogen-Lampen auch fürs Fahrrad. Sie kosten rund 25

**Muß stabil sein:
der Gepäckträger**

**Wenn's geht mit Halogen-Einsatz:
die Lampe**

Können nachts lebenswichtig sein: das Rücklicht und Reflektoren

Mark, komplett mit Kabel. Der Nachteil bei den bisher angebotenen Halogen-Lampen ist jedoch, daß die einzelnen Teile nur ineinandergeklemmt sind. Das heißt, wenn man eine Birne ausgewechselt hat, bekommt man die Lampe nie mehr richtig zusammen und muß sich mit Isolierband behelfen. Der Vorteil jedoch überwiegt: Eine Halogen-Lampe ist wirklich unheimlich hell, die Sichtweite des Radfahrers, ebenso wie Erkennbarkeit durch andere Verkehrsteilnehmer, ist mindestens doppelt so gut wie bei einer herkömmlichen Fahrrad-Funzel.

Rücklicht: Es gibt seit kurzer Zeit Rückleuchten, die auch im Stand brennen, das heißt auch dann, wenn sich das Rad nicht dreht, der Dynamo also keinen Strom liefert. Ermöglicht wird dies durch eine Batterie im Rücklicht. Eine lobenswerte Erfindung, durch die die passive Sicherheit, das heißt die Wahrscheinlichkeit, von anderen Verkehrsteilnehmern gesehen zu werden, enorm erhöht wird. Vor allem nachts auf einsamen Landstraßen, wo man langsam fahren muß und das Rücklicht sonst nur schwach leuchtet. In diesem Zusammenhang sollten die Reflektoren an den Rädern, die zwischen die Speichen geschraubt werden, ebenfalls lobend erwähnt werden. Obwohl sie in der Bundesrepublik bei fabrikneuen Rädern mittlerweile gesetzlich vorgeschrieben sind, kann man sich auf bei einem alten Rad ausnahmsweise einmal ein Gesetz zur Nachahmung vornehmen. Reflektoren kosten minimal und nützen viel.

Noch einmal: Darauf kommt es bei einem alten Rad an:

☐ Tretlager   ☐ Sattel
☐ Vorder- und Hinterachse   ☐ Gepäckträger
☐ Schaltung   ☐ Beleuchtung
☐ Bremsen

So wird das Rad Touren-tauglich

Neben den vorhergenannten besonders wichtigen Teilen am Fahrrad gibt es noch ein paar Kleinigkeiten, über deren Bedeutung man sich streiten kann. Nützlich sind sie allemal. Sie kosten wenig Geld und sind in kurzer Zeit installiert. Für alle Dreigang-Radler gilt die Empfehlung: Eine Felgenbremse und ein Rücktritt sind gut, zwei Felgenbremsen plus Rücktritt aber sind noch besser. Man kann die Bremswirkung besser dosieren und auf zwei Felgen und auf den Rücktritt verteilen. Die Sicherheit beim Fahren wird erhöht und die Verschleißanfälligkeit der einzelnen Bremsen vermindert. Wer keine Dreigang-Nabe hat, besitzt ohnehin zwei Felgenbremsen. Wenn nicht – sofort anbringen! Zwei unabhängig voneinander funktionierende Bremssysteme sind Grundvoraussetzung. Eine flotte Abfahrt in den Alpen, wobei locker 60 km/h erreicht werden, strapaziert die Bremsen ganz schön. Hier hat sich die Kombination von zwei Felgenbremsen plus Rücktritt bewährt.

Wie zuvor schon erwähnt – Reflektoren anbringen. Für die private Reisestatistik dient ein Kilometer-Zähler am Vorderrad. Dessen eintöniges »Klack-Klack« kann freilich nervtötend sein, außerdem kann man die Tagesetappen auch auf der Karte ablesen. Ganz und gar unnötig dagegen ist ein Tachometer. Der verursacht Reibungsverluste, geringfügige zwar, aber trotzdem. Es geht uns ja auch nicht um Geschwindigkeit.

Wichtig kann ein ausreichender Wasservorrat werden. Zu diesem Zweck hat man entweder eine Feldflasche dabei, oder man schraubt sich eine Halterung für eine zweite Trinkflasche an den Rahmen.

Apropos Flüssigkeit: ein fest verschraubter Flaschenöffner am Rad ist das Größte! Ein Öffner fehlt bekanntlich immer dann, wenn man ihn dringend braucht. Mit Hilfe einer Bohrmaschine läßt sich bei einem gewöhnlichen Metall-Flaschenöffner die richtige Bohrung hineindrehen. Ein guter Platz ist unter dem Sattel, fest am Rahmen verschraubt. Prost!

Muß dabei sein:
die Wasserflasche

Kann dabei sein:
Halterung für Filmkamera

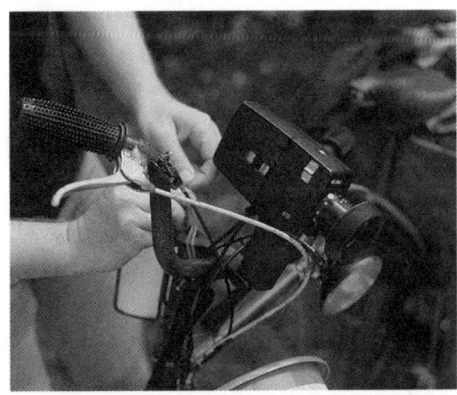

Eine Kartenhalterung in Form einer großen Wäscheklammer am Lenker dient weniger dem Kartenlesen während der Fahrt als dem bequemen Karten-Studium bei Pausen. Nicht immer findet sich ein geeigneter Tisch zum Ausbreiten der Karte, die Klammer am Rad hilft.

Für Fortgeschrittene ist dagegen eine Halterung für die Filmkamera, die dann während der Fahrt ausgelöst wird und atemberaubende Szenen von steilen Paß-Abfahrten liefert. Fotografieren während der Fahrt, wie es ein Kollege in einem anderen Buch zum Thema vorschlägt, ist meines Erachtens unmöglich. Es sei denn, man nimmt 1/500 als Belichtungszeit, und das kann auf unebener Strecke noch zu lang sein. Ganz zu schweigen von der Motiv-Suche. Nein, wer fotografieren will, der soll ruhig absteigen, wenn er ein Motiv gefunden hat. Soviel Zeit muß sein, sonst wäre es kein Freizeit-Spaß mehr.

Für alle, die sich einen zweiten Gepäckträger über dem Vorderrad anbringen wollen, gilt es, die Beleuchtung zu versetzen, da diese im Weg ist. Die Lampe sollte jedoch stets höher gesetzt werden, unter Umständen bis auf Lenker-Höhe oder auch darüber. Seitlich angebracht beleuchtet sie nur die Felge und irritiert durch die Lichtreflexe den Fahrer. Oben angebracht strahlt sie auch wesentlich weiter.

Diese Hinweise sind als Empfehlungen zu verstehen, jeder wird vielleicht noch etwas Persönliches hinzufügen oder etwas anderes weglassen. Entscheidend ist jedoch, daß solche Kleinigkeiten nur solange als »Gags« belächelt werden, solange sie nicht notwendig gebraucht werden. Der Phantasie sind auch hier keine Grenzen gesetzt.

Ausrüstung und Zubehör: Das muß mit!

Bekleidung

Teure Profi-Klamotten sind gut, zweifellos; aber man kann sich auch aus dem häuslichen Kleiderschrank bedienen. Dabei gilt das Prinzip der Zweckmäßigkeit, Modefragen sollte man für die Dauer der Tour vorübergehend außer acht lassen. Außerdem: Wer drei Monate unterwegs sein will, muß auch nicht mehr Bekleidung mitnehmen als der, der drei Wochen tourt. Gelegenheit zum Waschen bietet sich unterwegs immer.

Es ist doch klar: Für den Wochen-Trip braucht man maximal drei Paar Socken, im Sommer eher weniger. Für drei Monate aber braucht man auch nur drei Paar Socken und nicht ein paar Dutzend. Das gleiche gilt für Unterwäsche und T-Shirts. Die folgende Tabelle spiegelt langjährige Erfahrungswerte wider, was nicht heißen soll, daß sich jeder bedingungslos an diese Empfehlungen halten muß.

Es gibt allerdings Grundansprüche, die man an die Tour-Kleidung stellen sollte: Sie sollte soweit wie möglich aus Naturfaser bestehen, also aus Wolle oder Baumwolle und nicht aus Kunstfaser. Die Hautverträglichkeit von Naturfaser ist um ein Vielfaches besser als die von Polyester und Acryl.

Eine Einschränkung wäre allerdings zu machen: Die Hose, mit der man täglich seine sechs bis acht Stunden im Sattel sitzt und die sich wie eine zweite Haut anpassen sollte, darf ausnahmsweise auch mal aus Kunstfaser sein.

Warum?

Die Rad-Hose darf sich nicht mit Schweiß vollsaugen, sondern muß ihn nach außen dringen lassen, wo er verdunstet. Wolle und Baumwolle saugen sich voll und führen dazu, daß sich die Oberschenkel am Sattel wundreiben. Es gibt im Fachhandel wunderbare Hosen mit Hirschleder-Einsatz, die sind natürlich ideal, aber auch teuer (um die 80 Mark). Sporthosen mit Einsatz tun's auch. Hauptsache, der Schweiß kann an die Luft gelangen. Ansonsten gilt, wie gesagt, die Devise: sowenig künstliche Faser wie möglich.

Die nachfolgende Checkliste ist als Minimal-Liste gedacht, das heißt, all das *muß* mit, wer am Ende des Verpackens noch Platz in den Gepäcktaschen hat, kann noch das eine oder andere Kleidungsstück zusätzlich mitnehmen.

2 Rad-Hosen (im Idealfall eine mit Leder-Einsatz, sonst Sporthosen mit Einsatz),

3 knapp sitzende Unterhosen (weil sie keine Falten werden fürfen),

3 Paar Wollsocken,

3 T-Shirts,

1 leichter Trainingsanzug (sogenannter »Jogging-Anzug«) für kühle Abende,

1 leichter Wollpullover,

1 Anorak,

1 lange Hose (für »offizielle« Anlässe),

1 Stirnband (das den Schweiß aufsaugt),

3 Handtücher

1 Paar Sandalen,

1 Paar Segeltuch-Turnschuhe,

1 Badehose/Badeanzug,

Waschzeug; wenn sich's nicht vermeiden läßt, darf auch ein Rasierapparat dabei sein,

Waschmittel für die Kleidung (Rei in der Tube).

Die weitere Ausrüstung

Grundsätzliche Frage: Soll man ein **Zelt** mitnehmen oder nicht? Antwort: Nur, wenn es leicht und kompakt ist. Auf den ersten Blick erscheint ein Zelt wichtiger als es in Wirklichkeit ist. In der Praxis löst sich die Frage, wo und wie man übernachtet, so: Entweder ist es warm und trocken, dann erübrigt sich ein Zelt. Oder es regnet, dann schützt ein Zelt auch nicht immer. In diesem Fall sucht man sich einen trockenen Unterschlupf (es darf ruhig eine Kneipe sein). Wer ein wenig herumfragt, findet eine trockene Übernachtungsstelle in einer Scheune oder einem Schuppen. Auch eine simple Garage oder ein Neubau sind nicht das Schlechteste. Eine Herberge oder ein Hotel dagegen soll man eigentlich nur dann gelten lassen, wenn es wirklich nicht anders geht.

Ein Zelt sollte man als »Bedarfs-Lösung« betrachten, also dann aufstellen, wenn sich's lohnt. Es wäre viel zu zeitraubend, jeden Abend einen Campingplatz zu suchen. Wir haben auf unseren Touren nie ein Zelt dabei gehabt.

Doch für »Camper« einen Tip: Die ADAC-**Campingführer**, aus denen man sich die Seiten des entsprechenden Landes heraustrennt, leisten gute Dienste. Nicht, was die Preise angeht, denn die sind meist überholt; sondern weil die ADAC-Blätter ganz genau beschreiben, wo der Campingplatz liegt und wie er angelegt ist. Außerdem wird genau beschrieben, wie man hinkommen kann. Aber dies nur als Zusatz-Information. Eine Radtour ist kein Camping-Urlaub.

Das gleiche gilt übrigens für die Frage: **Kocher** mitnehmen oder nicht? Die Antwort: Nur für Skandinavien. Dort sind die Restaurants dermaßen teuer, daß man keine andere Wahl hat, und seine Konserven, zumindest teilweise, von zuhause mitnehmen muß. Wenn sich gelegentlich eine relativ preisgünstige Verpflegungsmöglichkeit ergibt, umso besser. Aber jeden Tag Essen gehen ist dort einfach unerschwinglich.

Für alle anderen Länder gilt: keinen Kocher mitnehmen. Soll man jeden Tag einkaufen gehen und sich dann auf zeitraubende Art mit knapp bemessenen Koch-Utensilien ein Abendessen zurechtbrutzeln, wenn es in der Dorfkneipe oder im Strandrestaurant ein besseres Essen fürs gleiche Geld gibt? Supermärkte in Südeuropa sind zwar auch nicht billiger als bei uns, allenfalls die Gemüse- und Obstmärkte. Doch so ein Kochgeschirr nimmt Platz weg und wiegt einiges. In südlichen Gefilden ist es also nicht notwendig, einen Kocher mitzunehmen, abgesehen von der urigen Kneipenatmosphäre, die man sonst vermissen würde. So preisgünstig wie möglich essen gehen heißt die Devise. Und das kann befriedigender sein. Es geht schneller, ist nicht unbedingt teuer und obendrein viel interessanter, denn man trifft im Gasthaus, überall auf der Welt, mit Sicherheit Leute, die ein paar nützliche Tips auf Lager haben.

Zum Thema Essen wäre noch anzumerken, daß man hierbei auf einer Radtour nicht sparen sollte. Der Kalorienbedarf bei einer Tagesetappe von 100 Kilometern im Fahrrad-Sattel ist größer, als es die Kocherei auf dem Camping-Kocher bringen kann. Abgesehen vom Dämmerschoppen, der in der Strandkneipe besser schmeckt (vor allem, wenn Musik dabei ist) als in der Einsamkeit.

Soviel zu Zelt und Kocher. Jetzt folgen diejenigen Ausrüstungsgegenstände, die unentbehrlich sind. Im einzelnen:

Der Schlafsack. Ein guter Schlafsack gehört zu den wichtigsten Dingen bei einer Rad-Tour und kann über Erfolg oder Mißerfolg entscheiden. Wer gut geschlafen hat, ist am nächsten Tag wieder voll da und leistungsfähiger. Wer schlecht geschlafen hat, kann niemals die volle Leistung bringen, die Tour wird zur Qual. Ein Schlafsack sollte folgende Grundvoraussetzungen erfüllen: Er soll leicht sein und gut isolieren, eventuelle Nässe sollte er obendrein verzeihen. Die Stufe der Wärme-Isolation ist natürlich vom Urlaubsland abhängig. Am Nordkap braucht man dickere Stoffe als in Griechenland. Daunenschlafsäcke halten beispielsweise schön warm, speichern andererseits die Feuchtigkeit von Umgebung und Körper. Sie trocknen deshalb nur schlecht. Außerdem sind sie recht teuer. Mein Vorschlag: einen Schlafsack aus Acryl-Kunststoff. Kostenpunkt neu: 70 bis 80 Mark, in Armee-Second-

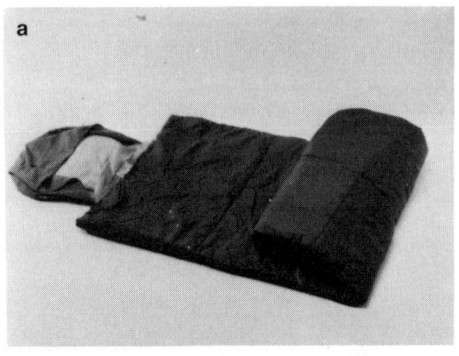

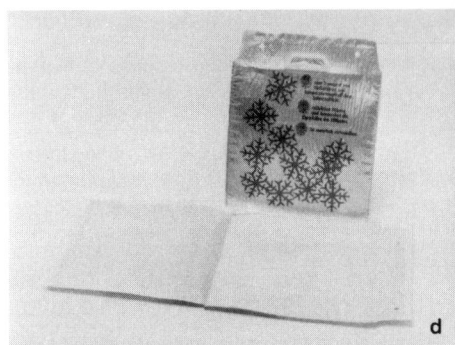

hand-Läden rund 40 Mark. Sie halten einigermaßen warm, trocknen schnell, sind leicht und zudem recht unempfindlich. Wenn sie kaputtgehen (das kommt auch mal vor), dann hat man nur geringen Wertverlust.

Wichtig ist ebenfalls die Unterlage des Schlafsacks, die Schicht, die die Bodenkälte abhalten soll. Luftmatratzen wurden hierfür schon vor einigen Jahren von den sogenannten »Iso-Matten« abgelöst, Schaumstoffmatten von ein bis zwei Zentimeter Dicke, die sehr gut isolieren und auch spitze Steine und ähnliches in ihrer Wirkung dämpfen. Sie lassen sich prima zusammenrollen und sind wirklich hart im Nehmen. Außerdem sind sie mit rund 15 Mark billiger als alle Luftmatratzen, und platzen können sie auch nicht.

Als zusätzliche Isolation gegen Bodenfeuchtigkeit und Wind haben sich die sogenannten »Ponchos« bestens bewährt, meist gummierte Planen mit Druckknöpfen vom Format zwei auf zwei Meter. Sie besitzen in der Mitte eine Öffnung samt Kapuze, sind also auch als Regenschutz zu gebrauchen. Man knöpft sie um den Schlafsack herum, oder bindet sie zwischen zwei Bäume als Windabweiser. Zwei Stück zusammengeknöpft ergeben eine Schutzhütte für kurze Pausen im Regen. Ein nicht zu unterschätzender

e

f
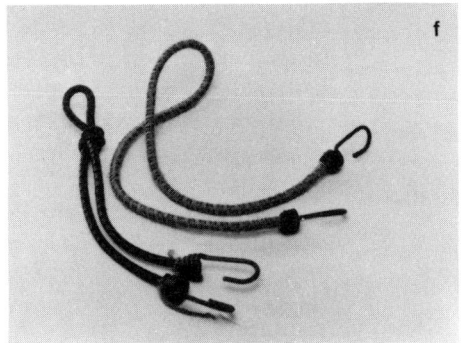

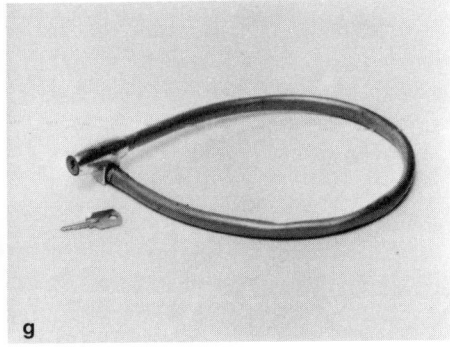
g

**Unentbehrliche Ausrüstungs-
gegenstände:**
a) guter Schlafsack
b) Iso-Matte aus Schaumstoff
c) Regenponcho
d) Isolier-Folien
e) Brotbeutel
f) Gummibänder
g) Ringschloß

Vorteil ist außerdem, daß Insekten und Krabbeltiere um die Ponchos einen weiten Bogen machen – sie mögen den Geruch der Gummierung nämlich überhaupt nicht. Sinnvoll gegen Mückenplage in Finnland, Griechenland und anderswo kann ein Moskito-Netz sein. Unbedingt muß man es jedoch nicht dabei haben – es gibt andere Mittel, sich gegen Moskitos zu wehren.

Als die billigste und recht brauchbare Isolation haben sich in Supermärkten erhältlichen **Tragetaschen** für Tiefkühl-Kost erwiesen. Sie kosten pro Stück nicht mehr als eine Mark und sollen die gefrorenen Hähnchen, Truthähne oder ähnliches beim Transport nach Hause vor verfrühtem Auftauen schützen. Man kann sie aber auch auf eine Radtour mitnehmen. Für unsere Zwecke schneidet man sie an den Seiten auf und hat damit im Handumdrehen eine Isolierung gegen Bodenkälte. Vier Tiefkühl-Tüten ergeben eine praktische Schlafsack-Isolierung, die sich dank Klebestreifen an den Rändern auch noch zusammenkleben läßt. Eine Tüte ist immer eine prima Sitzunterlage.

Ein **Seesack**, ein imprägnierter Riesen-Beutel, in dem alles Platz findet. Als Schlafsack-Verpackung für die Fahrt, als Aufbewahrungsort für schmutzige T-Shirts, als Unterlage zum Draufsitzen – ein Seesack ist eine dankbare

Anschaffung. Er kostet in den Armee-Läden oder den berühmten Globetrotter-Fachgeschäften nur ein paar Mark.

Der **»Brot«-Beutel**. Brot transportiert man darin nicht, aber ansonsten (fast) alles wichtige. Er heißt so, weil die Soldaten früher ihre Marschverpflegung darin unterbrachten. In den Armee-Läden wird der Brotbeutel allerdings wegen seiner Unzerstörbarkeit gekauft. Er besitzt meist ein paar Kammern und Fächer, ist wasserabstoßend und wird immer dann umgehängt, wenn man vom Rad absteigt. Im Brotbeutel werden Ausweise, Schecks, Fahrtenmesser, Tagebuch, Papiertaschentücher, Kaugummi, Sonnenbrillen, Streichhölzer, Schnur, Kugelschreiber, Filme, Landkarten, Angel und Taschenlampe und alles andere verstaut, was irgendwie noch hineinpaßt. Wann immer man sein Rad für ein paar Sekunden oder ein paar Stunden verläßt – der Brotbeutel wird in einer Reflex-Handlung automatisch vom Rad genommen und über die Schulter gehängt. Angenommen, mit dem Rad passiert etwas – es wird gestohlen oder ein Lastwagen fährt drüber – mit dem Brotbeutel kommt man immer wieder nach Hause, er ist das Herz der Dinge.

CHECKLISTE WEITERE AUSRÜSTUNG

☐ Schlafsack   ☐ Seesack
☐ Isomatte und Isolier-Taschen aus dem   ☐ Brotbeutel
  Supermarkt   ☐ starke Gummibänder
☐ Poncho   ☐ Ringschloß

Ersatzteile

Abgesehen davon, daß die schönste Radtour nicht ohne kleinere Pannen abgeht, sind notwendige Ersatzteile und das entsprechende Werkzeug eine Grundbedingung für jeden Trip – ob eine Woche oder ein Vierteljahr. Es ist aber nicht notwendigerweise so, daß auf 5000 Kilometern Fahrt zehnmal mehr passiert, als auf 500 km. Pech, Schicksal – wie immer man es nennen will, sind immer mit von der Partie. Oder Glück, wenn man's andersherum betrachtet. Es gab auf unseren Touren auf 2500 Kilometern Fahrt keinerlei Pannen, bis dann das Schicksal zuschlug und uns an drei Tagen hintereinander fünf Plattfüße bescherte.

Dabei gilt auch die Devise: Nicht möglichst viel mitnehmen, sondern das Zweckmäßige. Bei drei Leuten kann man Ersatzteile und Werkzeuge ohnehin aufteilen, sodaß das Platz- und Gewichtsproblem vermindert wird.

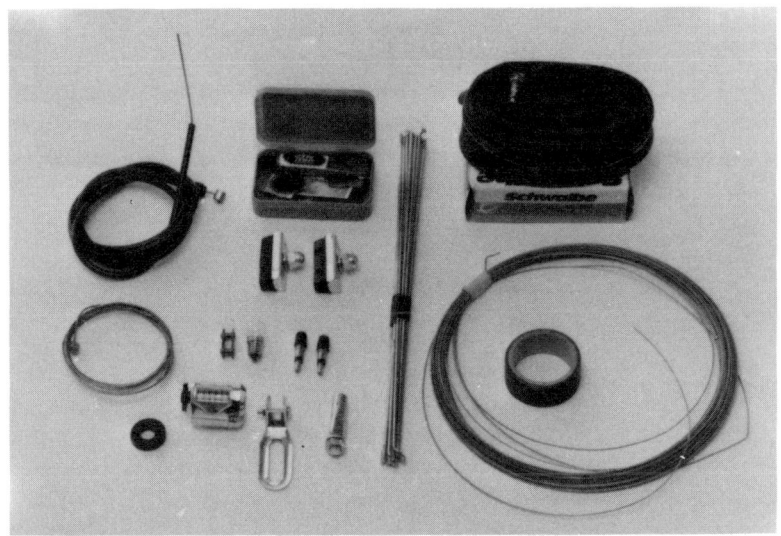

Alle Ersatzteile auf einen Blick

Im einzelnen:

Schläuche und Flickzeug: Pro Rad zwei Schläuche sind nicht zuviel. Bei einer Panne wird zunächst ein neuer Schlauch eingezogen. Der defekte kann dann bei Gelegenheit und in aller Ruhe repariert werden. Auf Radgröße und Felgenbreite achten! Jeder benötigt seine eigenen Schläuche. Flickzeug versteht sich von selbst.

Mantel: Wer mit einem 26er-Rad unterwegs ist, wird in Südeuropa Schwierigkeiten bekommen, denn dort gibt es diese Fahrrad-Größe so gut wie gar nicht. Statt neue Mäntel mitzunehmen, empfiehlt es sich, vor der Tour neue aufzuziehen. Möglichst von der harten Sorte mit grobem Profil. Die Mäntel können während der Tour gelegentlich vertauscht werden, denn der hintere nutzt sich erfahrungsgemäß wesentlich schneller ab als der vordere. Durch den Tausch ist eine gleichmäßige Abnutzung gewährleistet.

Speichen: Es kommt immer mal wieder vor, vor allem auf Paßabfahrten, daß eine Speiche springt. Wichtig für Dreigang-Radler: Das Hinterrad hat aufgrund des größeren Naben-Durchmessers kürzere Speichen als ein Rad mit Kettenschaltung. Also genau auf die Speichenlänge achten! Jeweils fünf Speichen vorn und fünf hinten, separat zusammengeschnürt und am besten auch beschriftet. Zur Sicherung auch die Speichen-Nippel in ausreichender Anzahl mitnehmen.

Dreigang-Ersatzteile: Sie sind außerhalb Deutschlands nur schwer zu bekommen. Mitzunehmen wäre eine Dreigang- Kette und ein Schalthebel, der durchaus mal abbrechen kann, zum Beispiel, wenn das Rad aus Versehen einmal umfällt.

Züge für Schaltung und Bremsen: Es kommt zwar selten vor, daß ein Zug abreißt, aber sicher ist sicher – ein paar Schaltungs- und Bremszüge mit den dazugehörigen Hüllen nehmen kaum Platz weg.

Kleinteile: Sie sind klein, aber wichtig: vor allem Brems-Gummis samt Fassungen, Ventile, Kettenglieder, Kettenschloß, Birnen für die Beleuchtung und Schrauben jeder Größe. Empfehlenswert, weil praktisch, sind außerdem die Kunststoff-Kabelbinder, Draht für universelle Zwecke, Schnur, Tesaband und Klebstoff, am besten Sekunden-Kleber der Marke »Locktite«, der wirklich erbarmungslos klebt.

CHECKLISTE ERSATZTEILE

- ☐ 2 Schläuche
- ☐ Flickzeug
- ☐ Speichen für vorn und hinten je fünf inclusive Speichen-Nippel, separat verpackt
- ☐ Brems-Züge mit Hüllen (Meterware)
- ☐ Bremsgummis mit Fassungen
- ☐ Ventile
- ☐ Kettenglieder
- ☐ Kettenschloß
- ☐ Birnen für die Beleuchtung
- ☐ 1 Sortiment Schrauben

- ☐ Kabelbinder
- ☐ Draht
- ☐ Schnur, Tesaband, Klebstoff
- ☐ Tretlager-Bolzen
- ☐ Fahrrad-Öl
- ☐ Ketten-Fett

Für Dreigang-Räder zusätzlich:
- ☐ Dreigang-Kette und Schalthebel
- ☐ Dreigang-Drahtzug
- ☐ Zweites Ritzel mit größerem Durchmesser für Berg-Etappen

Werkzeug

Wie schon erwähnt, kann man in der Gruppe das Werkzeug auf alle verteilen, denn es wäre Unsinn, wenn jemand alles mitnähme. Ausnahme: Ein Universal-Taschenmesser, das jeder braucht.

Im einzelnen:
Kombizange und Schraubenzieher als Allerwelt-Werkzeug. Daneben gibt es natürlich Spezial-Werkzeuge fürs Fahrrad, wie den Speichenschlüssel, mit

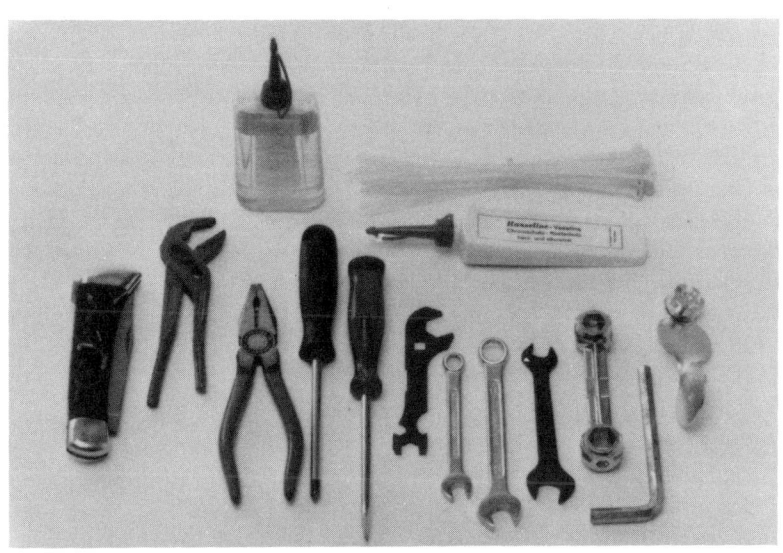

Beim Werkzeug kommt es
nicht auf die Masse an,
sondern darauf, daß es
zweckmäßig ist und außer-
dem sinnvoll verpackt ist.
Eine selbstgenähte Werk-
zeugtasche ist das aller-
beste.

dem man nach dem Speichen-Wechsel die Nippel festdreht. Oder den »Kettenbrecher«, ohne den man kein Kettenglied auswechseln kann. Der berühmte »Knochen«, der so heißt, weil er so aussieht, ist jedoch nicht so praktisch wie es scheint. Besser ist es in jedem Fall, die entsprechenden Gabelschlüssel mitzunehmen, meist reichen drei oder vier Größen für die meisten Muttern am Rad völlig aus. Außerdem verbiegen sich »Knochen« aus Gußeisen bei größerer Kraftanstrengung – man rutscht ab und verletzt sich. Wenn schon Knochen, dann einen aus Stahl. Die sind ein bißchen teurer, aber auch ein bißchen stabiler.

CHECKLISTE WERKZEUG

☐ Kombizange
☐ Schraubenzieher
☐ 1 flache Rohrzange
☐ Gabelschlüssel für die Muttern-
Größen 12 bis 15
☐ Inbus-Schlüssel
☐ Speichenschlüssel

☐ Kettenbrecher
☐ 1 Universal-Taschenmesser
(Schweizer Offiziersmesser)
☐ 2 kleine flache »Montiereisen« zum
Mantel-Wechseln
☐ Schlüssel für den Konus der Vorderachse

Die Reise-Apotheke

Wer unter chronischen Beschwerden leidet, muß zuhause bleiben, das ist klar. Aber auch dem Gesündesten kann unterwegs etwas passieren – eine Magenverstimmung oder eine Verstauchung. Die Reise-Apotheke ist auf die spezifischen Fahrrad-Probleme abgestimmt. Sie wird in ihren Einzelteilen, wie die Auto-Apotheke, kompakt zusammengepackt und verstaut. Sinnvoll ist ein Kunststoff- oder Metallkästchen, das den Inhalt zuverlässig gegen Wasser und Staub schützt, möglicherweise auch gegen zu große Hitze isoliert.

CHECKLISTE REISE-APOTHEKE

☐ Konsoliplast – eine Paste gegen
Gelenkschmerzen,
☐ Knieschoner aus Angora – gegen
Kniebeschwerden in feuchtkalten
Gebieten,
☐ Pflaster,
☐ Bepanthen – antiseptische Haut-
creme,

☐ Magentabletten gegen Darminfek-
tionen,
☐ Vitamin- und Salztabletten,
☐ Mullbinden,
☐ Sonnen-Creme mit hohem Schutz-
faktor (griffbereit halten)
☐ Autan – gegen Moskitos

Dies sind Mittel, die ohne Rezept erhältlich sind, und die jeder anwenden kann. Allerdings haben die Vorsorge-Maßnahmen Grenzen: Gegen Knochenbrüche hilft nur das nächstgelegene Krankenhaus. Zum Thema Krankenversicherung kommen wir später.

Nachsatz: Es ist nicht notwendig, alle Mittel von zuhause aus mitzunehmen. In vielen Ländern Südeuropas nämlich, Spanien oder Italien beispielsweise, sind Arzneimittel wesentlich billiger zu bekommen als bei uns. Man muß sich nur zuhause die Bezeichnung aufschreiben.

Die Fahrrad-Packtaschen

Die Packtaschen müssen alles das aufnehmen, was in den vorhergehenden Kapiteln aufgeführt wurde. Da es unter den im Handel erhältlichen Modellen erhebliche Qualitäts- und Preisunterschiede gibt, soll ihnen hier ein eigenes Kapitel gewidmet sein.

Am gebräuchlichsten sind Packtaschen mit zwei oder drei Kammern, die entweder aus einer geschlossenen Einheit bestehen oder separat an der Seite des Gepäckträgers befestigt werden. Sie sollen nicht nur, sondern sie müssen unbedingt widerstandsfähig sein. Die billigsten Produkte, die etwa um die 30 Mark kosten und meist aus Fernost stammen, kommen nicht in Frage! Der billige Kunststoff dehnt sich unter Belastung und vor allem bei Hitze, die Reißverschlüsse und Schnallen halten keine 500 Kilometer durch, also Vorsicht. Gute Packtaschen kosten um die 80 bis 100 Mark, was aber eine langfristige Investition bedeutet: gute Taschen halten 10 000 Kilometer durch. Sie müssen auf alle Fälle auch wasserabweisend sein, sich nicht zu sehr dehnen und Verschlüsse besitzen, die es erlauben, die Taschen so am Gepäckträger zu befestigen, daß sie nicht wackeln. Alles muß absolut reißfest sein, die Reißverschlüsse müssen gut eingenäht und außerdem rostfrei sein.

In diesem Zusammenhang muß man auf die Schweizer Zeughäuser hinweisen, die ausgemustertes Armee-Material an Private verkaufen. Ja, die Schweizer besitzen auch Armee-Fahrräder, also auch Fahrrad-Ausrüstungen. Packtaschen aus Leder mit wasserabstoßendem Fell-Überzug, Leder-Umhängetaschen, Gürtel, Patronen-Taschen für die Gürtel und Ähnliches. Diese Sachen sind das allerbeste, was man für eine Radtour besorgen kann. Das Problem ist allerdings, an die Dinge rechtzeitig heranzukommen, bevor sie ausverkauft sind. Am besten, man sichert sich die freundschaftliche Hilfe eines Bekannten in der Schweiz, der das Gewünschte besorgt, sobald es zum Verkauf steht.

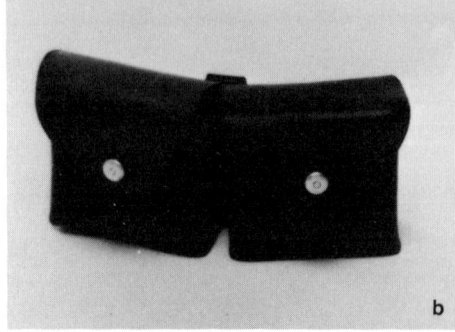
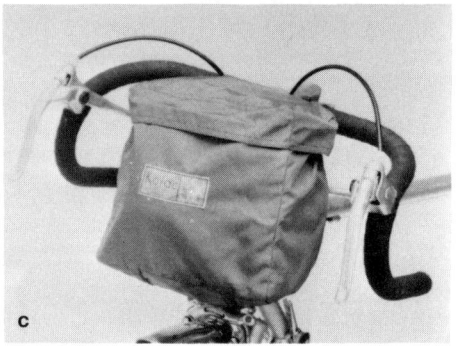

Auf die Verpackung kommt es an: a) Packtasche, b) Patronentasche, c) Lenkertasche und für alle Fälle, d) einen Eimer

Zu den Packtaschen im weitesten Sinn gehören auch die Lenker-Taschen. Sie müssen nicht unbedingt die gleichen rigorosen Bedingungen erfüllen wie die Gepäcktaschen. Die Lenkertaschen nehmen alles das auf, was nicht zusammengedrückt werden darf: Sonnencreme, Fotoapparat und so weiter. Was schnell zur Hand sein muß, paßt auch hinein, Flaschenöffner und Korkenzieher zum Beispiel.

Zu den ungewöhnlichen aber äußerst praktischen Utensilien gehört ein Fünf-Liter-Plastikeimer. Er wird einfach hinten irgendwo angehängt und macht sich auf der Tour als Wasch-Eimer für die T-Shirts, als Spülwasser-Behälter bei Kopfwäschen und im Süden vor allem als Sammel-Eimer für Feldfrüchte nützlich. Ein Plastik-Eimer ist in der Tat ein schöpferischer Ausrüstungsgegenstand.

Hinweise zur Pack-Systematik: Man könnte einwerfen, daß es keinen Unterschied mache, welches Gepäckstück in welche Tasche kommt. Doch

Ganz schön bepackt: Die Tour kann losgehen

die Praxis führt zu einer gewissen Systematik, die ich hier weitergeben möchte.

Waschzeug, Handtücher, Werkzeug, sind Dinge, die man tagtäglich ein- oder mehrmals herausnehmen und wieder verpacken muß. Lange Hosen, das zweite Paar Schuhe, Pullover oder auch die Apotheke dagegen bleiben tage- oder wochenlang unberührt. Für die Tour heißt das: alles, was täglich gebraucht wird, kommt in die eine Tasche, alles andere in die andere Tasche. Schlafsack, Isomatte und Poncho obendrauf. Der Brotbeutel wird um den Sattel herumgelegt und das Ganze mit den bewährten Expander-Gummis festgezurrt. Der Schwerpunkt des Gepäcks sollte möglichst tief liegen, wackeln sollte es dagegen überhaupt nicht. Im Verlauf der Tour geht das Packen in Fleisch und Blut über, mehrmaliges Umpacken unterwegs führt erfahrungsgemäß im Lauf der Zeit bei jedem zur persönlichen Packsystematik. Für Leute mit schlechtem Gedächtnis empfiehlt sich vielleicht eine Liste, die in der Lenkertasche untergebracht ist und dem Radler verrät, was er wo verpackt hat.

Bevor man startet

Thema Land- und Straßenkarten

Sind alle Karten an Bord? Wer keine brauchbaren Karten hat, hat buchstäblich »schlechte Karten«. Er wird sich unweigerlich verfahren. Das kommt selbst mit den General-Karten im Maßstab 1:200 000 vor. Und erst recht, wenn sie größer sind und möglicherweise nur Autostraßen zeigen. Das aber wäre das frühe Ende einer Radtour. Man will sich ja soviel wie möglich abseits des Straßenverkehrs bewegen.

Prinzipiell gilt: alle Karten schon zuhause kaufen und nicht am Preis sparen. Es gab schon Radtouren, die abgebrochen wurden, weil die entspre-

chende Karte fehlte. Im zweiten Teil des Buches werden zu jeder Reportage die entsprechenden Karten-Hinweise gegeben. Mit diesen Tips kann man sich kaum mehr verfahren. Wer glaubt, er könne im Land seiner Wahl die entsprechenden Karten überall und billig kaufen, der täuscht sich gewaltig. Versuchen kann man ja mal, in Griechenland auf dem Dorf eine Straßenkarte von der Gegend zu bekommen. Oder in Ungarn in der Puszta. Die Leute dort brauchen keine Landkarten und sehen auch gar nicht ein, daß irgend jemand welche brauchen könnte. Wo keine Abnehmer sind, gibt es auch kein Angebot. Also nochmal: alle Karten schon vor der Tour zuhause kaufen. Doch verlassen kann man sich auch auf die besten Straßenkarten nur bis zu 90 Prozent. Irgendwo, abseits der großen Städte, versagen sie ihren Dienst. Die Straße, die laut Karte am Meer entlang führt, ist noch garnicht gebaut, oder die Landstraße, die gelb eingezeichnet ist, entpuppt sich als Autobahn. So etwas kommt vor. Gute Karten sind somit ein Minimum an Planungs-Hilfe, aber keine Versicherung gegen Irrtümer.

Verhaltensmaßregeln während der Fahrt

Keine Sorge – dies wird kein Katalog mit den berüchtigten »Goldenen Regeln«. Aber zwei Dinge sind unabdingbar: Zum einen sollte man sich an die Straßenverkehrsordnung halten, zum zweiten sollte man immer auf die anderen Rücksicht nehmen.

Bei Rot über die Ampel zu fahren, ist ein beliebter Sport unter Rad-Touristen, aber höchst riskant. Erstens ist es gefährlich (vor allem im Süden, wo die kreuzenden Verkehrsteilnehmer auch bei Rot über die Ampel fahren). Zweitens schützt einen nichts gegen Strafe, wenn es zu einem Unfall kommt. Wer dann auch noch zugibt, einen Führerschein zu besitzen, wird eher strenger bestraft.

Zur Rücksichtnahme auf die anderen Tourer in der Gruppe will ich nicht viel sagen, das wird sich während der Tour einspielen. Nur der Hinweis vielleicht, daß man immer auf Sichtweite fahren sollte, ob die Kommunikation sich nun auf Jubelrufe beschränkt oder auf Notsignale bei einer Panne.

Gelegenheit, so sagt das Sprichwort, macht Diebe. Und die Gelegenheit ist in großen Städten tendenziell größer als in Dörfern. In Städten, und zwar in Stockholm ebenso wie in Augsburg oder Istanbul, gibt es mehr wirtschaftliche Notleidende und demzufolge mehr, die mit kleinen Diebstählen ihre Lage verbessern wollen. Ein fremdes Fahrrad ist immer ein lohnendes Objekt. Man sollte dies Problem nicht zu romantisch betrachten – ein Rad, das nicht gesichert ist, ist blitzartig geklaut und auf Nimmerwiedersehen verschwunden. Also immer abschließen, wenn man das Rad verläßt, am besten mit einem Ringschloß an einem Gitter oder Pfosten festbinden. Diese Handgriffe müssen genauso in Fleisch und Blut übergehen wie das Umhängen des Brotbeutels.

Zugegeben: Auch wir haben ab und zu vergessen, das Rad abzuschließen, aber es ist glücklicherweise nichts abhanden gekommen. Und einmal ließen wir sogar einen Brotbeutel in der Wirtschaft zurück und merkten es erst, als uns ein Bekannter des Wirts mit seinem Auto einholte und uns den Beutel überreichte. Das war in Lyon, mitten in der City. Und es war wohl einmaliges Glück. Nach solchen Schrecksekunden vergißt man seinen Brotbeutel nicht mehr.

Was tun, wenn man ernstlich krank wird?

Im Ernstfall gibt es nur eines: so schnell wie möglich nach Hause. Einen gewissen psychologischen Rückhalt geben die internationalen Krankenscheine, die bei jeder Versicherungsstelle erhältlich sind. Damit kann man sich im Notfall in Behandlung begeben, so bei einem Knochenbruch beispielsweise. Im einzelnen und in den einzelnen Ländern ist die Verfahrensweise jedoch recht unterschiedlich geregelt, worüber deutsche Stellen aber auch nicht zuverlässig Auskunft geben können. Im allgemeinen muß man die Arztkosten an Ort und Stelle selbst bezahlen. Sucht man anschließend die nächstgelegene Verwaltungsstelle auf, die auf dem internationalen Krankenschein aufgeführt ist, bekommt man zumindest die Behandlungskosten ersetzt.

Mit dem Anfordern der internationalen Krankenscheine kann man auch eine Reiseversicherung abschließen, die den eventuellen Diebstahl von Fahrrad und Ausrüstung abdecken kann, sofern ein Fahrrad ausdrücklich unter die versicherten Güter fällt. Darauf sollte man unbedingt achten. Kameras sind ebenfalls nicht automatisch mitversichert.

Kontaktstellen vereinbaren

Wer schon eine ungefähre Vorstellung von seiner Reiseroute hat, also weiß, daß er im Lauf der Tour irgendwann einmal in der oder jener Stadt einlaufen wird, der kann sich seine Post dorthin vorausschicken lassen. Nachrichten aus der Heimat werden unterwegs immer gern gelesen. Erstaunlich, wie sentimental man auf einer Radtour werden kann!

Eine weitere Möglichkeit wäre, daß sich jemand zuhause bereit erklärt, zu einer bestimmten Zeit das Telefon zu besetzen und auf einen Anruf zu warten. Wenn die Eltern oder der Freund sich beispielsweise bereit finden, jeden Montag gegen fünf Uhr nachmittags (aber Mitteleuropäische Ortszeit) für eine Stunde in Hörweite des Telefons zu bleiben, dann weiß man unterwegs, daß man jeden Montag in dieser Zeit jemanden zuhause antrifft. Alle paar Wochen findet sich schon ein Telefon unterwegs, einmal wird es klappen.

Frage: Bargeld mitnehmen oder Schecks?

Antwort: halb und halb. Nicht überall findet man eine Bank, die Euroschecks einlöst. Das gesamte Vermögen in Bar spazierenzufahren ist dagegen auch nicht sinnvoll. Der Bargeldbedarf auf einer Radtour ist wesentlich geringer als zuhause, das vorweg. Mit 100-Mark-Scheinen oder mit dem entsprechenden Gegenwert in anderer Währung kommt man weit. Ab und zu einen Scheck einlösen, das reicht wieder eine Woche oder zwei.

Ein Tip zum Verfahren: Wer zu dritt abends im Gasthaus sitzt, wird im Ausland oft auf Unverständnis stoßen, wenn er nach dem Essen drei separate Rechnungen verlangt. Eine gemeinsame Reisekasse ist praktischer; wenn sich ein »Zahlmeister« freiwillig findet, umso besser. Ein einfacher Geldbeutel oder eine Blechbüchse dienen dabei als Reisekasse, als »Topf«. Wenn er leer ist, muß jeder wieder einen bestimmten Betrag einzahlen. Das erspart auch hektisches Geldwechseln auf der Bank.

Die gemeinsame Reisekasse erlaubt auch Kredite, bis die nächste Bank in Sicht kommt. Von Vertrauen wollen wir hier nicht reden. Wer kein Vertrauen in das Funktionieren einer Reisekasse hat, der bringt möglicherweise auch nicht die richtigen Voraussetzungen für eine große Radtour mit.

Die Rückreise

An den Zeitpunkt der Rückreise muß man nicht unbedingt schon am Beginn der Tour denken. An die Art und Weise der Rückfahrt schon. Per Bahn oder Flugzeug, Schiff oder Fahrrad? Egal wie, es bedarf jedoch einer zeitlichen und finanziellen Planung. Mit dem Rad die gleiche Strecke wieder zurückzufahren, die man gekommen ist, kann ganz schön langweilig werden. Die Bahn ist relativ preisgünstig. Über die Möglichkeiten muß man sich jedoch vor Ort erkundigen, in deutschen Reisebüros heißt es sowieso immer »natürlich können Sie das Fahrrad per Bahn zurückbringen«. Aber erstens ist dies nicht von allen europäischen Bahnhöfen aus möglich; zweitens muß man selbst ein Ticket vorweisen (denn ein Fahrrad darf nicht allein reisen); drittens sollte man immer persönlich dabei sein, wenn das Rad verladen wird. Wenn nicht, kommt es ein oder zwei Tage später zuhause an.

Flugzeug geht schnell, was sehr angenehm ist. Natürlich auch eine Preisfrage. Wer einen günstigen Heimflug erwischt, der soll ihn nehmen. Und das Rad geht natürlich mit. 20 Kilogramm sind ohnehin frei. Die Satteltaschen kommen aufs Band, der Rest (Schlafsack, Brotbeutel usw.) gehen als Handgepäck mit in die Kabine. Aber Achtung: Beim Einchecken des Fahrrades Lenker um 90 Grad verdrehen, sodaß er parallel zum Rahmen steht, Pedale abschrauben und mit Klebeband auf dem Gepäckträger festbinden, wodurch die Verletzungsgefahr beim Einladen und die Gefahr der Beschädigung anderer Gepäckstücke vermindert wird. Und vor allem – Luft aus den Reifen lassen. Die Schläuche würden in der dünnen Luft des Frachtraumes in ein paar tausend Meter Höhe wie Seifenblasen platzen, da sie ja im Verhältnis zum Außenluftdruck immer mehr Überdruck bekämen. Aber so etwas macht man auch nur einmal falsch.

So oder so – eine Rückreisemöglichkeit ergibt sich bei einer Tour von allein. Nur eines sollte man nicht tun: einen genauen Termin von vorneherein schon festlegen. Immer wieder können Umstände eintreten, die eine Programm-Änderung nötig machen. Ein fixer Punkt oder sogar ein fester Rückreise-Termin machen eine Radtour zu einem geregelten Urlaub. Aber gerade das ist es nicht!

Nach den Vorbereitungen: Es kann losgehen

Die einzelnen Streckenbeschreibungen im Folgenden, können je nach Zeitbudget und Laune, miteinander kombiniert werden. Wer zum Beispiel Lust hat, kann an die Jugoslawien-Tour eine Griechenland-Tour anhängen. Oder, auch keine schlechte Kombination, man fährt zunächst durch Holland und anschließend noch durch Irland. Wenn man andererseits nur wenig Zeit hat, wenn die Ferien oder der Tarif-Urlaub keine weiten Touren zulassen, dann kann man sich auch eine Abkürzung aussuchen. Der Sinn der Berichte ist auch nicht unbedingt der, daß die Vorschläge 100prozentig befolgt werden sollen. Es wird vielmehr versucht, anhand von zwölf verschiedenen Länder-Beispielen soviel Rad-bezogene Information wie möglich zu geben – über Land und Leute, Streckenbedingungen, Verpflegungs- und Übernachtungsfragen. Begleitet von der Absicht, alles gleichzeitig zum amüsanten Lesestoff zu machen.

Und eines muß an dieser Stelle in Form ausdrücklicher Kritik gesagt werden: Die Behauptung eines Fahrradbuch-Autors im Jahre 1982, daß »ein Fahrradtourist in außereuropäischen Ländern meistens nur verdächtig ist«, scheint fehl am Platze. Im Gegenteil ist ein Tourist auf dem Fahrrad, in Europa und auch außerhalb, kein Verdächtiger, sondern ein Objekt der Neugier, des Interesses und nicht zuletzt der Gastfreundschaft. Angstmache ist also völlig unberechtigt.

Wer bis hierher aufmerksam gelesen und (ab und zu jedenfalls) verstehend genickt hat, dem kann man nur gute Fahrt wünschen. Ich beneide alle, die an diesem Punkt angelangt sind und unmittelbar vor ihrer großen Tour stehen. Sie werden es mir nicht glauben, aber es ist so: Nach der Rückkehr werdet Ihr verwandelt sein. Körper und Geist sind »voll da«, salopp gesagt. Die eine oder andere Angewohnheit des Alltags ist abgelegt, Manches ist nicht mehr so wichtig wie zuvor. Neue Ideen wurden auf der Fahrt geboren, und jetzt sollen sie realisiert werden. Kurz: man ist ein anderer Mensch, aktiver und auch selbstsicherer.

Die Selbstsicherheit schließt übrigens die Erkenntnis der eigenen physischen und psychischen Grenzen mit ein. Und dies ist wichtig zu wissen: Es kommt nicht darauf an, sich auf der Tour zu quälen, sondern sein Verhalten gegenüber sich selbst und gegenüber den anderen kritisch zu überprüfen; besondere Fähigkeiten zu erkennen und diese zu nutzen. Es kommt darauf an, bereit zu sein, sich täglich neuen Ungewißheiten auszusetzen, ohne zu wissen, was dabei herauskommt. Eine Übung in Risikofreude sozusagen. Planung ist gut, Mut zum Risiko ist besser. Sogenannte »Goldene Regeln« mag es für viele Unternehmungen geben. Für eine große Fahrradtour gilt nur eine: Es gibt keine »Goldene Regel«.

TEIL 2

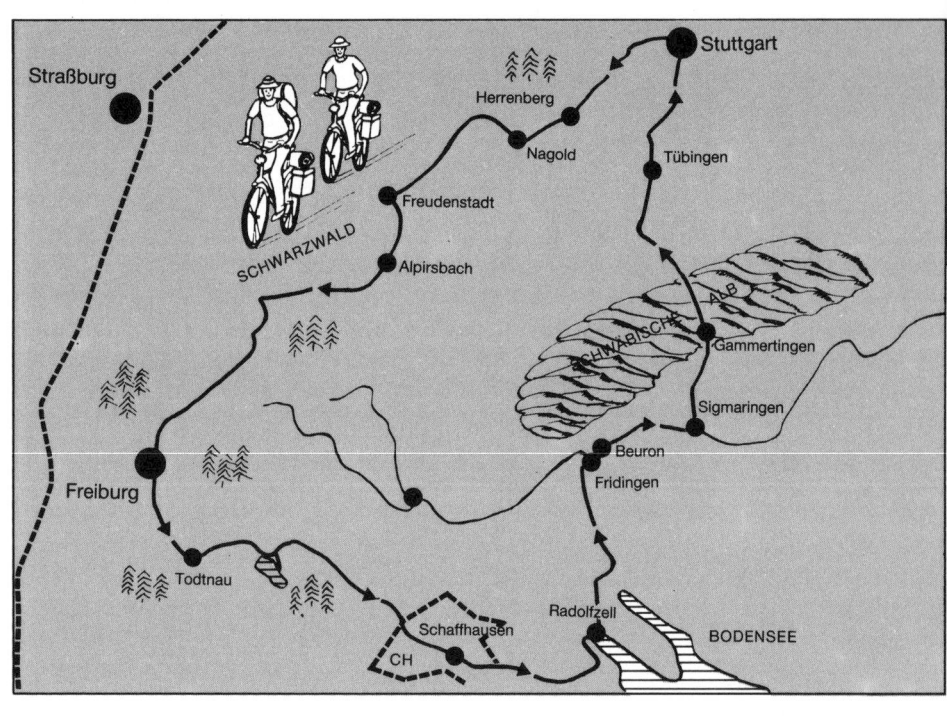

Straßburg

Herrenberg

Stuttgart

Nagold

Tübingen

Freudenstadt

SCHWARZWALD

Alpirsbach

SCHWÄBISCHE ALB

Gammertingen

Sigmaringen

Freiburg

Beuron

Fridingen

Todtnau

Schaffhausen

Radolfzell

CH

BODENSEE

Tour 1: SÜDDEUTSCHLAND

52

Deutschland – die Heimat erfahren

Aus zwei Gründen steht diese Tour an erster Stelle in den Reiseberichten. Die beschriebene Route liegt uns allen am nächsten, und sie ist die kürzeste. Die Strecke über den Schwarzwald mit einem Abstecher zum Kaiserstuhl, den Bodensee und das Donautal ist im Vergleich mit anderen Touren auch verhältnismäßig einfach. Einfach deshalb, weil nirgendwo Sprachprobleme auftauchen können, überall auch die Möglichkeit besteht, die Tour abzukürzen oder, wenn es sein muß, abzubrechen. Sie ist, für sich genommen, nicht gerade ein Spaziergang, aber sie soll eine Teststrecke sein. Für das Rad, für sich selbst. Probleme am Rad oder mit dem Rad werden sich mit Sicherheit im Verlauf dieser Tour herausstellen.

Es wird sicher auch Leute geben, die unterwegs feststellen, daß diese Art, Fahrrad-Urlaub zu machen, doch nicht das richtige für sie ist. Mancher wird erfahren, daß die Kommunikation untereinander nicht so ist, wie man sich das erhofft hatte.

Die Tour durch Süddeutschland ist also eine ausgesprochene Selbst-Erfahrung. Und sie ist, ganz nebenbei, eine Möglichkeit, seine eigene Heimat kennenzulernen, für Süddeutsche gar die nähere Umgebung. Vor Überraschungen ist man nicht sicher. Wer geglaubt hat, er kenne sich im Schwarzwald aus, wird auf einer Radtour eines Besseren belehrt. Und wer geglaubt hat, es sei doch langweilig, am Bodensee entlang zu fahren, der kennt den Bodensee nicht. Und das ist der zweite Grund, aus dem diese Tour den anderen vorangestellt ist. Die eigene Heimat präsentiert sich vom Fahrrad aus ganz anders als vom Autofenster aus. Sie wirkt eigenartig fremd und vertraut zugleich. Mit dem Auto fahren wir in zwei Stunden quer durch den Nordschwarzwald, wandern ein bißchen durch die Wälder, kehren zum Mittagessen in einem Ausflugslokal ein, wandern wieder ein bißchen zur Verdauung und fahren wieder nach Hause.

Ganz anders mit dem Fahrrad. Schon nach ein paar Stunden ist einem alles fremd, obwohl man doch erst einige Kilometer von zuhause entfernt ist. Der Wanderparkplatz, auf dem man sonst das Auto abstellt, kommt in Sicht: er sieht so anders aus. Die Autofahrer und die Wanderer sind fremd. Die Ausflugsgaststätte bei Freudenstadt, wo man immer zu Mittag gegessen hat, – man läßt sie links liegen, man käme nie auf die Idee, vom Fahrrad zu steigen und sich drinnen den Bauch mit einem üppigen Essen vollzuschlagen. Abends dann kommt man an einer Waldlichtung vorbei, die sonst kaum eines Blickes gewürdigt wurde: ein schöner Schlafplatz für einen Radwanderer. Wer mit dem Fahrrad unterwegs ist, sieht die Umwelt anders. Er sieht mehr, hört mehr, riecht mehr. Und wer glaubt, daß seine fünf Sinne nicht verkümmert sein könnten, der soll sich einmal aufs Fahrrad setzen und durch den Schwarzwald fahren. Seine Sinne werden es ihm danken.

DIE TOUR BEGINNT

Wir starten in Süddeutschland, was für Norddeutsche aber nicht heißen soll, daß sie nun mit der Bundesbahn nach Karlsruhe fahren sollen, um dann dort in die Pedale zu treten. Nein, sie sollten ebenfalls von zuhause aus losfahren. Direkt vor der Haustür. Das ist wichtig. So bekommt man von Anfang an das richtige Gefühl für Entfernung. Schon ein, zwei Stunden nach dem Abschied von zu Hause spürt man den Effekt: man ist unterwegs, und mit jeder Umdrehung des Pedals entfernt man sich mehr und mehr von zuhaus. Das mag sentimental klingen, aber es ist wirklich erstaunlich, wie sentimental man auf einer Radtour werden kann. Und schon nach einem halben Tag erscheint die vorher so vertraute Umgebung ganz fremd. Und das liegt einzig und allein am Fahrrad.

Wir starten in Stuttgart, das für seine fahrradfeindlichen Berge und für seine fahrradfeindliche Verkehrspolitik berüchtigt ist. Insofern haben wir einen gewissen Vorteil gegenüber norddeutschen Flachländlern. Wir sind schon etwas abgehärtet. Zu Anfang unserer Tour gilt es, den Stuttgarter Talkessel zu überwinden. Wir schieben die berüchtigte Hasenbergsteige hinauf (wir kennen nur einen, der es schafft, dort hinaufzufahren; der Respekt gilt unserem Freund Werner Koch).

Es ist Ende Mai. Die Steige ist so steil, daß wir allein vom Fahrrad-Schieben ins Schwitzen kommen. Fast schon ganz oben, biegen wir links in den Blauen Weg ein, der direkt durch Weinberge und Schrebergärten in den Wald führt. Noch ein letzter Blick auf den vertrauten Talkessel, dann sind wir zwischen den Bäumen verschwunden. Über den Schattenring und den Bärensee schaffen wir es bis auf die Vaihinger Höhen am Südrand Stuttgarts.

Der eigentliche Start zieht sich immer hin: Immer muß in letzter Minute noch geschraubt werden

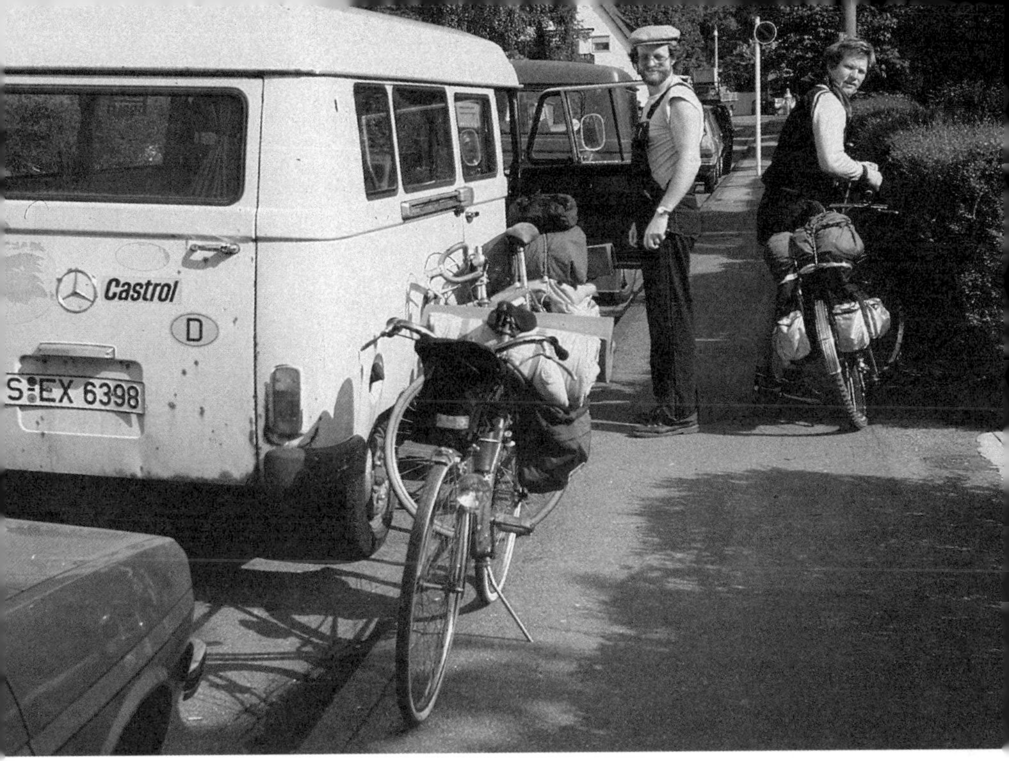
Castrol
D
S EX 6398

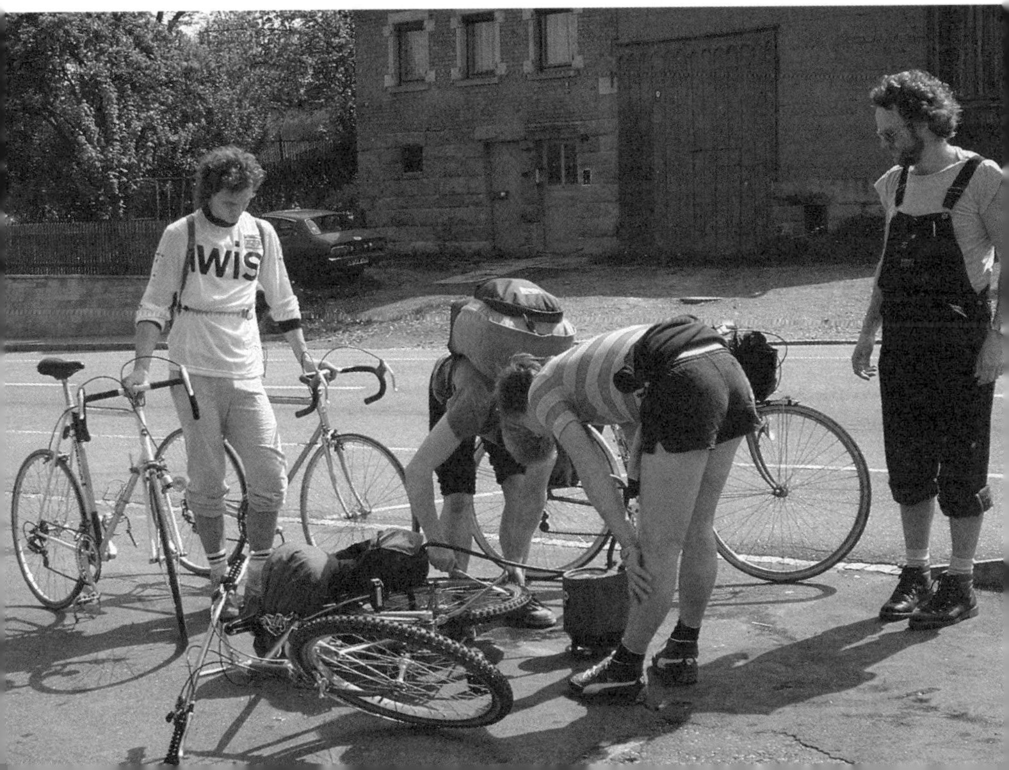
IWIS

Die alte Bundesstraße 14, seit Fertigstellung der Autobahn Stuttgart-Singen kaum mehr befahren, ist jetzt unsere Strecke. Eigentlich eine vertraute Umgebung, aber wir sehen es schon als ungeheure Leistung an, jetzt mit dem Fahrrad so weit gekommen zu sein.

Eine Stunde später: Das Industrie-Gebiet der Doppelstadt Böblingen-Sindelfingen liegt hinter uns. Vor uns sind schon die Ausläufer des Schwarzwaldes zu erkennen. So schnell geht das. Kurz vor Herrenberg biegen wir nach Westen ab, und da steigt die Straße schon an – ein Vorgeschmack auf die Schwarzwaldhöhen. Kaum einen halben Tag sind wir unterwegs, und doch schon mitten drin in der Landschaft. Kurz vor Nagold müssen wir die Räder schieben, was psychologisch ungünstig ist.

Ein psychisches Tief am ersten Tag – da kann die ganze Tour im Eimer sein. Es ist wichtig, sich gegenseitig aufzumuntern, zu motivieren, wie es im allgemeinen Sprachgebrauch mittlerweile heißt. Andererseits darf man am ersten Tag nicht zu ehrgeizig in die Pedale treten. Der Körper ist die Anstrengung nicht gewohnt. Ob man nun zuhause trainiert hat oder nicht, die langanhaltende Kraftanstrengung, vier oder sechs Stunden lang, ist für den gesamten Organismus ein Schock. Deshalb langsam angehen lassen. Gleichmäßig fahren, nicht verzweifeln, wenn etwas nicht so klappt, wie man sich das vorgestellt hat. Oder die schönen Seiten der Tour betrachten, sich ganz bewußt positiv auf die ganze Tour einstimmen, fast so eine Art Notlüge. Die anderen Tour-Teilnehmer müssen jedoch mitmachen. Antreiber sind ebenso unerträglich wie Miesmacher. Es reicht völlig, wenn am ersten Tag 50 oder 60 Kilometer zurückgelegt werden, die Etappen vergrößern sich in den darauffolgenden Tagen. Wichtig ist die positive Einstellung, die auch noch am Abend des ersten Tages anhalten sollte, wenn man im Gasthaus sitzt und die ersten Eindrücke Revue passieren läßt.

Wir schaffen es über die nördlichen Ausläufer des Schwarzwaldes immerhin bis Alpirsbach, also rund 95 Kilometer laut Kilometerzähler. Die Entfernungsangaben auf den Straßenkarten können sich geringfügig von denen des Fahrrad-Zählers unterscheiden. Mit dem Rad fährt man öfters mal einen kleinen Umweg, andererseits sind die kleinen Zähler, die in die Speichen geklemmt werden, ziemlich ungenau. Es dämmert, als wir in Richtung Alpirsbach fahren, Zeit also, einen Schlafplatz zu suchen. Hotel oder Pension kommt nicht in Frage. Höchstens dann, wenn es in Strömen regnen würde oder sich einer erkältet hätte.

An erster Stelle steht immer die Übernachtung im Freien. Nicht nur aus finanziellen Gründen. Eine ungestörte, laue Nacht in freier Wildbahn ist mit keinem Hotelbett zu vergleichen. Wenn dann auch noch ein Bach oder eine Quelle in der Nähe ist, sind wir glücklich.

Auch diesmal haben wir Glück. Oder ist es der richtige Blick? Wir rasen einen Berg nach Alpirsbach hinunter, schon kommen die ersten Häuser in Sicht, da fällt mir rechts unten im Tal eine Holzhütte auf. Ich schreie »Halt«, worauf die anderen eine Vollbremsung hinlegen, und wir verlassen die Straße, um die Holzhütte näher zu erkunden. Welch ein Glück: Sie ist auf einer Seite offen und hat sogar Bänke im Innern. Besser als ein Hotel. Und nebenan liegt gleich ein Fischteich. Damit haben wir alles, was wir brauchen. Mehr Komfort ist auf einer Radtour nicht erforderlich.

Von der Hütte prägen wir uns den Weg zur nächsten Gaststätte ein, damit wir spät am Abend auch wieder in unser Nachtquartier zurückfinden. Das ist wichtig: Das Schlafplatz-Problem sollte immer schon geklärt sein, bevor man sich zum Abendessen hinsetzt. Es läßt sich wesentlich fröhlicher Bilanz ziehen, wenn nicht die Frage auftritt: wo schlafen wir heute? Diese Frage muß immer schon im Hellen geklärt sein.

Wir sitzen in der Stube, die jetzt, Ende Mai, immer noch geheizt ist. Die Leute scheinen verfroren zu sein. Aber unsere Schlafsäcke sind zuverlässig. Zusammen mit den Iso-Matten und dem Poncho, der um alles herumgewickelt wird, brauchen wir keine Kälte zu fürchten. Selbst wenn die Temperatur unter zehn Grad Celsius fällt, können wir im Freien schlafen. Schutz gegen Regen gibt ja die Hütte.

Psychologisch gestärkt, schmeckt das Abendessen und vor allem das Bier. Das soll keine Schleichwerbung für »Alpirsbacher Klosterbräu« sein. Ein Bier am Abend einer Rad-Etappe ist mehr als erfrischend. Es liefert auch die Salze, die der Körper auf der Fahrt durch Schwitzen verloren hat. Außerdem werden wir schon nach dem zweiten Bier müde. Es kommt also gar nicht zum Besäufnis. Müde, aber zufrieden schlagen wir schließlich den Weg zur Holzhütte ein. Wir legen die Isomatten aus, wickeln den Schlafsack in den Gummi-Poncho und legen uns hinein. Keine zwei Minuten später hört man schon gleichmäßiges Atmen.

KEINE ANGST VOR MUSKELKATER

Am zweiten Tag machen sich die ersten Anzeichen von Muskelkater bemerkbar. Aber das ist immer so. Vor allem in unseren Breiten, wo es auch im Sommer mal kalt werden kann, sind die Muskeln weite Strecken über nicht richtig warm. Muskelkater am nächsten Morgen ist die Folge. Aber wir haben stets eine Salbe dabei, die es in verschiedenen Markenbezeichnungen in jeder Drogerie und Apotheke gibt. Bei uns heißt sie »Mobilat« oder »Konsoliplast«. Damit werden abends, und auch morgens, wenn die Muskeln noch steif sind, alle entsprechenden Körperteile eingeschmiert, auch das Hinterteil, das ja so langes Sitzen auf engem Raum nicht gewöhnt ist. Die Salbe fördert die Durchblutung, die Temperatur und die Leistungsfähigkeit der Muskeln. Das zweite Mittel gegen Muskelkater hört sich martialisch an: einfach weiterfahren. Bewegung ist das beste Gegenmittel, vorwärtskommen will man auch, also gibt es keine Wahl. Das ist bisweilen sehr schmerzhaft, wenn man sich morgens aufs Rad setzt und alle Knochen spürt, der Hintern schmerzt. Aber es geht schnell vorbei. Schon ein paar Kilometer können ausreichen; wenn es draußen warm ist, geht es schneller. Das Frühstück kauft man sich beim Bäcker.

Wir stehen in Alpirsbach bei einem Bäcker, der in seinem Laden gleichzeitig auch einen Kaffeeausschank eingerichtet hat. Das ist natürlich optimal! Aufgewärmt und gestärkt geht es wieder auf die Piste. Frühstück muß sein. Der Körper ist zwar auch ohne Frühstück leistungsfähig, aber die Psyche macht nicht immer mit. Man muß auch von der Einstellung her auf Touren kommen. Wenn der erste Tag zur Zufriedenheit verlaufen ist, ein guter Schlafplatz gefunden wurde, die Nacht ruhig und erholsam war und dann auch noch ein gutes Frühstück am nächsten Morgen folgt, dann entwickelt sich auch ein ganz selbstbewußtes Gefühl, eine Mischung aus Neugier auf Neues und der Gewißheit, alles im Griff zu haben. Wenn einer aus der Gruppe konditionelle Schwierigkeiten hat, sollen ihm die anderen Mut machen und sich anpassen. Wenn jemand am Erfolg der ganzen Sache zweifelt, soll er nicht die Stimmung der anderen versauen. Rücksicht und Zurückhaltung sind eine gute Übung in Selbstdisziplin. Lieber einen Witz mehr machen, um die Stimmung zu heben, als die scheinbaren Nachteile hervorkehren. Nichts ist schlimmer auf einer Radtour als ein notorischer Nörgler. Er kann selbst den optimistischsten Sonnyboy zur Verzweiflung bringen.

Da sich zuhause in gewohnter Umgebung Extrem-Situationen selten einstellen, treten gewisse Eigenheiten oft erst während einer Tour auf. Erstaunlich, welche Reaktionen man bei sich selbst beobachten kann. Erstaunlich, wie die anderen mitunter reagieren, die man doch eigentlich schon so lange gekannt hat. Man rauft sich zusammen – oder auch nicht. Nicht jede Radtour ist für alle Beteiligten ein persönlicher Gewinn. Die langen körperlichen Anstrengungen und die ständige Nähe der anderen Tour-Freunde führen dazu, daß sich das Innenleben nach außen kehrt. Man erzählt sich abends in der Kneipe mehr, als das sonst der Fall wäre. Man ist sich selbst gegenüber ehrlicher; es bleibt einem auch nichts anderes übrig. Wenn alle anderen den Berg hinauffahren, man selbst aber absteigen muß, weil man es einfach nicht packt, dann kann man sich selbst nicht mehr länger vormachen, daß man stärker sei als die anderen; den anderen gegenüber kann man schon garnicht

Kurze Rast: Ein Blick auf die Karte, ein Schluck aus der Pulle, und weiter geht's

mehr als Konditionsbolzen auftreten. Das heißt, man hat seine Grenzen erkannt, und alle haben es gemerkt. Das muß man akzeptieren, und gute Freunde sehen darin keinerlei Anzeichen von Schwäche. In diesem freundschaftlichen und ehrlichen Verhalten liegt der Schlüssel zum Erfolg einer Radtour.

Wir haben schon einige Schwarzwald-Höhen hinter uns, teils gefahren, teils geschoben, und nähern uns Freiburg. Aber halt, wir wir wollten doch einen Abstecher zum Kaiserstuhl machen. Bei Emmendingen biegen wir also ab und überqueren die Autobahnbrücke bei der Ortschaft Riegel am Ostrand des Kaiserstuhls.

EIN KULINARISCH BEDEUTENDER PUNKT

Der Kaiserstuhl ist nicht eigentlich eine Landschaft, eher ein grüner Hügel. Aber ein schöner. Hier wachsen berühmte Weinsorten, hier gibt es auch berühmte Gasthäuser, die es mit den Schickeria-Lokalen im nahen Elsaß

59

aufnehmen können. Wir fahren durch die Weinberge, was ohne weiteres erlaubt ist. Außerdem sind hier alle Wege asphaltiert. Sehr angenehme Fahrweise. In Endingen am Nordrand des gelobten Weinlandes machen wir Station. Wir sind zwar Biertrinker, aber wenn wir schon mal hier sind! Die engen, kopfsteingepflasterten Straßen von Endingen zwischen den Fachwerkhäusern haben etwas Mittelalterliches. Die Souvenir-Läden erinnern uns jedoch daran, daß es mittlerweile auch »Butterfahrten« zum Kaiserstuhl gibt. Touristen aus Norddeutschland sind ebenfalls nichts Sensationelles mehr. Jeder hat hier ein Zimmer oder ein Häuschen, von der Oma geerbt, das er an Gäste vermietet. Das ist einträglicher als die mühsame Arbeit im Weinberg. Aber: »den Wein aufgeben? nie im Leben!« Eugen Knab, schon weit über 80, schüttelt den Kopf. Sein ganzes Leben lang hat er Wein »gemacht«, das heißt Reben gepflanzt, gepfropft, gelesen, gekeltert und verkauft. Und getrunken natürlich auch. Wir sitzen in seiner Weinstube vor dem dritten Glas »Ruländer«. Eugen Knab erzählt aus seinem Leben, das ohne Wein nicht denkbar wäre. Es war immer hart, auch, als der Sohn die körperliche Arbeit übernommen hatte, aber er liebt sein Leben. Jeder hier liebt es.

Die Restaurants rund um den Kaiserstuhl sind alle nicht gerade billig, aber wer Wildspezialitäten mag, der ist hier richtig. So auch in Endingen. Wir haben uns kurzfristig aus der Weinstube Knab verabschiedet, um im »Adler« etwas Rehbraten zu essen, den man uns sehr empfohlen hat. Satt und zufrieden kehren wir eine Stunde später in die Weinstube zurück. Der zweite Abend auf unserer Tour, und alles scheint in den richtigen Bahnen zu verlaufen! Glück oder Instinkt? Schwer zu sagen. Sicher auch das Verhältnis zu den Leuten, die einen als Radfahrer anders ansehen als die Auto-Touristen, die nur schnell mal zur Weinprobe vorbeischauen und abends schwer in die Gästebetten fallen. Wir haben mehr Zeit, die Einheimischen spüren das. Ihr Interesse an uns verwandelt sich in Sympathie für die drei »Verrückten«, die aus der fernen Großstadt den weiten Weg zum Kaiserstuhl mit dem Fahrrad zurückgelegt haben.

Wir können an diesem Abend nicht mehr aufs Fahrrad steigen. Deshalb schieben wir es hinter der Weinstube in die Weinberge hinauf und legen uns auf einem freien Wiesenstück zwischen den »Ruhländer«- und »Müller-Thurgau«-Reben zur Ruhe. Selten so gut geschlafen.

Am nächsten Tag überqueren wir den Kaiserstuhl an seiner höchsten Stelle (rund 500 Meter) und genießen den Ausblick ins Rheintal. Auf der anderen Seite des »Berges« lassen wir es bis in die Nähe von Freiburg rollen. Freiburg ist eine Fahrrad-Stadt. Weil es flach ist, und weil man hier für die Radfahrer einiges getan hat. Jeder scheint hier Rad zu fahren, wir fallen überhaupt nicht auf. Das Gepäck höchstens ist etwas ungewöhnlich.

Es ist erst der dritte Tag unserer Tour, und doch haben wir das Gefühl, schon lang unterwegs zu sein. Die Pause in Freiburg dehnt sich über den ganzen Mittag aus, bis wir merken, daß es Zeit zum Weiterfahren wird. Der Schwarzwald ruft wieder. Und zwar der höhere Teil südöstlich von Freiburg.

Wir schaffen es noch bis zum Schluchsee, dann setzt schon die Dämmerung ein. Die steilen Aufstiege haben Zeit gekostet. Aber Zeit haben wir ja eigentlich genügend. Wir suchen wieder einen geeigneten Unterschlupf. Ein Ruderboot-Verleih lockt uns mit seiner rustikalen Holzwand. Zwar kein Dach über dem Kopf, aber windgeschützt. Das Abendessen besteht heute lediglich aus mehreren heißen Würstchen, die es in einer Ausflügler-Bude gibt. In die nächste Ortschaft zu fahren ist uns zu umständlich. Auch das muß man immer abwägen. Es muß nicht immer Braten sein. Satt wird man auch durch einfache Kost. Und einen Kocher haben wir absichtlich nicht mitgenommen.

Der nächste Morgen grüßt uns mit einer recht frischen Brise. Aber davor kann man bei uns auch im Sommer nie sicher sein. Wir müssen unsere Trainingshosen anziehen und fahren in der Hoffnung los, daß es sich im Laufe des Tages noch aufklärt und erwärmt. Vor dem Wetter darf man in gar keinem Fall einen Rückzieher machen, es sein denn, es gießt wirklich in Strömen. Aber frostige Temperaturen allein sind kein Hinderungsgrund. Da bekommt man wenigstens keinen Sonnenbrand. Ein wenig Sarkasmus darf ruhig dabei sein. Nur kein Selbstmitleid!

EIN FEST AM BODENSEE

Wir verlassen den Schluchsee deshalb auch ohne Schluchzen und fahren in flottem Tempo in Richtung Schaffhausen. Bei Stühlingen betreten wir Schweizer Boden, (noch gibt es keine Abgaben-Ordnungen für ausländische Fahrradfahrer) und fahren beschwingt in Richtung Stein am Rhein. Das ist eine recht herausgeputzte Touristenstadt. Interessant, aber zu sehr vermarktet. Hinter Stein am Rhein geht es wieder auf heimatlichen Boden zurück, wir haben den Bodensee erreicht. Es ist schwierig, problemlos an den See heranzukommen. Das Gelände ist größtenteils Privatbesitz. Da bleiben nur die offiziellen Häfen, zum Beispiel Kattenhorn, oder die Strandbäder, zum Beispiel in Horn, ein paar Kilometer weiter. Später entdecken wir dann, daß es neben dem Strandbad von Horn einen Weg ins Schilfrohr-Dickicht gibt. Einsame sandige Buchten inclusive. Aber das macht nichts. Öffentliche Bäder haben den Vorteil, daß sie Duschen haben, unter denen man sich den Schweiß der Radtour abspülen kann. Man muß es nehmen, wie es kommt.

Hinter dem Strandbad Horn geht es einen unglaublich steilen Berg empor, ein paar hundert Meter nur, aber wir müssen hoch, es ist die einzige Straße. Oben sind wir erschöpft und müssen in die nächstbeste Kneipe einkehren. Die Inhaberin, Frau Schrof, lacht über unsere bepackten Räder. Touristen kommen ohnehin selten hierher, Fahrrad-Tourer noch seltener. Und solche, die das Bier gleich eimerweise trinken, das sind ganz besondere Burschen.

Wir kommen mit den anderen Gästen schnell ins Gespräch. Man bewundert allgemein unsere Kondition. Wir wehren ab. »Kondition ist nicht alles, die richtige Einstellung gehört dazu.« Das ist natürlich schwer zu erklären. Was ist denn die »richtige Einstellung?« Ja, eben ohne festen Plan loszufahren. Ohne zu wissen, wo man abends ankommt, nur mit dem festen Willen, überall das Positive herauszulesen. Es ist schwer, diese Philosophie so einfach am Biertisch weiterzugeben. Aber wir haben das Gefühl, doch irgendwie verstanden zu werden.

Nach einigen Bieren setzen wir uns wieder auf die Räder und lassen uns den steilen Berg hinuntertragen, bis wir beim Strandbad ins Schilfdickicht abbiegen und uns am flachen Sandstrand zur Ruhe legen. Wir sind gerade beim Einschlafen, da dröhnt Musik herüber. Offenbar ein Fest. Wir schauen uns die Sache aus der Nähe an. Oberschüler eines nahegelegenen Internats, des »Ambrosius-Blarer-Stifts«, wie wir erfahren, feiern ihren Jahresabschluß. Die Oberschülerinnen feiern auch. Wir sind so eine Art exotische Naturburschen. Nur weil wir mit dem Fahrrad ein paar Kilometer runtergespult haben. Aber das scheint uns doch irgendwie interessant zu machen. Wir unterhalten uns noch gut in dieser Nacht. Die Oberschüler haben noch Getränke-Reserven.

Am nächsten Morgen versuche ich mich an den Vorabend zu erinnern. Es ist schwierig. Ein Bad im See klärt die Gedanken. Jetzt weiß ich es wieder. Ich wollte am Abend der versammelten Mannschaft noch vorführen, wie man mit einem vollgepackten Fahrrad stilecht durch ein Schilfdickicht fährt. Wo ist das Rad? Oh Gott, es ist weg! Ich suche eine Weile, die anderen wissen auch nicht mehr so recht, wie sich der Ablauf der Dinge so gestaltet hat. Schließlich habe ich meine Teile wieder zusammen. Die Schutzbleche sind verbogen, die Lampe verdreht. Das macht nichts. Hauptsache, dem Publikum hat's gefallen.

Eine Stunde später sind wir wieder völlig nüchtern. Nach einem kräftigen Frühstück, das uns Frau Schrof schnell zurecht gemacht hat – wirklich sehr kräftigend, mit Wurst, Käse, Schinken und Ei – geht es auf die Piste nach Radolfzell, dann nach Stockach und dann ein Stück in Richtung Tuttlingen. Auf halber Strecke zwischen Stockach und Tuttlingen biegen wir nach Neuhausen ob Eck ab.

Wir sind früh dran, haben uns schwer ins Zeug gelegt. Vielleicht aus Reue?

Die Reue währt nicht lang. In Fridingen kehren wir im »Scharfen Eck« ein, das wegen seiner Riesenportionen berühmt ist. Anschließend geht es direkt an der Donau entlang in Richtung Kloster Beuron. Und ein paar Kilometer weiter kommt das »Jägerhaus« in Sicht, eigentlich eine Ausflugsgaststätte. Aber wir wissen, daß es hier auch eine Höhle gibt, auf die wir es als Schlafplatz abgesehen haben. Aber andere sind auch schon auf die Idee gekommen – die Höhle ist schon von Rucksack-Wanderern belegt. Die zweitbeste Lösung: die Hütten gegenüber dem Jägerhaus. Auch sie sind trocken. Nicht ganz so romantisch wie eine echte Höhle, aber brauchbar.

DAS DONAUTAL – UND PLÄNE FÜR DIE ZUKUNFT

Das Donautal zählt zu den schönsten Landschaften, die ich in Deutschland kenne. An dieser Stelle, also zwischen Fridingen und Beuron, ist es besonders reizvoll. Die Donau ist schmal und flach, die Felsen rechts und links sind dafür steil, eine wildromantische Gegend. Ab und zu sieht man auf den Kalkfelsen oben eine kleine Burg. »Kann man mieten«, meint der Kellner im Jägerhaus. Nicht schlecht, so eine eigene Burg. Aber die Heizkosten!

Der nächste Tag: der sechste Tag unserer Tour, und auch der Tag der Rückkehr. Sechs Tage sind keine Zeit für eine große Radtour. Doch diese Rundstrecke ist ideal als Trainings- und Selbsterfahrungs-Strecke. Was immer unklar sein mag, bevor man startet, es wird sich auf der Tour innerhalb weniger Tage herausstellen. Darin liegt der Sinn. Und wir haben ein Stück Deutschland auf andere Art kennengelernt.

Wenn es bei dieser »Probe«-Tour ernsthafte Probleme mit dem Fahrrad gibt, kann man diese lösen. Wenn sich zeigt, daß man untereinander nicht harmoniert, muß man sich trennen. Alle Erfahrungen sind wichtig, egal welche.

Man muß sie nur richtig verwerten. Und dann kann man sich auch an eine größere Tour wagen. Im Idealfall mit denselben Leuten. Ganz ideal natürlich, wenn man sich auf der Rückfahrt schon die nächste Tour vornimmt. So wie wir.

Wir nehmen die Schwäbische Alb vom Donautal aus von Süd nach Nord in Angriff. Das geht leichter als umgekehrt, weil der Anstieg gleichmäßiger ist. Bei Pfullingen dann geht es rapide wieder ab in Richtung Reutlingen. In Tübingen machen wir eine letzte Pause, bevor wir über das Sieben-Mühlen-Tal nach Stuttgart zurückkehren. Und in Tübingen, bei der letzten großen Pause, schmieden wir neue Tour-Pläne. Alles hat bestens geklappt. Alle haben untereinander harmoniert. Alle wollen demnächst wieder losfahren. Möglichst weit weg.

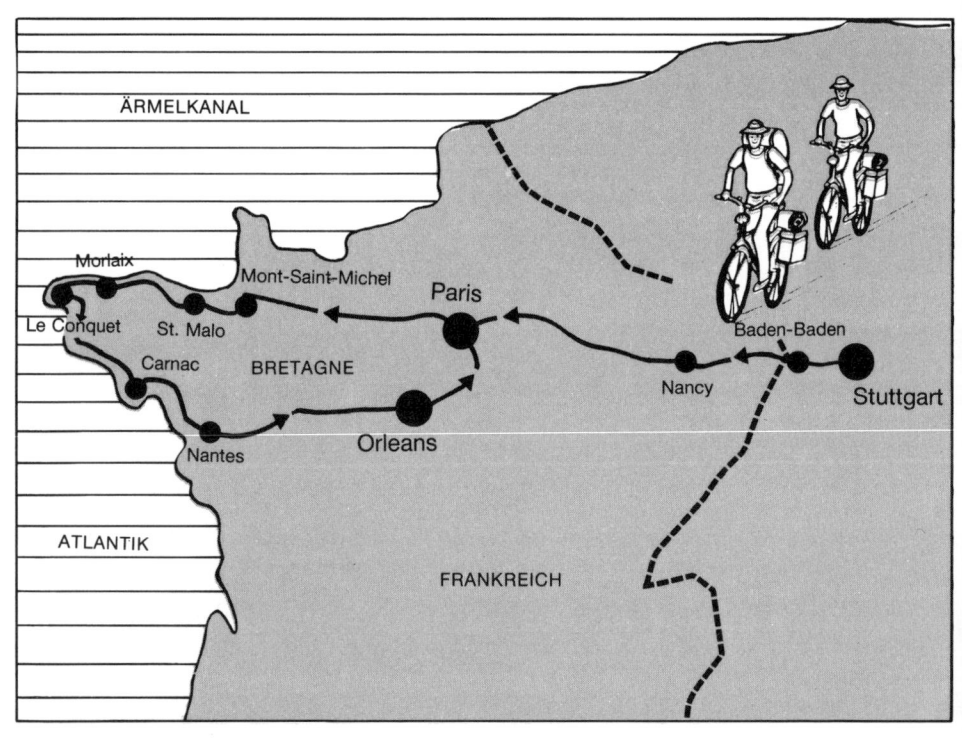

ÄRMELKANAL

Morlaix

Mont-Saint-Michel

Paris

Le Conquet

St. Malo

Baden-Baden

Carnac

BRETAGNE

Nancy

Stuttgart

Nantes

Orleans

ATLANTIK

FRANKREICH

Tour 2: FRANKREICH

C'est la vie – Frankreich

Frankreich und die Franzosen haben zum Radsport und zu Radfahrern ein besonderes, ein intimes Verhältnis. Das längste und berühmteste Radrennen der Welt, die »Tour de France«, schlägt jedes Jahr die Nation in Bann, die Männer in den Sätteln sind für diese Zeit wichtiger als der Präsident. Es gibt Volkslieblinge unter den Radrennfahrern, mit denen die ganze Fangemeinde schwitzt, leidet, siegt und verliert. Kein Wunder, daß das Radfahren in Frankreich als Breitensport schon lange eingeführt ist und in lobenswerter Weise in der Öffentlichkeit, genauer: von den Autofahrern, respektiert wird. Das heißt, Radfahrer genießen mehr Wohlwollen auf französischen Straßen als bei uns. Rad-Touristen sind keine Fremdkörper für Monsieur hinterm Lenkrad. Ein vollgepacktes Tourenrad ist zwar nicht das gewohnte Bild, aber Fahrrad ist Fahrrad. Und das heißt in Frankreich immer: aufmunternde Zurufe, manchmal Beifall vom Straßenrand.

Ein typisches Bild: Ein beliebiger Sonntagmorgen, irgendwo in Frankreich. Der Nebel hebt sich langsam, es ist noch zu früh zum Kirchgang. Es herrscht kaum nennenswerter Straßenverkehr, doch seltsamerweise haben alle Autos, die unterwegs sind, Räder auf dem Dach. Glänzende Rennräder meist. Wie von einem Magnet angezogen, streben alle Autofahrer mit ihren Rennrädern auf dem Dach einem Treffpunkt zu. Dort steigen dann Herren in nicht mehr ganz so jungen Jahren, manchmal auch schon eindeutig in fortgeschrittenem Alter, aus dem Auto. Gekleidet in Trainingsanzüge, darunter Radsport-Kleidung. Sie begrüßen sich kurz, informieren sich, und ab geht's: eine, zwei oder drei Stunden lang über die menschenleere Landstraße, in forschem Tempo, mit vorbildlicher Führungsarbeit und reibungslosen Wechseln. 60 oder 100 Kilometer am Sonntagmorgen, schweigend, fast andächtig. Arbeiter, Geschäftsleute. Jeden Sonntag zur gleichen Zeit am selben Platz, der gleiche Ablauf. Wenn die ersten Kirchgänger unterwegs sind, stehen die »Cyclistes« schon im Bistro und trinken den obligatorischen Pastis. Der Sonntag ist für sie gelaufen.

In diesem Rad-freundlichen Land kann sich der Rad-Tourist wohlfühlen.

DIE TOUR BEGINNT

Wir sind unterwegs von Süddeutschland aus, es ist Frühsommer. Unser Ziel ist die Bretagne, das sagenumwobene Land der Kelten am Atlantik, Heimat von Asterix und Obelix. Doch das Gallische Dorf liegt noch fern. Zunächst müssen wir den recht hügeligen Nordschwarzwald überqueren. Zuvor hatte sich, wie immer, die Frage gestellt, ob wir nicht lieber mit der Bahn ein Stück anreisen sollten, beispielsweise nach Straßbourg. Aber die übereinstimmende Antwort lautete, wie immer: Nein. Es hat etwas Symbolisches, von zuhause aus zu starten. Am ersten Tag kommt einem die Umgebung noch bekannt vor, am zweiten wird sie schon fremder, am dritten exotisch. Das Gefühl des »Von-Zuhause-weg« ist ganz stark. Wir hätten auch bis nach Paris mit dem Zug fahren können und hätten auf diese Weise eine Woche Fahrzeit eingespart. Aber dann wären wir am Gare du Nord in Paris aus dem Zug geklettert, wie die anderen Touristen auch. Aber gerade das wollten wir ja nicht sein: so wie die anderen Touristen.

Dank unserer Generalkarte im Maßstab 1:200000 finden wir die vom üblichen Autoverkehr unbelasteten Nebenstrecken durch den Nordschwarzwald. Der Nachteil dabei ist aber, daß die schmalen Nebenstrecken auch steiler sind als die Durchgangsstraßen. Aber es ist kein Fehler, schon am ersten Tag so richtig ins Schwitzen zu kommen – da weiß der Körper, was ihn erwartet. Und wir kommen auch ganz schön ins Schwitzen. Ab und zu müssen wir absteigen und unsere Räder schieben.

Von der Ortschaft Dobel geht es dann eine rasante Abfahrt hinunter nach Bad Herrenalb, in dessen Thermalbad sich die High Society von Baden-Baden nach durchzechter Nacht entspannt. Mein Vorschlag, eine Stunde im Thermalbad ebenfalls zu entspannen, wird von den anderen entschieden abgelehnt. »Keine Laschheiten schon am ersten Tag«.

Von Baden-Baden aus fällt der Schwarzwald zum Rheintal hin ab, was einen flotten Stundenschnitt ergibt und uns noch rechtzeitig vor der Dämmerung über den Rhein und die französische Grenze ins elsässische Drusenheim bringt. Wir suchen uns die Nebenstrecke nach Rohrwiller. Eine Wiese wird schnell als Schlafplatz erklärt. Wir prägen uns die Lokalitäten ein, dann fahren wir nach Rohrwiller in die nächste Gastwirtschaft. Beeilung tut not, denn in Frankreich, muß man wissen, geht der Koch größerer Restaurants spätestens um neun Uhr abends nach Hause. Und in kleineren Kneipen gibt es oft nur kalte Platten zum Abendessen. Wer also etwas Warmes zum Abschluß des Tages braucht, und auf einer Radtour braucht man es öfters, der sollte sich spätestens gegen sieben Uhr in den Gasthäusern nach warmer Küche erkundigen.

66

Völlig Auto-frei und völlig eben: Die besten Radwege führen in Frankreich am Kanal entlang

EIN WASSERWEG ALS GEHEIMTIP FÜR RADFAHRER

Der nächste Tag bringt dann das erhoffte Aha-Erlebnis: Wie ich von einem früheren Frankreich-Trip wußte, trifft man bei Brumath auf den Rhein-Marne-Kanal, der in Frankreich andersherum als »Canal Marne au Rhin« bezeichnet wird. Er führt quer durch Elsaß-Lothringen bis nach Nancy, wo er dann von einem anderen Kanal abgelöst wird. Und die Kanäle in Frankreich sind der heißeste Geheimtip für Rad Tourer!

Das französische Binnengewässer-Netz ist insgesamt 8000 Kilometer lang, 4300 Kilometer davon sind Kanäle. Seit dem Niedergang der Binnenschifffahrt, deren kommerzielle Bedeutung durch den Schwerverkehr der »Brummis« abgelöst wurde, sind die Kanäle fast nur noch Folklore. Aber etwas ist geblieben: beiderseits der Kanäle wurden beim Bau sogenannte »Treidelpfade« angelegt, schmale Wege, auf denen Pferde zum Ziehen, das heißt »Treideln« der Lastkähne eingesetzt wurden. Getreidelt wird schon lange nicht mehr. Aber die Wege sind geblieben. Und die eignen sich hervorragend als Radwege! Da Kanäle die Eigenschaft haben, völlig eben zu sein, abgesehen von den regelmäßigen Staustufen, weisen die Wege am Rande ebenfalls keinerlei Steigungen auf. Das heißt: 4300 Kilometer Kanäle in Frankreich sind gleichbedeutend mit 4300 Kilometern Radwegen, die nirgendwo nennenswerte Steigungen aufweisen! Dabei führen die Kanal-Strecken durch landschaftlich besonders schöne Gebiete, dazu völlig abseits der Touristen-Routen. Autoverkehr wäre auf den Treidelpfaden auch gar nicht möglich. Außerdem gibt es alle paar hundert Meter eine Schleuse samt Schleusenwärterhäuschen, und das heißt in vielen Fällen: eine Kneipe, die spottbillig ist, weil sie vom Massentourismus noch nicht entdeckt wurde.

Eigenartig: eigentlich haben wir erwartet, daß außer uns noch jede Menge anderer Radfahrer auf die Idee mit den Kanälen gekommen wären. Aber wir radeln völlig einsam am Canal Marne au Rhin entlang. Ein Grund dafür mag sein, daß auf den meisten Straßenkarten, auch den französischen, die Kanäle nicht immer verzeichnet sind. Was bedeuten die auch schon für Autofahrer? Und falls sie eingezeichnet sind, dann ohne den Hinweis auf Treidelpfade. Die genauen Kanal-Karten bekommt man nur vor Ort bei französischen Behörden, denn die Kanäle sind staatlich. Besser jedoch, man versorgt sich zuhause mit den entsprechenden Karten. Es gibt nämlich ein paar Reiseveranstalter in Deutschland, die entdeckt haben, daß man auf französischen Kanälen prima Boots-Urlaub machen kann. Sie besitzen auch die Kanalkarten. Wer höflich anfragt, bekommt meist auch eine, oder zumindest eine Kopie. Der Boots-Vercharterer Harald Kuhnle aus Stuttgart war von der Idee, die Kanalwege zum Radfahren zu nutzen, ganz begeistert. Von ihm bekommt man ohne weiteres Auskunft und Unterlagen.

Unsere Durchschnittsgeschwindigkeit ist dank der flachen Kanäle enorm, fast zu hoch für die reizvolle Umgebung. Völlig abseits, ungestört vor Massentourismus und Verkehrslärm, ziehen wir unsere Bahn. Die Wege sind gerade so breit, daß wir zu zweit nebeneinander fahren können. Ab und zu fängt einer an zu singen. Wiesen wechseln mit Wäldern, ab und zu erweitert sich der Kanal zu einem kleinen See. Und immer wieder die ehemaligen Schleusenwärter-Häuschen. Sie sind alle noch bewohnt, gepflegt und hergerichtet, als wollten die Bewohner einen Preis gewinnen. Fast schon etwas zu kitschig.

DIE PFANNE MACHT'S

Die Schleusen sind alle noch in Betrieb, mal werden sie per Hand bedient, mal elektronisch gesteuert. Wir halten an einer solchen »automatischen« Schleuse und warten auf ein Touristen-Boot. Das Schauspiel lohnt sich!

Immer, wenn sich eine Barkasse nähert, steigt eines der Besatzungsmitglieder auf das Boots-Dach und schwenkt eine Bratpfanne! Seltsam, aber sinnvoll. Da die Radar-Detektoren der automatischen Schleusen nur auf Metallisches reagieren, die Boote ihrerseits aber fast nur aus Kunststoff bestehen, müssen irgendwelche metallischen Gegenstände dazu herhalten, um die Radar-Wellen zu reflektieren und so die Schleusen-Mechanik in Gang zu setzen. Ganz witziger Anblick, wenn man nicht weiß, was es bedeutet. Erste Erklärungsversuche vermuten »Notsignale von verhungernden Touristen« oder den Versuch, auf pfannenschwenkende Weise »fliegende Fische einzufangen«.

Überall am Kanal sitzen Angler, denen man gelegentlich über die Angelschnur fährt, ohne es zu merken. Beim Versuch, das Chaos zu entwirrren und die Angelschnur aus dem Rad unbeschadet herauszufingern, entwickeln sich zwangsläufig Gespräche über das »Woher« und »Wohin«. Als Nebeneffekt gibt es Kneipen-Tips, denen man bedenkenlos folgen kann. Die Gasthäuser am Kanal bieten selten große Speisekarten, etwas Warmes gibt es aber immer. Und das zu Preisen, die im ansonsten teuren Frankreich konkurrenzlos sind. Dem Kanal sei Dank!

Auf diese angenehme Art kommen wir in ein paar Tagen bis in die Nähe von Paris. Und hier stellt sich die Frage: Außenherum oder mitten hindurch? Antwort: Es hängt davon ab, was man in Paris vorhat. Sight-Seeing oder nicht. Aus unserer Erfahrung heraus empfehlen wir eher, einen großen Bogen um Paris zu machen. Um Paris einigermaßen kennenzulernen, braucht man eine Woche. Das Fahrrad ist in der City nur unter Lebensgefahr zu besteigen, mit der Metro geht es außerdem schneller. Einen Paris-Besuch sollte man lieber verschieben, es reicht, wenn man sich am Ende der Radtour durch den Verkehr in Richtung Bahnhof kämpfen muß.

Wir umfahren die »Weltstadt« in einem riesigen Bogen, südlich gesehen. Vorbei an Fontainebleau in Richtung Chartres. Dazu verlassen wir die vertrauten Kanal-Wege und benützen die Landstraßen. Unsere grobe Richtung: die französische Küste am Ärmelkanal, genauer der Mont-Saint-Michel, die Grenze zwischen der Normandie und unserem eigentlichen Ziel, der Bretagne. Die gewaltige Festung auf dem Granitfelsen ragt schon von weitem aus dem Nebel. Die richtige Kulisse für Horror-Filme. Bei Ebbe sieht das Ganze recht harmlos aus. Doch der Gezeitenhub, die Tide, ist so groß, daß bei Flut das ganze Land untertaucht und nur das Kloster aus dem Meer herausschaut. Wir wollen die Klosterinsel besichtigen und lassen zu diesem Zweck unsere Fahrräder am Fuß des Felsens zurück, wobei wir sie mit dem Ringschloß an ein eisernes Geländer schließen. Wir wollen uns gerade auf den Weg machen, da werden wir buchstäblich zurückgepfiffen: Ein uniformierter Wärter macht uns mit seiner Trillerpfeife und wilden

Handbewegungen unmißverständlich klar, daß wir unsere Räder hier auf keinen Fall stehen lassen können. »Pourquoi« frage ich, »Warum?«. »La mer, la mer«, brüllt der Wächter des Felsens zurück, »das Meer« also soll der Grund sein.

WEHE, WENN DIE FLUT KOMMT

Als wir nach kurzer Besichtigung des Berges über den Damm aufs Festland zurückkehren, merken wir, was mit »das Meer« gemeint war. Die Flut nämlich, die hier so regelmäßig wie heftig einsetzt und alles verschlingt, was nicht rechtzeitig aus dem Gefahrenbereich herauskommt. Bei einem Gezeitenunterschied von mehreren Metern und einem gleichzeitig völlig flachen Strand heißt das, daß die Flut mit unglaublicher Geschwindigkeit hereinbricht und sich den Strand hinauf frißt. So schnell, daß man rennen muß, um ihr zu entkommen. Ich muß an einen Kollegen denken, der einmal in die Bretagne mit seinem Jeep fuhr und diesen zwecks kurzer Kaffee-Pause einfach am Strand stehen ließ. Als er zurückkam, sah er nur Wasser, sein Jeep lag ungefähr vier Meter tief im kalten Wasser des Ärmel-Kanals. Er hat ihn dann bei Ebbe mit Hilfe eines Bauern wieder herausgezogen. Die Reparaturen kosten ein paar tausend Mark. Dieses Schicksal blieb unseren Fahrrädern erspart, dank der vorsorglichen Panik, die der Felsen-Wächter hervorrief. Dort, wo sie ein paar Stunden vorher festgebunden waren, plätscherten die Wellen. Eine heftige Flut hätte sie unweigerlich weggespült! Darauf einen Pastis!

Daß man die Flut möglichst einkalkulieren sollte, ist vor allem bei der Schlafplatz-Suche zu bedenken. Eine Nacht am Strand unter freiem Himmel ist das Größte, aber nicht, wenn nachts die Füße von Wellen umspült werden. Da heißt es dann: in forciertem Tempo Packen!

Vom Mont-Saint-Michel ist es, immer an der Küste entlang, nur eine halbe Tagesetappe bis St. Malo mit seiner atemberaubenden, auf drei Seiten von Wasser umgebenen Stadt-Kulisse. Die Festungsstadt, die »Ville close«, wurde nach den Bombenangriffen des Zweiten Weltkriegs von den Einwohnern wieder originalgetreu im ursprünglichen Stil aufgebaut und gleicht heute eher einem Freilicht-Museum mit Souvenir-Läden und auf alt getrimmten, aber teuren Restaurants. In St. Malo wurden, der imposanten Kulisse wegen, alle französischen Seeräuber- und Korsaren-Filme gedreht. Fast jeder hier war in irgendeinem Spielfilm einmal Komparse. Das Volk spielte Volk. Für uns Radfahrer bedeutet es: Anschauen unbedingt, länger bleiben keinesfalls. Nach einem kurzen Bad im Granit-Bassin des Strandbades, das bei Flut volläuft, und das übrigens auch einen Sprungturm aus Granit besitzt, radeln wir weiter nach Westen. über die Brücke der Rance-Mündung nach Dinard.

Man kann die Bretagne auch auf kürzestem Weg am Kanal entlang durchqueren: Von St. Malo aus folgt man dem Fluß Rance bis Dinan, dort beginnt der »Canal d'Ille et Rance«, der bis La Roche Bernard am Atlantik führt. Vorteil wiederum: Keinerlei Berge. Nachteil jedoch: man läßt den entscheidenden Teil der Bretagne aus. Die Nordwest-Ecke Frankreichs ist touristisch zwar schon lange erschlossen, bietet aber jede Menge Lücken im touristischen Netz, durch die der Fahrrad-Fahrer schlüpfen kann. Das heißt, er findet immer und überall Schlafplätze und preisgünstiges Essen – nicht zu vergessen Trinken.

Wir haben uns entschlossen, auf die Bequemlichkeit eines Treidelpfades entlang eines Kanals zu verzichten und stattdessen an der Küste entlang zu fahren. Bald erfahren wir, was wir uns eingebrockt haben: Der Wind bläst hier ständig aus wechselnden Richtungen, meist aus Westen, und das heißt für uns, er kommt von vorn. Wir werden jedoch entschädigt. Die Landschaft wird, je weiter wir nach Westen kommen, uriger. Die Städtchen werden immer kleiner, bald sind es nur noch Dörfer, die Straßen werden schmaler, der Wein billiger.

Hier irgendwo muß das sagenumwobene Cartoon-Dorf der unbeugsamen Gallier gestanden haben. Hier irgendwo zwischen Morlaix und Roscoff. Das Bretonisch, das hier gesprochen wird, ist verwandt mit dem Gälischen, das man in Irland spricht. Beide Dialekte haben gemeinsame Ursprünge im Keltischen. Und keltisch sind auch die Ortsnamen, wie beispielsweise Kerjean, Keryvon oder Kreisker. Die Silbe »Ker« bedeutet soviel wie Dorf. Die Bretonen besitzen auch ein ausgeprägtes Selbstbewußtsein, vor allem gegenüber der Hauptstadt Paris. Sie sind in erster Linie Bretonen. Und alle Besucher demzufolge Nichtbretonen. Ob sie nun aus Paris kommen oder mit dem Fahrrad aus Deutschland. Aber man bemerkt mit offensichtlichem Interesse, daß wir keine Autotouristen sind, die sich auf die schnelle ein bißchen Folklore einfangen wollen. Das zeigt sich äußerlich an den Rädern und daran, daß wir einfach Zeit haben. Wir betreten nicht das Bistro, um schnell einen Kaffee zu trinken und dann anschließend wieder 20 Kilometer mit dem Auto abzuspulen. Wir machen das ganz anders. Zuerst trinken wir ein paar Flaschen Mineralwasser gegen den Durst. Danach einen Kaffee als Anregung. Und anschließend einen Rotwein zur Entspannung. Sowas regt die Neugierde der Bistro-Gäste an. Wir geben bereitwillig Auskunft und breiten die Karte auf dem Boden aus (die Bistro-Tische sind zu klein). Das Interesse der Einheimischen an Rad-Tourern ist immer und überall groß. Im Bistro oder im Café kann man sich jedoch am besten mit notwendigen Informationen versorgen. Wo kann man abends preisgünstig essen? Meist in

Versorgungsprobleme gibt es in Frankreich nicht: das nächste Café ist nie weit weg.

In der Bretagne trifft man dagegen auf Unerwartetes: Sandstrände und Schwimmbäder im Meer, die bei Flut vollaufen

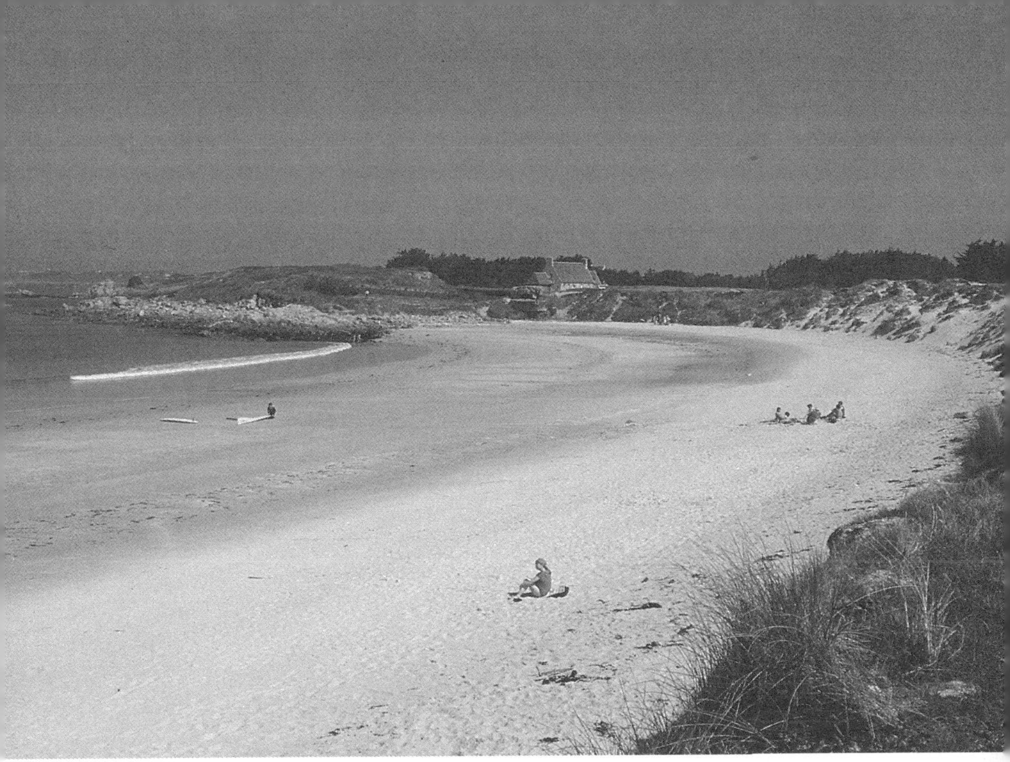

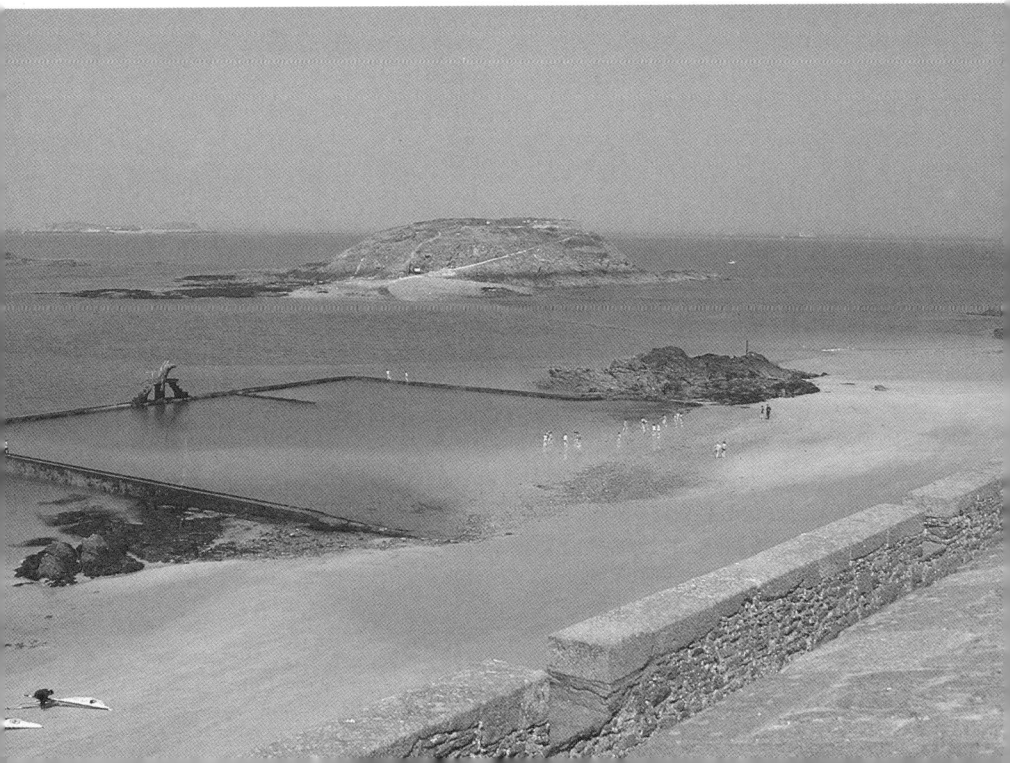

dem Lokal, in dem man sich befindet, werden die Leute sagen. Wo finden Veranstaltungen statt? Musikveranstaltungen in der Bretagne sind unausweichlich. Am nahesten gehen sie einem auf den Dörfern. Dort nehmen sie die Ausmaße von Volksfesten an. Keltische Musik (einschließlich Dudelsack und Krummhorn), Gesang aller Gäste, gegenseitiges Zuprosten.

AUS JEDEM ANLASS ENTSTEHT EIN VOLKSFEST

Gerade im Sommer finden überall in der Bretagne Folk-Festivals statt, die sich alle auf die traditionellen Wurzeln der keltischen Musik berufen. Vorteil: ein kompakter Überblick über die Entwicklung der keltischen Musik, unterstützt von zahlreichen irischen Musikgruppen. Außerdem ein interessanter Einblick in die Instrumenten-Baukunst: Keltische Harfen, Bombarden, Krummhörner, Dudelsäcke, Geigen und Gitarren. Der Nachteil bei solchen Veranstaltungen kann allerdings der sein, daß man den kurz zuvor erworbenen Überblick wieder verliert. Alkoholbedingt nämlich. Die Bretonen sind, wie ihre irischen Vettern, am Tresen kaum zu schlagen.

Am Morgen nach einer solchen Nacht wachen wir oberhalb eines Strandes auf. Die frische Seeluft vertreibt den Kater schnell. Es war auch kein Problem, nachts noch einen Schlafplatz zu finden. Denn diesen haben wir, wie immer noch bei Tageslicht ausgesucht. Ein Schlafplatz im Freien sollte immer folgende Bedingungen erfüllen: er sollte von außen nicht auf den ersten Blick erkennen lassen, daß hier jemand nächtigt, die Fahrräder müssen ja nicht unbedingt schon von weitem blinken. Er sollte einen gewissen Wetterschutz bieten, vor allem in der Bretagne sollte er »seefest« sein. Und wenn man einen solchen Platz gefunden hat, prägt man sich den Weg zurück ins Dorf oder die nächste Kneipe genau ein, sodaß man ihn auch später im Dunkeln wiederfindet. Außerdem muß man nicht jedem im Wirtshaus erzählen, wo man schlafen will, das muß nicht jeder wissen. Vorsicht ist besser. Es kam schon vor, daß sich die Zechkumpane aus der Kneipe den Schlafplatz der Radler einmal anschauen wollten, ohne böse Absicht, aber unter großem Hallo, wobei sie den gerade Eingedösten mit ihren Taschenlampen in den Schlafsack leuchteten. Meist haben sie auch noch ein paar Flaschen dabei, die geleert werden müssen. Die Nacht kann man dann vergessen. Es schläft sich also besser unbemerkt. Nicht ganz so lustig vielleicht, aber wer den ganzen Tag im Sattel gesessen ist, braucht seinen Schlaf.

Das Problem der Nahrungsmittelversorgung ist in der Bretagne nicht ganz einfach zu lösen. Entweder es gibt Billig-Angebote wie die berüchtigten

Frankreichs Westküste: rauh und romantisch

»Steak-Frites«, zähes Rinderfilet mit lapprigen Pommes frites meist, aber dies findet man überall in Frankreich in gleich schlechter Qualität. Oder aber es gibt die Spezialitäten der Bretagne: Fisch, Austern, Muscheln, und das leider teuer. Was tun? Billige Menüs ausfindig machen. Das kann einige Zeit dauern, aber wir handhaben es immer so: Einer geht auf die Menü-Pirsch, die anderen machen es sich derweil im Bistro oder im Straßencafé gemütlich, schreiben Tagebuch oder lesen eine deutsche Zeitung vom Vortag. Wer sucht, der findet, auch in der Bretagne. In fast jedem Restaurant werden Menüs in verschiedenen Preisklassen angeboten. Selbst die billigsten beinhalten immer Vorspeise (meist Suppe), Hauptgericht und Nachspeise. Wasser und Brot sind entweder gratis oder werden mit einer geringen Pauschalgebühr verrechnet. Den guten Wein also nicht im Restaurant trinken, sondern tagsüber im Laden kaufen und abends dann als Schlummertrunk zu sich nehmen! Die preisgünstigsten Menüs rangieren in der Bretagne bei rund 45 Francs, umgerechnet also rund 15 Mark. Billiger geht's wirklich nicht. Doch die 15 Mark sind gut angelegt. Ein gutes Essen – und schlecht sind die billigen Menüs bestimmt nicht – hebt die Stimmung und die Reise-Moral.

Wir befinden uns in Roscoff, einem reizvollen kleinen Städtchen mit wunderschönen Sandstränden. Hier gehen die Fähren nach England ab, nach Playmouth und Portsmouth oder nach Irland, nach Cork. Wir überlegen uns, ob wir nicht einen Abstecher zu den keltischen Nachbarn nach Irland machen sollen. »Lieber ein anderes Mal«, einigen wir uns, denn der größte Teil der Bretagne liegt noch vor uns.

Immer an der Küste lang, der Wind wird zum Atlantik hin immer stärker, kämpfen wir uns bis Plouguerneau. Dann machen wir eine 90-Grad-Biegung nach links und fahren über Lannilis in Richtung Brest. Jetzt kommt der Wind nicht mehr von vorn, sondern von der Seite, und das ist auch nicht viel besser. In Brest halten wir uns nicht lange auf, wir wollen die Atlantik-Küste hinabfahren. Industrie-Städte, und Brest ist eine, sind immer eine Nervenprobe. Verkehr, Gestank, Orientierungsprobleme, die Angst, sich zu verlieren. Wir wollen nach Plougastel, aber über die fjordähnliche Meeresbucht führt nur eine riesige Autobahnbrücke. So steigen wir vom Rad und schieben. Die Westküste der Bretagne weist viele grobe Zerklüftungen auf, was den Radler immer vor die Entscheidung stellt, entweder den Landzipfel voll auszufahren oder quer über Land abzukürzen. Unser Vorschlag: abkürzen. Die Landzipfel mit Namen »Pointe de Penhir«, »Pointe du Raz« und »Pointe de Penmarch« erfordern jeweils mindestens eine Tagesetappe von 80 bis 100 Kilometer, wenn man sie komplett an der Küste abfahren will. Wem es auf die Zeit nicht ankommt: alles klar. Man kann sich aber zumindest die »Pointe du Raz« sparen, die in allen Touristen-Prospekten als Westzipfel Frankreichs im Atlantik gerühmt wird. In Wirklichkeit ist sie aber nur ein kahler Felsen ohne Bäume, ohne landschaftliche Besonderheiten. Wenn man sich stundenlang über die Hügel gekämpft hat, taucht der westlichste Punkt Frankreichs als gastronomischer Großkomplex vor einem auf; mit Souvenir-Läden und gesalzenen Preisen.

SONNE, SAND UND WEIN

Von Douarnenez kürzen wir also den Zipfel ab und fahren durch bis Concarneau, das, ähnlich St. Malo, einen befestigten Stadtteil besitzt. In dieser Gegend häufen sich die Sandstrände, was den Radler natürlich freut. Großartig, diese riesigen Sandbuchten mit den malerischen Dörfern. Die Tagesetappen werden hier immer kürzer. Sie schmelzen dank Sonne, Sand und Wein langsam auf 50 Tageskilometer zusammen. Das soll jedoch kein

Bretonische Baukunst: Das »Gallische Dorf« von Asterix und Obelix ist mit ein wenig Phantasie überall zu erkennen

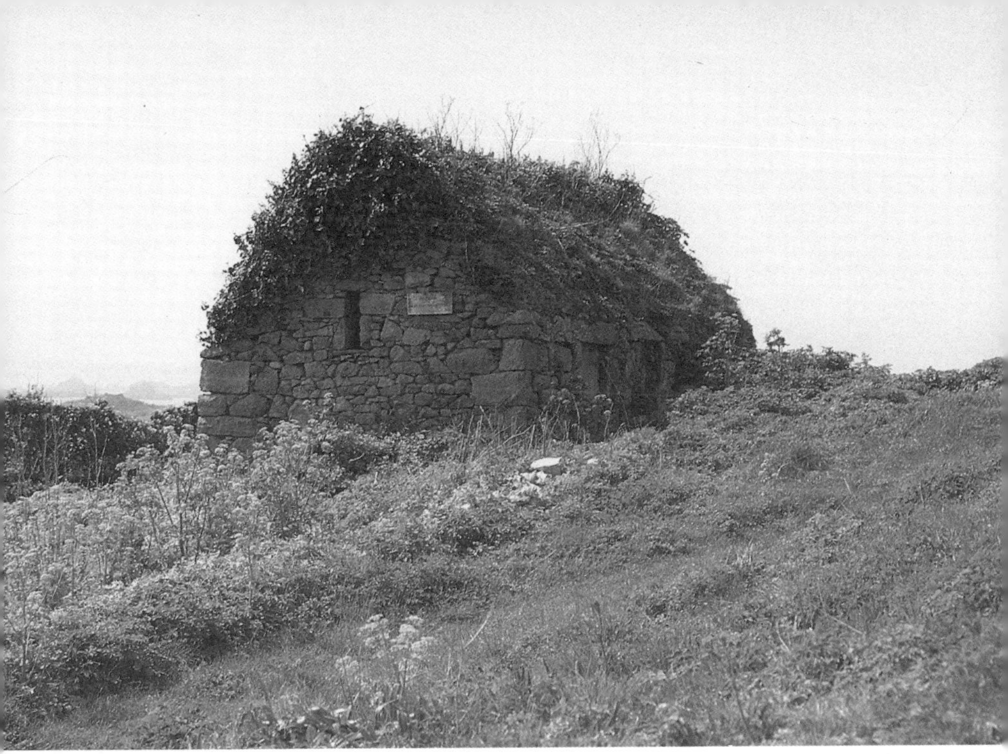

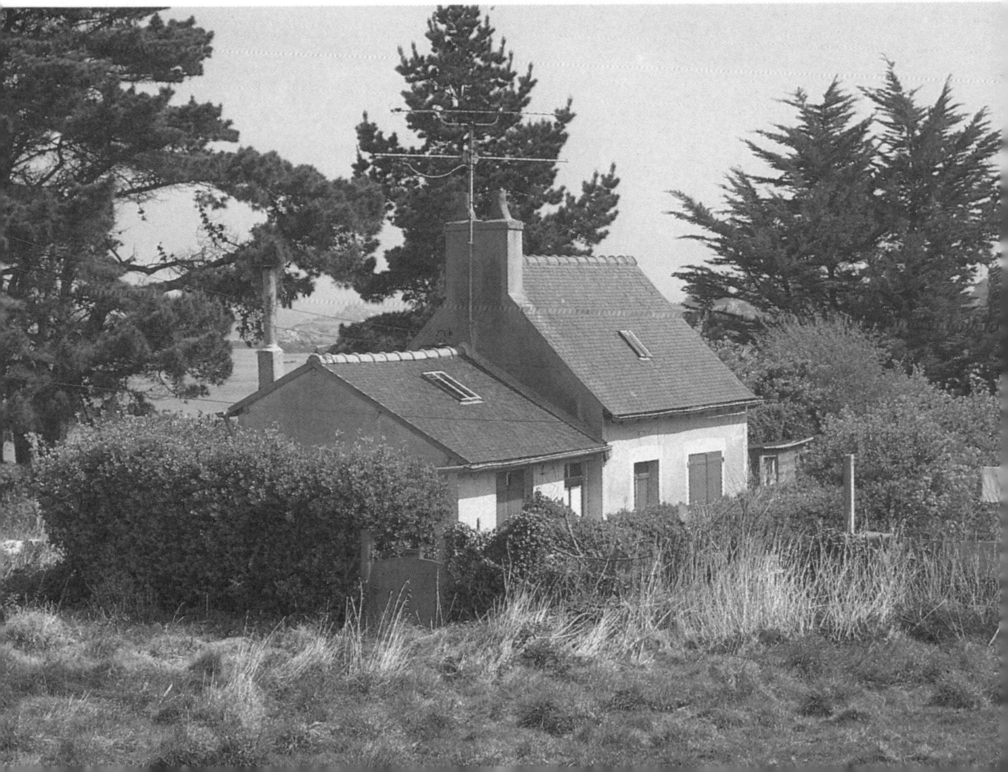

Anlaß für Selbst-Vorwürfe sein! Man muß es nehmen, wie es kommt. Und eine gemächliche Gangart bietet sich hier wirklich an! Die Sonne wird jeden Tag stärker, je weiter wir uns in Richtung Süden vorarbeiten. Wir baden jeden Tag ausgiebig im frischen Atlantik. Wunderschöne Schlafplätze überall, sei es in einer Bucht am Ende eines Strandes, sei es auf einer Wiese hinter Ginsterbüschen oder auch im Seekiefernwald, der dank der Unterlage aus Nadeln die bequemsten Voraussetzungen bietet.

Die Tage vergehen angenehm in diesem Teil Frankreichs. Wir legen in Carnac eine längere Pause von drei Tagen ein, um uns die Steindenkmäler, die Menhire anzuschauen. Diese aufrecht stehenden Gebilde geben Forschern auch heute noch Rätsel auf. Sie sind nachweislich älter als die keltische Kultur in diesem Landstrich und scheinen auf eine kultische Bedeutung hinzuweisen. 3000 davon stehen in Carnac; seltsam und imposant recken sie sich aus dem Heideboden zwischen den Ginsterbüschen empor. Man sucht eine Erklärung, aber man findet keine. Aber das gehört auch zur persönlichen Erfahrung: etwas Unerklärliches vorzufinden und es zu respektieren.

Abends sitzen wir in Carnac-Plage, dem vorgelagerten Badezipfel des Ortes, in der »Auberge Ty Bihan«, trinken Wein, schauen aufs Meer und wundern uns über den kleinen Zoo, den der Restaurant-Besitzer um sich versammelt hat: eine riesige dänische Dogge, einen winzigen Rauhaardackel und einen Beo. Beos sind seltene und selten begabte Vögel, die allerlei Geräusche imitieren können und damit immer angeben. Der Beo von Monsieur Bihan imitiert beispielsweise das Schnaufen der Dogge und das Kläffen des Rauhaardackels, was die Hunde aber überhaupt nicht berührt. Nach zwei Tagen hat er außerdem heraus, wie sich ein zuschnappender Fahrrad-Gepäckträger anhört. So richtig hart und metallisch. Wir setzen uns zum Abendessen, der Beo läßt es zuschnappen: Zack! Vorher begrüßt er uns mit »alloooh«.

Monsieur Bihan ist freundlicherweise bereit, unsere Packtaschen in Verwahrung zu nehmen. Ein paar Kilogramm leichter, machen wir forsche Tagesausflüge ins Landesinnere oder an einen einsamen Strand. Die Zeit verrinnt. Am vierten Tag packen wir wieder zusammen, verabschieden uns von Herr, Hunden und dem Beo und fahren zunächst am Strand entlang über Vannes nach Redon. Dort nämlich treffen wir auf den Canal de Nantes à Brest, einen wunderschönen Kanal mit ebenso wunderschönen und flachen Treidelpfaden, der bis nach Nantes hineinführt. Nantes liegt, genaugenommen, nicht mehr in der Bretagne, doch hier bietet sich eine weitere reizvolle und angenehme Möglichkeit, mit dem Rad vorwärts zu kommen: die Loire. Die Loire mündet bei Nantes in den Atlantik – wir fahren gewissermaßen Loire-aufwärts in Richtung Angers, Tours und Orléans.

Das Loire-Tal ist wegen seiner Schlösser berühmt, die hier alle paar Kilometer aus dem Boden wachsen. Für Rad-Tourer bleibt festzuhalten, daß es überall einsame Nebenstrecken gibt, die durch richtige Postkarten-Landschaften führen, und das man auf diese Weise schon ein gutes Stück seines Rückwegs bewältigt. Aber Achtung: Das beliebte Loire-Tal ist leider nicht sehr preisgünstig. Die Menü-Suchaktion muß entweder zeitlich ausgedehnt oder preislich heraufgesetzt werden.

Ein paar Tage später, und man steht vor der prinzipiellen Entscheidung: über Land nach Hause fahren oder von Paris aus mit dem Zug. Spätestens in Orléans sollte man sich entscheiden. Wer Zeit und Laune hat, fährt natürlich über Land. Wer von Paris aus mit dem Zug nach Deutschland fahren möchte, der setzt sich praktischerweise schon in Orléans in die Bahn. Denn auf diese Weise kommt man bequem nach Paris hinein, wenngleich nicht auf den Bahnhof, den man für die Heimfahrt braucht. Aber man kann an jedem Bahnhof das Rad zur Aufbewahrung hinterlassen, während man die Frage der Rückfahrt klärt oder sich eventuell noch ein paar Tage in Paris herumtreibt.

Für Zugheimkehrer wäre allerdings noch eines anzumerken: rechtzeitig und ausreichend Proviant für die Fahrt einkaufen. Französische Züge haben Speisewagen mit sagenhaften Preisen! Für ein Menü im Speisewagen kann man sich Proviant für eine Woche kaufen.

Ganz zum Schluß noch ein Tip: Wir rufen immer zuhause an, wenn wir wissen, wann wir eintreffen. So ist der gebührende Empfang gesichert. Sei es in Form eines Autos, das die Räder aufnimmt, sei es in Form einer Flasche Sekt. Denn eines ist klar: die Rückkehr muß gefeiert werden.

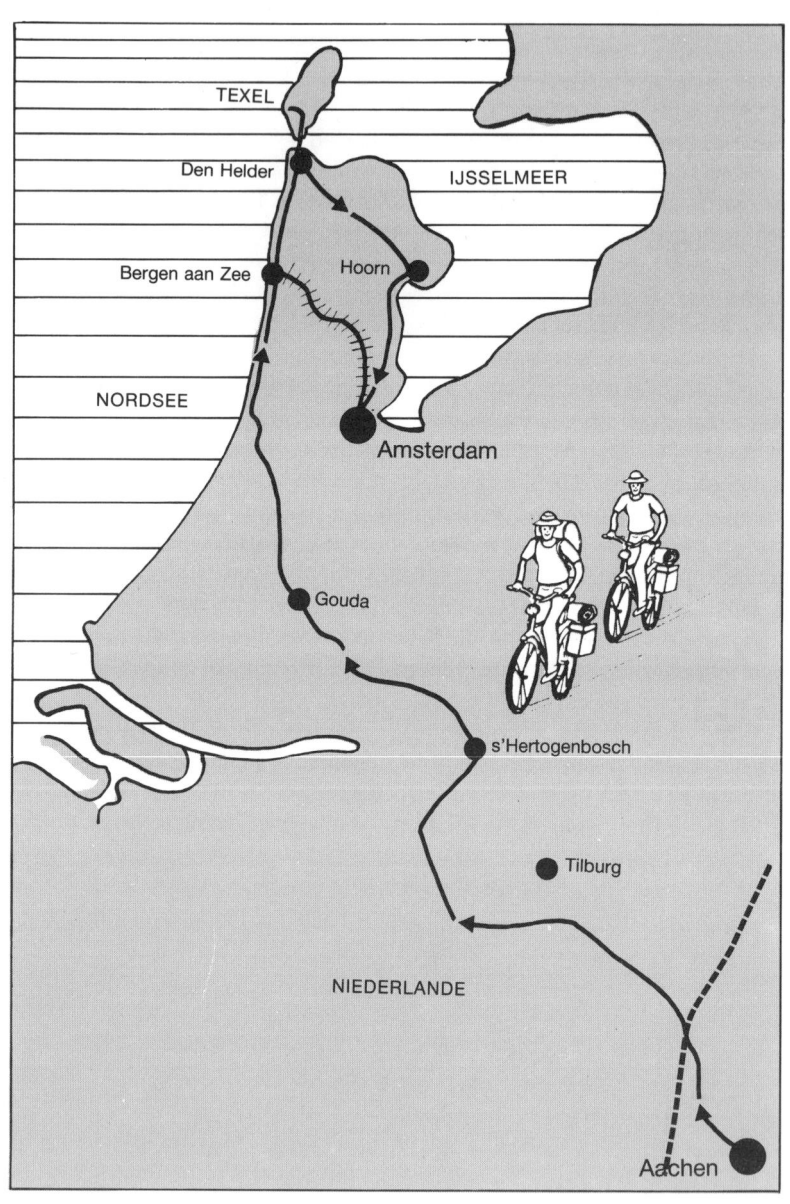

Tour 3: HOLLAND

Wo Radfahren eine Weltanschauung ist: Holland

Holland, unser Nachbar im Nordwesten, hat mit acht Millionen Fahrrädern das dichteste Radler-Netz der Welt. Nirgendwo sonst wurde soviel getan für Radfahrer, nirgendwo sonst ist das Radfahren so selbstverständlich. Paar- oder gruppenweise trifft man Niederländer auf dem Rad überall in Europa, in Spanien und Griechenland. Warum also sollte man der Radfahrer-Nation nicht einen Besuch abstatten? Natürlich mit dem Fahrrad. Eigentlich kann dabei nichts schiefgehen.

»Fünf Pils«. An der Bar der Pension »Dünen-Echo« in der niederländischen Kleinstadt Drunen drängeln sich fünf verschwitzte junge Männer in Radfahrer-Kluft. Einer hebt die rechte Hand mit gespreizten Fingern in die Höhe und deutet mit der linken auf den Zapfhahn. Der Kellner weiß Bescheid. Er kennt den Durst und beeilt sich beim Zapfen. Das »Dünen-Echo« nämlich ist beliebtes Etappenziel für Stahlroß-Reiter auf Holland-Rundfahrt – nicht unbedingt für asketische Radprofis, die auch in der größten Hitze vom Bier lassen, sondern mehr für Rad-Amateure, die das Land der Radler einmal vom Sattel aus kennenlernen möchten.

Und das kann man auf unterschiedliche Art. Die eine ist folgende: Die Urlauber reisen ohne Rad an, denn das steht schon frisch gefettet vor der Hotel-Tür am Bestimmungsort. Koffer können die Freizeit-Radler soviel mitnehmen, wie sie wollen – der Gepäckservice verfrachtet die Utensilien am Vormittag dorthin, wo die Radler abends ankommen wollen. Die Strecke selbst kann dabei ganz individuell zusammengestellt werden. »Ob unsere Gäste 100 Kilometer am Tag zurücklegen wollen oder ob sie lieber auf die gemütliche Tour radeln wollen, bleibt ihnen überlassen, wir haben für alle das richtige Programm«, erklärt Bernadette Drommelen vom zuständigen Verkehrsverein der Stadt Tilburg. Dabei werden sogar Pannen vom vereinseigenen Mechaniker behoben. Das ist die eine Möglichkeit. Die andere: man reist mit dem eigenen Rad an und überläßt es seiner eigenen Initiative, wo und wann man Pause macht, übernachtet und ißt. Jeder auf seine Weise, aber für uns gilt, wie auf jeder Tour: selbst ist der Radler.

DIE TOUR BEGINNT

Bis man im »Dünen-Echo« sein Bier bestellen kann, muß man erst einmal
rund 500 Kilometer (von Süddeutschland aus) hinter sich bringen. Dank
General-Karten finden wir unseren Weg abseits der Durchgangsstraßen. Die
Strecke führt zunächst durch den Pfälzer Wald nach Kaiserslautern. Dann
über den Hunsrück in Richtung Trier. Und anschließend durch die Eifel in
Richtung Aachen. Das sind drei ausgewachsene deutsche Mittelgebirge.
Zugegeben: Es geht auch einfacher. Man könnte ebenso gut am Rhein entlang
fahren, immer auf Fluß-Niveau bleibend. Man könnte sich einige Berge
sparen. Aber wer will schon gern durchs Ruhrgebiet radeln? Und wahrlich,
ich sage Euch: Die Strecke durch die »Wildnis« lohnt sich allemal. Das merkt
man erst, wenn man mittendrin steckt und erkennt, daß man seine Heimat
bisher nur vom Auto aus kannte. Wenn überhaupt, denn wer hat seinen
Urlaub schon einmal im Pfälzer Wald, im Hunsrück oder in der Eifel
verbracht? Mit dem Fahrrad sind es ein paar Tage. Tage, die sich lohnen.

Unmittelbar hinter Aachen: der Grenzübergang Heerlen nach den Niederlanden. Wir sind im Land der Radfahrer. Um den Verdacht der Übertreibung
abzuwenden: Radfahren ist überall möglich, fast überall üblich, in manchen
Ländern Südeuropas ist ein Fahrrad Ausdruck des Wohlstands. Aber nirgendwo auf der Welt findet man als Radfahrer so perfekte Bedingungen, wie
in Holland. Radfahren ist hier keine zweckbestimmte Tätigkeit, es ist vielmehr ein Dauerzustand. Es kommt vor, daß Autos als Fremdkörper im
Straßenbild erscheinen, vor allem auf dem Land. An Bergen fehlt es, abgesehen von ein paar Dünen, völlig. Mag sein, daß dies der Grund ist, der zur
epidemiehaften Verbreitung des Fahrrads geführt hat. Die Hügellosigkeit ist
auch der Grund dafür, daß Kondition im Fahrradsattel in Holland eigentlich
keine Frage ist. Selbst der Schwachbrüstigste kommt mit dem Rad voran.

Außerdem wurde von den Behörden in vorbildlicher Weise für die Radfahrer mitgedacht – möglicherweise fahren die Herren Amtsträger selbst viel
Rad. In Tilburg beispielsweise ist seit vielen Jahren ein Modellversuch im
Gange, der sich mittlerweile zum unveränderlichen Endzustand entwickelt
hat: Rote Klinkersteine markieren hier den »Rijwielpad«, den Radweg, der
sich, inklusive Ampeln und weißem Mittelstreifen, durch die ganze Stadt
zieht und aussieht, wie eine Miniatur-Autobahn. Getestet werden sollte die
Verträglichkeit von motorisiertem und nichtmotorisiertem Verkehr in einer
mittleren Kleinstadt. Die Anhänger der nichtmotorisierten Gruppe waren
jedoch weit in der Überzahl, ein Scheitern des Versuchs ist aufgrund der
herrschenden Mehrheitsverhältnisse gar nicht mehr möglich. Und das führt,
für die Autofahrer zumindest, zu ganz eigenartigen Situationen.

DER RADLER IST KÖNIG

In Tilburg, wie auch im restlichen Holland, sind Fahrradfahrer absolut gleichbereichtigt mit Autofahrern. Und diese sind zu besonderer Vorsicht gegenüber Zweirädern verpflichtet. Manchmal nützen dies die Radfahrer sorglos bis schamlos aus. Sie flitzen auf ihrem Radweg, allgemein »fietspad« genannt, entlang, ohne sich um Autos groß zu kümmern. Wehe, ein Autofahrer reklamiert sein Recht. Er hat schlechte Karten. Auf dem fietspad tummeln sich neben den »Fietsern«, den Radfahrern also, auch die berüchtigten »Bromfietser«, die ein Rad fahren, das brummt, wie der Name sagt, die Mopedlenker also. Aber Radfahrer mit Packtaschen, die offensichtlich auf Tour sind, sieht man dennoch selten. Aus diesem Grund begegnet man ihnen auch mit Neugierde. Es ist nicht so, daß es selbstverständlich wäre, auf einem Fietspad vollbepackte Radler anzutreffen.

Wir stehen an der Bar der Pension »Dünen-Echo«, unsere Räder sind durch die Scheiben zu sehen, sie stehen draußen in der heißen Sonne. Die fünf Sportler, die ihre fünf Pils trinken, sehen nicht so aus, als würden sie eine große Tour unternehmen. Eher umgekehrt. Das heißt, sie suchen ein Alibi für ihr Bier. Als sie erfahren, daß wir mit dem Fahrrad von Deutschland her gekommen sind, können sie es gar nicht fassen. »Und das bei der Hitze«, meint einer. Wir aber sind froh über diese Hitze, denn die ist überhaupt nicht selbstverständlich in Holland. Ein frischer Seewind ist da viel wahrscheinlicher, und der kommt, wenn er kommt, meist aus Westen, würde uns also genau entgegenblasen. Deshalb wollen wir die günstigen Verhältnisse der momentanen Windstille ausnutzen und beschließen, weiter zu fahren. Von Drunen in Richtung Gouda, wo der gleichnamige Käse herkommt.

Unterwegs auf der Allee wird uns bewußt, daß das ganze Land eigentlich ein trockengelegter Sumpf ist. Im 16. Jahrhundert begann man mit Hilfe der Windmühlen, das Wasser aus dem Boden zu pumpen, das Land systematisch zu befestigen. Der Prozeß ist bis heute noch nicht abgeschlossen. Überall an der Küste versucht man, dem Meer noch ein paar Quadratkilometer abzutrotzen. Und das Land ist fest genug, sogar für Städte. Der Großraum Den Haag – Rotterdam ist fast lückenlos zugebaut. Die Stadt zieht sich als verhältnismäßig schmaler Streifen bis hinauf nach Haarlem und herüber nach Amsterdam. Von jedem Punkt dieses »Stadt-Streifens« aus ist man mit dem Fahrrad in kürzester Zeit entweder am Meer oder im grünen Hinterland, wo wir uns im Moment noch befinden.

Gemütlich, fast zu gemütlich treten wir in die Pedale, der Ruf nach einem Berg wird laut, »damit endlich mal etwas Abwechslung in die Tour kommt«. Die Dörfer gleichen sich sehr: Sobald man sich einer Ortschaft nähert,

Typisch für Holland: der »Fietspad«, der Radweg, auf dem man nicht »Brommen«, also Mopedfahren darf; die Zugbrükke und die Dorfkneipe

wechselt der Asphalt zu Kopfsteinpflaster, die Radwege sind aus Klinkern. Alle Häuser sehen wie Modell-Häuschen vom Bastler-Bedarf aus. Nirgendwo sind Gardinen zu sehen. Warum das? Es gibt mehrere Erklärungsversuche: Es ist praktischer, weil man keine Gardinen mehr waschen muß; es ist heller in der Stube; man kann besser hinausschauen; die Holländer haben einfach nichts zu verbergen. Als Ersatz für Gardinen haben die meisten jedoch raumfüllende Gewächse auf der Fenster-Bank stehen.

Wir kommen an einer Käserei vorbei, einer Kasmakerij. Wer keinen Käse mag, muß weiterfahren, Käse-Fans sei ein Besuch jedoch empfohlen. Wir stellen die Räder am Eingang ab und pirschen uns durch die Gewölbe mit gewaltigen Mengen an Käserädern, jedes gut 25 Kilogramm schwer. Dem Straßenverkauf können wir nicht widerstehen und nehmen ein Pfund mit auf die Reise.

Wie immer, wenn wir längere Zeit im Landesinnern unterwegs sind, ist der Wunsch nach einem Bad im Meer groß. Wir orientieren uns also nach Nordwesten. Das Wegweiser-System ist perfekt. Überall am Weg sieht man kleine weiße Kegel mit Angaben über Entfernungen zu den nächstgelegenen Ortschaften. Die einzelnen Etappen sind kurz, nur ein paar Kilometer liegen die Ortschaften auseinander, verfahren kann man sich praktisch nirgendwo. Überall findet man wieder Wegweiser. Ganz geruhsam kommt man auf den Treidelpfaden vorwärts, die an den zahllosen Kanälen entlang führen, meist aber nicht auf den Straßenkarten verzeichnet sind.

Fast fehlt uns eine lange, weite Strecke, wie zum Beispiel in Griechenland, wo wir manchmal drei Stunden lang geradeaus fuhren, ohne eine Menschenseele zu treffen. In Holland ist das umgekehrt: Überall sind Ortschaften, Wege, Gehöfte; überall ist »Zivilisation«. Alle paar Minuten treffen wir jemanden. Nie ist man allein. Das hat den Vorteil, das immer und überall die notwendigen Informationen erhältlich sind bezüglich Einkaufen oder Essen. Der Nachteil der dichten Besiedlung: Man kann sich abends nicht so ohne weiteres unbemerkt an einen Schlafplatz schleichen, ohne gesehen zu werden. Und nicht immer wird es gern gesehen, wenn man im Freien oder am Strand übernachtet.

Die besten Schlafplätze findet man in Kiefernwäldern, die vor allem in der Provinz Brabant auftreten. Ein Stück ins Unterholz hinein, schon hat man, unbemerkt von außerhalb, seinen Schlafsack auf dem sandigen Boden ausgelegt. Das Problem kann man an der Küste dadurch umgehen, daß man einen Campingplatz aufsucht. Das widerspricht zwar der Einstellung, auf Komfort zu verzichten, ist aber nachts beruhigender. Vor allem in den Sommermonaten scheint es in den Seebädern an der Küste große Mode zu sein, ausgedehnte Nachtspaziergänge am Strand zu unternehmen. Der in seinem Schlafsack redlich vor sich hinschnarchende Radfahrer ist dabei eine willkommene Abwechslung.

AUF DEM DEICH

Tagsüber freilich macht es Spaß, an der Küste entlangzufahren. Wir radeln in nördlicher Richtung immer auf dem Deich entlang. Dankenswerterweise wurden die Radwege auf der windabgewandten Seite angelegt, sodaß der Westwind über uns hinwegpfeift. Von Scheveningen, dem mondänen Seebad bei Den Haag, bis hinauf nach Den Helder und der Fähre auf die Insel Texel sind es keine 100 Kilometer, also eine durchschnittliche Etappe für uns. Wir lassen uns jedoch Zeit und klappern die diversen Badeorte ab, die alle »aan Zee« liegen: Katwijk aan Zee, Noordwijk an Zee, bis hoch nach Bergen aan Zee. Muskelkater bekommt man hier bestimmt nicht, aber Holland ist ja auch eine verhältnismäßig einfache Tour.

Da Restaurants in Holland oft sehr teuer sind, verpflegen wir uns fast ausschließlich in chinesischen oder indonesischen Lokalen. Deren Küche ist uns bekannt, sie schmeckt uns, und wir sparen dabei. Gefrühstückt wird in einem Café, auch nicht gerade billig, aber der »Coffie« ist wirklich gut. Atemberaubende Erlebnisse sind an der holländischen Nordseeküste kaum zu erwarten, wir betrachten das geruhsame Dahinrollen eher als Nervenstärkung für unsere letzte Etappe, das eigentliche Ziel: Amsterdam.

Vorher machen wir aber noch einen Abstecher auf die Insel Texel, die hauptsächlich von Schafen bewohnt zu sein scheint. Hier wird es schon etwas weniger touristisch. Der Rückweg führt von Den Helder nach Hoorn, dem Geburtsort von Willem Schouten, der als erster die Südspitze Amerikas umsegelte und sie der Einfachheit halber »Kap Hoorn« nannte.

Je näher wir Amsterdam kommen, desto kräftiger treten wir in die Pedale. Der Name Amsterdam hat etwas Magisches. Natürlich ist es mit der Romantik schon lange vorbei in Amsterdam, die Arbeitslosen- und Drogenprobleme kann man nicht einfach zugunsten der Folklore verdrängen. Aber irgendetwas muß doch noch dran sein an dieser Stadt. Was, das wollen wir herausfinden. Und wir haben Zeit dazu. Mit dem Fahrrad dürfte es umso einfacher sein.

AMSTERDAM – DAS RAD-ERLEBNIS

1975 feierte Amsterdam sein 700jähriges Bestehen. Ein kurzer Ausflug in die Geschichte sei deshalb gestattet: Der älteste Kern der Stadt liegt an den Ufern der Amstel, die gegen das Meer durch einen Damm geschützt wird. Die

Besiedlung des Landes hinter dem Damm, im wesentlichen ein riesiges Moor, begann im 13. Jahrhundert. Damit die Häuser nicht im Moor versanken, mußte man sie auf langen Pfählen errichten. Gebäude von mehr als vier Stockwerken stehen dagegen auf regelrechten Pfahl-Fundamenten, die bis zu 30 Meter in den morastigen Boden hineinreichen. In den letzten Jahren sind bei Neubauten die Holzpfähle Fundamenten aus Spannbeton gewichen. Daß die Häuser der Amsterdamer Altstadt so schmal sind, hat weniger im Gewicht seine Ursache. Früher wurde vielmehr die Breite und die Höhe eines Hauses vorher von den Beamten der Stadt bestimmt, die Qualität der Steine sogar. Wer sich nicht den besten Backstein leisten konnte, der sollte auch nicht bauen dürfen!

Nach dem großen Brand von 1421, dem fast die ganze Stadt zum Opfer fiel, wurden die gleichen Häuser an gleicher Stelle errichtet, wiederum auf Holzpfählen. Kein Zweifel: Amsterdam war schon immer eine reiche Stadt. Hier wurde bereits im Jahr 1609 die erste Wechselbank der Welt gegründet. Die Verbindungen der Amsterdamer Kaufleute und Reeder reichten nach 700 Häfen auf der ganzen Welt. Das bedeutet, daß in der Stadt ein paar hundert Währungen zirkulierten. Da verliert auch der erfahrenste Kaufmann den Überblick. Auf der Wechselbank wurden deshalb alle Münzen gewogen und registriert. Wer wollte, konnte sein Vermögen dort deponieren und sich eine Quittung dafür geben lassen. So konnten die Kaufleute untereinander auch bargeldlos abrechnen. Der alte Glanz ist leicht verblaßt. Die Stadt zittert von früh bis spät unter den Lastwagen, der Boden, der ja immer noch mehr oder weniger ein Moor ist, vibriert. Den Häusern bekommt das gar nicht. Uns jedoch vermittelt das ständige Vibrieren ein eigenartig anregendes Gefühl.

Am ersten Tag stellt sich naturgemäß die Frage nach einem einigermaßen zuverlässigen Schlafplatz. Hotels? Zu teuer. Jugendherbergen? Zu voll und auch nicht immer diebstahlsicher. Hilfe kommt von einer Stelle, der man das nicht zugetraut hätte: der Polizei. Auf jeder Polizeistation liegen Info-Blätter aus, die sämtliche Übernachtungs-Adressen und auch Veranstaltungshinweise enthalten. Wir entdecken auf einem solchen Blatt tatsächlich einen Hinweis auf einen Campingplatz: nur sechs Kilometer vom Stadtzentrum entfernt: Camping Seeburg. Dort können wir auch ohne Zelt übernachten. Kaffee gibt es morgens sogar beim Platz-Verwalter. Nach ein paar Tagen hat sich der Rhythmus eingespielt: Morgens per Rad in die Stadt, was ohne Packtaschen recht schnell geht, gegen elf Uhr Frühstück im sehr empfehlenswerten »Egg-Cream« in der Altstadt (Ramsteeg), dann Sight-Seeing, abends per Rad zurück zum Campingplatz. Dazwischen liegen ein paar interessante Stunden.

Zunächst die Grachten. Ursprünglich als Verteidigungsanlagen gedacht,

Holländische Exportartikel: Käselaibe und Schuhe aus Holz

dienten sie schon bald als Transportwege. Über 100 Grachten gibt es in Amsterdam, die berühmtesten sind in der Nähe des Zentrums, dem Damrak, zu finden: Herengracht, Keizersgracht, Prinsengracht. Zunächst verfahren wir uns, weil Grachten, Straßen und Plätze auf den ersten Blick sehr ähnlich aussehen. Am dritten Tag jedoch haben wir markante Punkte ausgemacht, die uns die Orientierung erleichtern.

Die vielen Hausboote auf den Grachten sind teilweise notdürftig zusammengezimmert und sicher nicht mehr fahrtüchtig. Andere dagegen gleichen schwimmenden Häusern mit Salon und Bibliothek. Kein »Wohnboot«, wie sie hier heißen, gleicht dem anderen. Man könnte wirklich einen ganzen Bildband damit füllen. Wie wir hören, sind in den letzten Jahren immer mehr illegale Wohnboote, bei Nacht und Nebel meist, in die Grachten eingefahren. Vertrieben werden sie dennoch nicht. Bisher jedenfalls. Ein Stück liberale Praxis, wie sie sich auch in der Behandlung des Drogenproblems durch die Behörden zeigt.

Der Drogenhandel ist verboten, Besitz als »Eigenbedarf«, in entsprechend kleiner Menge ist jedoch bei den als weniger gefährlich eingestuften Drogen

Haschisch oder Marihuana erlaubt. Freilich wird offen gehandelt. Es gibt groteske Situationen. Wir sitzen in einem Straßencafé am Damrak, gegenüber dem berüchtigten »Red-Light-District«, früher vielleicht ein Vergnügungsviertel, heute maßloser Nepp und lebensgefährliches Pflaster. Mord und Totschlag, Prostitution und Banden-Kriege. Das gibt es in westdeutschen Städten auch – aber in Amsterdam hat es etwas noch Verbisseneres an sich. Wir fahren bei Tag einmal durch das Viertel, das reicht. Bei einem Bier im Café wollen wir uns erholen, da ruft uns jemand von der anderen Straßenseite auf deutsch zu: »Shit, Speed, Kokain, braucht jemand Hasch?« Ein wandelnder Supermarkt offensichtlich. Aber wir brauchen nichts. Drogen sind schlecht für die Kondition. Wir halten uns lieber an die Droge Alkohol, bei der noch ein Minimum an Kontrolle möglich ist.

DER FAHRRADKLAU GEHT UM

Amsterdam besitzt eine Fülle von Sehenswürdigkeiten, die mit Sicherheit mehrere Wochen in Anspruch nehmen würden, wenn man sie alle abhaken wollte. Wir beschränken uns auf diejenigen, die mit dem Fahrrad ohne Probleme erreichbar sind. Zum Beispiel »De groene Lanteerne« in der Haarlemmerstraat Nummer 43, das schmalste Haus der Welt, mit seiner 1,28 Meter breiten Fassade wirklich eine enge Kneipe. Oder das »Anne-Frank-Haus« in der Prinsengracht 263, der Zufluchtstätte der Familie Frank, die sich in einer Kammer vor den Nazis versteckte, die durch einen Kleiderschrank getarnt war. Oder auch der Vondelpark im Südwesten, wo sich das jüngere Amsterdam und auch die Touristen an Sommertagen treffen.

Übernachten im Vondelpark ist allerdings nicht zu empfehlen. Früher konnte man sich ohne weiteres im Schlafsack auf die Wiese legen. Heute ist davon abzuraten, am nächsten Morgen fehlt so ziemlich alles, was nicht niet- und nagelfest ist, auch die Räder. Im übrigen geht der Fahrrad-Klau auch im Land der Radfahrer um, zumindest in Amsterdam. Wer sein Rad nicht abschließt, ist zu sorglos. Und wer es abschließt, ist auch nicht immer sicher vor cleveren Dieben. Wir finden ab und zu einsame Vorderräder, samt riesiger Stahlkette an ein Geländer gebunden.

Der Besitzer dachte, er hätte sein Stahlroß besonders gut gesichert. Von wegen. Am besten, man schließt alle Räder mit Ringschlössern vorn und hinten zusammen. Das erschwert den Rad-Klau zumindest erheblich. In Sichtweite sollten sie sowieso immer stehen. Das Problem ist eine direkte Folge des Drogenproblems: Immer mehr Abhängige müssen sich das nötige Geld für ihren Stoff illegal beschaffen. Der Diebstahl von Fahrrädern ist eine Möglichkeit, und er wird auf Bestellung ausgeführt. Ein bestimmtes Fabrikat, eine bestimmte Ausführung – der Dieb sucht sich das gewünschte Objekt aus, stiehlt es, liefert es seinem Auftraggeber ab und wird eigentlich recht schäbig dafür bezahlt: 50 bis 100 Gulden sei der gängige Tarif, wie wir hören. Aber ein paar alte Tourenräder haben da schon größere Überlebenschancen, wir sind jedenfalls optimistisch.

Die Verpflegung in Amsterdam richtet sich, mehr noch als im übrigen Land, nach dem Geldbeutel. Teure Restaurants gibt es genügend, billige weniger. Man verfährt am besten wie schon vorher auf der Reise: die indonesischen Restaurants bieten ein anständiges Abendessen für annehmbare Preise, rund zehn Mark. Alkohol ist durchweg teuer. Ein Glas Bier, 0,3 Liter Inhalt, also ein kleines Glas für unsere Begriffe, beläuft sich auf drei Mark, was bei großem Durst auch auf größere Rechnungen hinauslaufen kann.

Wir sitzen auf den Treppenstufen des »Gollem«, in der »Oude Ramstraat« Nummer 4. Eine Kneipe wie tausend andere. Auf den ersten Blick jedenfalls. Draußen vor der Tür haben sich die Gäste zu einem Schwätzchen niedergelassen. Man raucht, nicht nur Tabak. Man trinkt, die Niederländer übrigens nicht soviel wie deutsche Touristen. Es ist warm. Im »Gollem«, so erfahren wir, gibt es 60 verschiedene Sorten Bier, deutsches, holländisches, chinesisches, aus der Flasche und vom Faß. Wir versuchen eine Flasche »Duvel«; wie das Etikett ausweist, kommt das »Duvel« aus einem Trappisten-Kloster irgendwo in Belgien. Die Braukunst der Würdenträger in allen Ehren! Als der Wirt des »Gollem« standhaft versichert, daß noch nie ein Gast mehr als vier kleine Fläschchen »Duvel« verkraftet habe, wollen wir ihm das Gegenteil beweisen. Nach drei Flaschen müssen wir jedoch den Versuch abbrechen, das Zeug ist zu stark.

Kontaktschwierigkeiten gibt es in Amsterdam nicht. Vor allem findet man Kontakt zu deutschen Touristen, die im Sommer die Altstadt bevölkern und offensichtlich etwas erleben wollen. Wer mit dem Fahrrad durch die City radelt und die Augen offen hält, findet jederzeit die angemessene Kneipe oder Veranstaltung. Ein kleiner Sprachkurs jedoch vorweg: Wenn an einer Hausklingel steht: »3 × Bellen«, so heißt das nicht, daß der Besucher bellen soll, sondern »Bellen« heißt auf deutsch »Klingeln«. Ein Hund wiederum »bellt« nicht, sonder er »blafft«.

Die Tage in Amsterdam gehen ins Geld. Das Budget ist schneller verbraucht als geplant. Die Frage der Heimkehr stellt sich deshalb auch früher als geplant. Aber wie? Am besten mit dem Zug. Ticket lösen, plus Fahrradkarte, der sogenannten »Fietskaart«, das Rad selbst einladen, und heimwärts geht's.

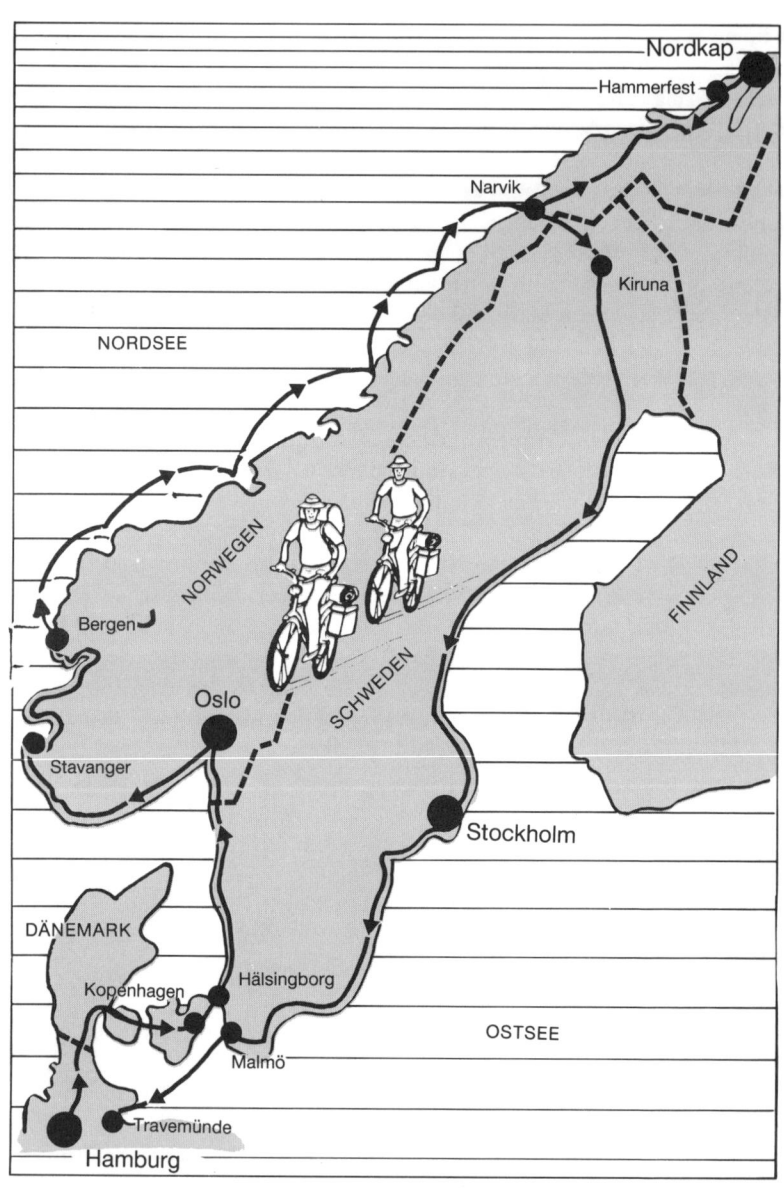

Nordkap
Hammerfest
Narvik
Kiruna
NORDSEE
NORWEGEN
FINNLAND
Bergen
Oslo
SCHWEDEN
Stavanger
Stockholm
DÄNEMARK
Kopenhagen
Hälsingborg
Malmö
OSTSEE
Travemünde
Hamburg

Tour 4: NORDKAP

Das Nordlicht weist den Weg – ans Nordkap

Wer mit dem Fahrrad kreuz und quer durch Europa fährt, der darf eigentlich Skandinavien nicht auslassen. Nicht allein der Vollständigkeit halber, sondern wegen der einmaligen Landschaften, die sich hier dem Radfahrer präsentieren. Natürlich herrschen in diesen nördlichen Breiten andere klimatische Bedingungen als beispielsweise in Spanien oder Griechenland. Der Sommer dauert am Polarkreis nur wenige Wochen, und ein Sprichwort sagt: es gibt eigentlich nur zwei Jahreszeiten hier oben – den Winter und den Juli.

Das aber soll einen nicht daran hindern, Skandinavien mit dem Fahrrad zu besuchen. Dort selbst dient das Fahrrad als alltägliches Fortbewegungsmittel, in vielen Großstädten gibt es Radwege, und ausländische Radtouristen sind kein seltenes Bild. Neben der etwas heiklen klimatischen Situation, der man dadurch begegnet, daß man auf alle Fälle Regen-Kleidung mitnimmt, sollte man sich in ganz Skandinavien von vornherein darauf einstellen, daß es erstens sündhaft teuer werden kann, essen zu gehen, und daß zweitens Alkohol über weite »Durst«-Strecken nicht erhältlich ist; und wenn, dann nur zu Wucherpreisen. Das bedeutet für die Rad-Tourer, daß sie einen Kocher samt Kochgeschirr mitnehmen sollten. Damit aber nicht genug. Auch die Lebensmittel in den Supermärkten sind sehr teuer und, in Norwegen zumindest, ohne jede Abwechslung. Kartoffeln und Rüben, Rüben und Kartoffeln. Das Problem der Nahrungsmittel-Beschaffung löst man dadurch, daß man sich aus Deutschland Fertignahrung mitnimmt. Zum Beispiel Eintopf, dem das Wasser entzogen wurde (dehydriert), Müsli, Dosenbrot, Dosenkekse, Nüsse und Nudeln. Es darf auch eine schöne große Salami dabei sein, die jedoch nicht gleich in den ersten Tagen der Freß-Wut zum Opfer fallen sollte.

Dies alles nimmt natürlich erheblich Raum ein und summiert sich im Gewicht. Bei mehreren Tour-Teilnehmern werden die Einzelteile und sämtliche anderen Utensilien verteilt, dann ist es halb so schlimm. Eines muß man jedoch wissen: Entweder, man nimmt Kocher und Geschirr mit nach Skandinavien, oder man läßt alles zuhause und geht in diesem Fall essen; Hungern jedoch ist keine Alternative. Auf dem Fahrrad braucht der Körper ohnehin mehr Kalorien als zuhause. In kühlen Breiten eher noch mehr. Und essen ist auch für die Tour-Moral unbedingt wichtig. Wer sieben Mal hintereinander Eintopf aufbrüht, wird zwar satt, die rechte Lust am Essen schwindet dabei allerdings schnell dahin.

Es empfiehlt sich deshalb, einen provisorischen Kochplan aufzustellen. Gewürze gehören auch dazu. Die Vorbereitungen der Skandinavien-Tour sind von der ernährungstechnischen Seite her wirklich komplizierter als bei einer Südland-Reise. Aber auch dieses Problem läßt sich in den Griff bekommen. Wer sich rechtzeitig darauf einstellt und die notwendigen Vorbereitungen trifft, kommt auch in Norwegen und Schweden über die Runden.

DIE TOUR BEGINNT

Es ist ganz eigenartig, von Süddeutschland aus in den Norden zu starten, wenn man schon zehnmal im Süden unterwegs war. Zunächst glauben wir, die positive Seite des Ganzen läge darin, daß ja keine nennenswerten Berge auf der Strecke durch Deutschland zu finden seien. Von wegen! Immer dann, wenn wir glauben, daß es ab jetzt nur noch eben gehen müßte, kommt prompt das nächste Mittelgebirge. Diese Mittelgebirge sind tückisch, weil sie auf der Karte so harmlos aussehen. Nördlich von Stuttgart geht es erst in Richtung Heilbronn, dann durchs Hohenlohische, das geht ja noch. Auch Würzburg und Unterfranken sind noch recht zivil. Aber dann kommt mit einemmal die Rhön mit der Wasserkuppe (950 Meter hoch). An der Grenze zur DDR ziehen sich dann so Erhebungen wie der sogenannte Knüll entlang, die Ausläufer des Solling und des Harzes lassen nur wenig Platz für völlig ebene Strecken. Flacher wird es erst kurz vor Hannover, wir können aufatmen.

Wieder haben wir ein Stück Heimat neu entdeckt! Ein wenig auf und ab ist außerdem leichter psychologisch zu verkraften, als immerwährende Ebenen. Die Lüneburger Heide – ein Paradies für Radfahrer. Nur manchmal können wir auf den sandigen Wegen nicht so schnell fahren, wie wir eigentlich wollen. Aber dann, so scheint es, haben wir die große Norddeutsche Tiefebene in voller Breite vor uns. Hinter Hamburg der nächste Schock: Die Holsteinische Schweiz präsentiert uns einen Berg, den Bungsberg (165 Meter). Übrigens befindet sich auf dem Bungsberg Deutschlands nördlichster Skilift. Und bei günstiger Witterung, wie im Winter 1984/85, sind sogar Abfahrten bis in die Täler möglich. Wir nehmen den Bungsberg mit Schwung in Angriff, etwas Konditionstraining vor den skandinavischen Bergetappen muß sein.

Auch hier ist Berlin: In der Holsteinischen Schweiz

Die Holsteinische Schweiz gehört zu den landschaftlich sehr reizvollen Gebieten in Norddeutschland. Überall Seen, die durch Landzungen in viele Abschnitte geteilt werden. Manchmal ist nicht klar, welcher See vor uns liegt. Überall kleine Nebenstraßen, auf denen wir flott und unbelastet vorwärtskommen. Ein Dorf heißt Berlin, ob das Emigranten sind? Die bekanntesten Orte sind Plön, Eutin oder Selent. Auch Malente hatte vor ein paar Jahren noch einen Namen, als nämlich der »Ruderprofessor« Adam dort seinen »Ratzeburger Achter« über die flachen Seen jagte.

Wir fahren an der Nordseite der Lübecker Bucht hinauf, immer an der Küste entlang. Der Wind bläst immer stärker, im Landesinnern jedoch ist er auch nicht schwächer, wir müssen vorwärts kommen. Im Sommer ist die Ostseeküste gut besucht, wie wir feststellen. Die Preise sind auch nicht ohne. Außerdem laufen ständig ältere Herren mit schneeweißen Admirals-Mützen umher und wollen am Badestrand Kurtaxe kassieren. Es gelingt uns mehrfach, den Eintreibern zu entwischen. Aber nur, weil immer einer Ausschau nach weißen Mützen hält.

95

Wir nähern uns Kiel und fahren, ohne anzuhalten, geradewegs durch, bis wir wieder auf flachem Land unterwegs sind, Angeln nennt sich die Gegend. Hinter Flensburg dann der Grenzübergang Kupfermühle nach Dänemark: Die erste große Etappe ist geschafft.

Der erste Eindruck in Dänemark: wesentlich ruhiger als in Deutschland, vor allem der Autoverkehr. Die Dänen fahren gemütlicher, vorsichtiger, und Fahrradfahrern gegenüber auch rücksichtsvoller als unsere Landsleute.

Bisher haben wir unsere Koch-Ausrüstung nicht im Einsatz gehabt. Es wird aber nicht mehr lange dauern, denn schon hier gehen die Preise fürs Essen langsam in die Höhe. Und für Bier natürlich. Es wird Zeit, daß wir uns umstellen auf den asketischen Teil unserer Reise.

Vom dänischen Festland aus setzen wir über nach Fünen, dänisch Fyn. Ein Schild auf halbem Weg nach Odense verkündet »Fynske Alper«, was soviel wie »Alpen auf Fünen« heißen soll. Die »Alpen« entpuppen sich als zwei Berge, der eine 131 Meter hoch, der andere 123 Meter. Sie sehen auch ganz imposant aus, der Höhenunterschied kommt ganz gut heraus. Die Dänen sind jedenfalls stolz auf ihre Gebirge. Wir halten uns zurück mit Anspielungen, es wird mit Sicherheit noch härter werden auf unserer Tour.

Wir setzen über nach Seeland, dänisch Sjaelland. Der Verkehr spielt sich hier nur auf einer Straße ab, der Durchgangsstraße nach Kopenhagen. Alle anderen Wege sind völlig ruhig, ideal zum Radfahren. Wir machen einen kleinen Bogen an der Küste der Insel entlang und nähern uns Kopenhagen von Süden. Die dänische Hauptstadt ist sehr fahrradfreundlich, was die Straßen beziehungsweise die Radwege angeht. Weniger freundlich sind die Preise. Eine Flasche Bier kommt auf drei bis vier Mark. Wir kürzen unsere Bier-Rationen auf die Hälfte. Zwei am Abend müssen genügen. Noch ist es kein Problem, etwas Nahrhaftes zu essen zu bekommen. Preiswerte Schnellrestaurants gibt es auch in Kopenhagen.

Am nächsten Morgen fahren wir ein Stück nach Norden bis Helsingör und besteigen die Fähre nach Hälsingborg – wir sind in Schweden. Und von jetzt ab geht es nur noch nach Norden. Nur noch 3000 Kilometer bis zum Nordkap. Sehr beruhigend.

FAHRRADFREUNDLICHES SCHWEDEN

Auch Schweden ist, wie Dänemark, sehr fahrradfreundlich. Sogar die Regierung beschäftigte sich schon mit dem Fahrrad. Im Jahre 1973 beispielsweise gab das schwedische Parlament eine Untersuchung über die Fahrrad-Gewohnheiten der Landsleute in Auftrag. Die Ergebnisse bildeten die Grundlage für höchstamtliche Einrichtungen: So sperrte man in Landskrona

Schöne Schilder berühmter Marken: Bier-Reklame in Dänemark

den Durchgangsverkehr der Autos mit Rücksicht auf die zahlreichen Radfahrer. In Stockholm dürfen Radler offiziell die Busspuren benutzen, und in Göteborg gibt es in der Innenstadt Sackgassen, die jedoch für Fahrradfahrer ausreichend breite Öffnungen freilassen. Mit dieser Information werden die Straßen auch nicht besser, aber sie beruhigt.

Die Straßen: Wenn ich sage, daß sich die Straßenbedingungen in den letzten Jahren stark gebessert haben, dann ist das etwas ironisch gemeint. Die Straßen in ganz Skandinavien bestehen zum allergrößten Teil aus einer dicken Schotterschicht, auf die man Altöl schüttet. Dieser Belag wird von den schweren Lastwagen schnell festgefahren. Breite Rinnen bilden sich, in denen sich jedermann seinen Weg sucht. Brenzlig wird es, wenn sich ausgerechnet auf gleicher Höhe mit dem Radfahrer zwei Autos gegnen. Der Radfahrer muß notgedrungen ausweichen. Und abseits der festgefahrenen Spuren ist der Belag natürlich noch weich. Das heißt, man sinkt sofort ein. Breite Reifen sind deshalb auf den Pisten sehr von Vorteil. Einen schmalen würden die Straßen mit Sicherheit schon vor dem Nordkap auffressen.

Die Straßenverhältnisse sind aus schwedischer oder norwegischer Sicht ganz sinnvoll: Der lang anhaltende Frost würde eine Asphaltdecke mitleidlos sprengen. Im Sommer müßte sie unter hohem Geldeinsatz wieder repariert werden, um dann im darauffolgenden Winter, das heißt ein paar Monate später, wieder aufzubrechen. Nein, es ist ganz logisch, daß es hier so wenig asphaltierte Straßen gibt. Sandpisten gibt es auch. Auch sie sind meist festgefahren, doch nach einem Regen verwandeln sie sich in Schlamm wie nach der Regenzeit im afrikanischen Busch. Von ihnen ist also als Radfahrer abzuraten.

Die Autofahrer jedoch nehmen große Rücksicht. Selbst die Lastwagenfahrer haben ein Herz für Radfahrer, was ja sonst wirklich selten ist. Es kommt sogar vor, daß sie anhalten und fragen, ob sie uns mitnehmen können. Dieses rücksichtsvolle Verhalten der anderen Verkehrsteilnehmer wiegt die schlechten Straßenbedingungen bei weitem auf.

Unser Kocher kommt zum Einsatz. Am Anfang etwas ungewohnt für uns, da wir gewöhnlich zu faul sind, extra zu kochen, beziehungsweise vorher einzukaufen. Doch hier ist es unumgänglich. Die Lebensmittel sind einfach zu teuer, Restaurants schlicht unerschwinglich. So brühen wir mit Hilfe von frischem Wasser – das gibt es umsonst – unseren »dehydrierten Eintopf« auf, Kochkünste sind nicht vonnöten. Einfach in kochendes Wasser einrühren – fertig. Blaubeersuppe gibt es als Nachtisch. Auch ganz einfach: in kaltes Wasser einrühren – fertig. Nahrhaft ist diese Instant-Kost auf jeden Fall. Ansprüche an kulinarische Feinheiten dürfen nicht gemacht werden.

Übernachtungsprobleme treten in ganz Skandinavien eigentlich nie auf. Da man sich auf das Wetter hier oben noch weniger verlassen kann als bei uns in Deutschland, suchen wir uns prinzipiell abends eine Jugendherberge. Im Sommer werden die Schulen größtenteils auch als Jugendherbergen, hergerichtet. Sie heißen dann ganz international »Youth-Hostel«. An der Küste, wo sich ohnehin das öffentliche Leben abspielt, sind sie sehr häufig, und außerdem sind sie nicht teuer. Ein Zelt muß man also nicht unbedingt mitnehmen. Es sei denn, man ist auf die ganz rustikale Tour abonniert und baut jeden Abend an abgelegener Stelle sein Zelt auf. Auch das ist möglich und erlaubt. Rucksack-Reisende mit kleinen Zelten auf dem Rücken erzählen uns, daß sie sich jeden Abend ein Gehöft suchen und dann dort fragen, ob sie auf der Wiese übernachten dürfen. Sie wurden nie weggeschickt. Das hat den Vorteil, daß man mit den Leuten in Kontakt kommt. In den Jugendherbergen trifft man ja doch nur Touristen, die alle ihre eigenen Probleme mit ins Land importieren. Detaillierte Informationen bekommt man von ihnen selten.

Die Grenze zwischen Schweden und Norwegen ist durch einen landschaftlichen Wechsel gekennzeichnet: es geht nämlich steil bergauf. Vor allem der Oslo-Fjord, an dessen Ende die norwegische Hauptstadt liegt, schneidet tief ins Gebirge ein und kündigt sich mit kraftraubenden Bergstrecken an. Die Fjorde gehören zu den großartigsten Naturdenkmälern, wer sie erleben will, muß leiden – zumindest auf dem Fahrrad.

Oben auf dem Berggipfel erkennen wir die Stadt unten im Fjord. Auf der festgefahrenen Piste lassen wir es so gut es geht hinuntersausen. Obwohl »sausen« ziemlich übertrieben ist. Die Reibung durch den Schotterbelag ist zu groß, als daß es zu schnell werden könnte. Unten im Fjord macht dann die Straße eine Kehrtwendung und führt wieder ins Gebirge hinauf. Fast wie in Griechenland, denke ich. Aber fast noch anstrengender. Nichts für Leute mit Herzklappenfehler. Robust müssen sie schon sein.

PRAKTISCHES TRANSPORTMITTEL: DAS POSTSCHIFF

Von Oslo aus führt die Route am geschichtsträchtigen Skagerrak entlang. Bis sich das Skagerrak öffnet und in die Nordsee übergeht. Wir sind mittlerweile in Stavanger. Hier befinden sich die Bohrinseln der norwegischen Ölgesellschaften. Das bedeutet: eine gute Nachricht und eine schlechte Nachricht: Es gibt Bier – das ist die gute. Aber es ist sehr teuer – das ist die schlechte. Wir üben uns in Sarkasmus. Entlang der norwegischen Westküste verkehren die Schiffe der sogenannten »Hurtig-Routen«, Postschiffe, die praktisch in jedem größeren Hafen anlegen. Vor ein paar Jahren versuchte man, die Postschiffe für den Tourismus interessant zu machen, die Werbekampagne verlief jedoch mehr oder weniger im Sand. Eigentlich schade. Aber obwohl die Gegend nicht mit landschaftlichen Schönheiten geizt, blieben die großen Touristenströme aus. Die Norweger bleiben sowieso zuhaus. Und die Deutschen fahren im Sommer nach Spanien. Im Winter tut sich gar nichts. Aber für Radfahrer sind die Postschiffe ideal.

Wir haben nach dem achten Fjord vorübergehend Zweifel an der Durchführbarkeit unserer Pläne: stundenlang müssen wir den Berg hinaufschieben, um uns dann oben aufs Rad zu setzen und in wenigen Minuten wieder abzufahren. So kommen uns die Postschiffe gerade recht. Sie verkehren jeden Tag, es ist also kein Problem. Voranmeldung ist nicht nötig. Bezahlen kann man direkt an Bord. Wir warten in Stavanger auf das Postschiff. Aber offensichtlich war es heute schon da. Jedenfalls kommt keins. Wir quartieren uns in einer Jugendherberge ein. Am nächsten Morgen stehen wir wieder am Hafen und halten Ausschau nach dem Emblem der »Hurtig-Routen«. Und das Boot kommt. Es ist ungefähr so groß wie eine kleine Bodenseefähre. Ein paar Passagiere sind an Bord, unsere Fahrräder stellen wir zwischen die Taue. Es ist feucht, sehr feucht, deshalb packen wir ab, die Schlafsäcke werden sonst durchweicht.

Als es Abend wird, merken wir, daß wir uns schon ziemlich weit nördlich befinden. Die Sonne geht flacher über den Horizont hinweg, die Dämmerung hält länger an. Es muß doch eigenartig sein, denken wir, oben in der Arktis wird es ein halbes Jahr lang nicht richtig dunkel, dafür wird es das andere halbe Jahr nicht richtig hell. »Alles Gewohnheit«, versichern uns alle, die wir fragen.

Die Postschiffe der »Hurtig-Routen« verkehren bis Narvik, weit jenseits des Polarkreises. Und dort zeigt auch die Natur fast schon arktisches Gesicht. Die Fjorde sind nicht mehr ganz so spektakulär, eher flacher und kürzer. Die Wälder sind nicht mehr so dicht. Wir fahren bei Mitternacht ohne Beleuchtung von Narvik aus in nordöstlicher Richtung und fühlen uns vom Nordkap magnetisch angezogen. Die Landschaft ist eintönig, fast scheint das Fahrradfahren das einzig bewegliche Element in dieser starren Einsamkeit zu sein. Die Tagesetappen sind lang, nicht, was die Kilometerleistungen angeht, sondern was die Stundenleistung angeht. Um Mitternacht ist es fast so hell wie tagsüber. Wenn wir keine Uhr dabei hätten, käme uns der Zeitbegriff sicher abhanden.

Wir fahren schweigend, andächtig. Das Nordkap scheint sich in unserer Vorstellung als die Erlösung von der Eintönigkeit darzustellen. Als ob danach alles anders aussehen würde. Wir passieren die Stadt Hammerfest, ohne einen Abstecher dorthin zu machen. Wir haben nur noch eines im Sinn: anzukommen. Aber als wir dann endlich ankommen, sind wir enttäuscht. Das Nordkap: der nördlichste Punkt Europas zeigt sich als ein dem Festland vorgelagerter Fels, hinter dem die Welt zu verschwimmen scheint. Grau der Felsen, grau das Meer, grau der Himmel. Davor rangieren Touristenbusse hin und her. Postkarten-Stände. Alles rennt auf die Klippe, um ein Foto zu machen.

NORDKAP UND NORDLICHT

Nach dem westlichsten Punkt Europas an der Irischen Küste, dem Südzipfel hinter Gibraltar bei Tarifa, dem politisch gesehen südlichsten Punkt auf Kreta und der östlichsten Ecke bei Istanbul nun also der nördlichste Ausläufer. Allein in der extremen Lage liegt die Faszination dieses ungemütlichen Felsens.

»Toll, was?«, meint jemand neben uns. Wir schweigen, was er als Zustimmung auffaßt. Auf seinem VW-Bus ist eine handgemalte Karte zu sehen. Heidelberg – Nordkap steht darüber, die Strecke ist schon eingezeichnet. Worauf ist er stolz? Uns macht es nachdenklich. Aber wir haben es so gewollt. Es fängt an zu regnen, da will wohl jemand unsere Widerstandskraft

Idylle mit Handwagen: Dorf in Dänemark

auf die Probe stellen? Der VW-Bus-Globetrotter verschwindet in seinem Gefährt, wo sich wahrscheinlich Lebensmittelvorräte aus der Heimat stapeln und wo sicher auch ein paar Flaschen Bier versteckt sind. Wir drehen um und fahren die paar Kilometer nach Honningsvag im Nieselregen. Aufgeben hätte hier wenig Sinn, was soll man hier schon aufgeben? Wir retten unsere Stimmung mit dem sarkastischen Spruch: »Was einen nicht umbringt, macht einen nur um so härter.«

Die Götter haben ein Einsehen mit uns: In Honningsvag hört der Regen auf, die Jugendherberge hat noch ein paar Plätze frei, und am Himmel leuchtet das Nordlicht auf. Physikalisch gesehen Störungen des erdmagnetischen Feldes, wodurch Sauerstoff- und Stickstoffatome in der Ionosphäre zum Leuchten angeregt werden. Für uns jedoch ein tolles Schauspiel; der Beweis, daß wir doch nicht ganz umsonst bis hierher gefahren sind. Die leuchtenden Bänder flackern am Himmel wie eine überdimensionale defekte Neon-Reklame.

Solchermaßen erleuchtet machen wir uns am nächsten Tag wieder auf den

Rückweg. Und das bedeutet zunächst, die gleiche Strecke bis Narvik wieder zurückzufahren. Zwischen Narvik und Kiruna wird auf der Karte ein Ort mit Namen »Riksgränsen« verzeichnet. Als wir uns dem Ort auf der Piste nähern, wird uns klar, was das heißen soll: Reichsgrenze natürlich. Wir sind wieder in Schweden. eine gute Tagesetappe später landen wir in Kiruna, das heißt, wir fahren den halben Tag durch die Ausläufer der Stadt, bis wir merken, daß wir schon mitten drin sind.

Hier scheint die Natur mit der Zivilisation zu verschmelzen. Die Stadt ist enorm weitläufig, überall finden sich Waldstücke dazwischen. Rentierherden kreuzen unseren Weg. Und als wir in einem Waldstück Pause machen, um uns einen Tee zu kochen, werden wir mißtrauisch von einem Elchbullen beäugt, der aus sicherer Entfernung zu uns herüberschnüffelt. Die Wälder sind alle naturbelassen, keine Rodungen, keine Tannenschonungen wie bei uns, ein echter Urwald. Das urige Gefühl wird freilich von den Geröllpisten verstärkt, die unbarmherzig Reifenprofil fressen. Zuhause waren die Mäntel noch neu, jetzt machen sie schon einen stark lädierten Eindruck. Ersatzteil-Probleme haben wir jedoch in Schweden nicht zu fürchten; die Läden sind zwar teuer, aber immerhin vorhanden. Aber das Alkohol-Problem bleibt auch hier bestehen. Eigentlich recht tragisch, da wir ja ein gutes Alibi für einen Bierkonsum hätten.

Die Lebensmittelläden sind in Schweden allerdings etwas besser sortiert als in Norwegen und auch billiger. Wir können hier mit gutem Gewissen einkaufen. Ein Restaurant-Besuch bleibt weiterhin ein Privileg für Betuchte.

Wir haben die Ostsee erreicht. Bei Lulea stoßen wir auf den sogenannten Bottnischen Meerbusen, der uns, richtig greifbar, zum Baden einlädt. Plötzlich ein mittleres Hupkonzert hinter uns – das kann kein Schwede sein, nein es ist der VW-Bus-Fahrer aus Heidelberg. »Wollt ihr ein Bier?« Wir wollen. Das heimische Gebräu verstärkt unser Heimweh rapide. Ist das nun ein gutes Zeichen oder ein schlechtes?

Ein paar Tage darauf haben wir wieder Stockholm erreicht, bald schließt sich der Kreis unserer Nordkap-Tour. Je weiter wir nach Süden kommen, desto schneller werden wir. Das mag auch an der steigenden Temperatur liegen. Von Malmö aus nehmen wir die Fähre nach Travemünde – und sind wieder in vertrauter Umgebung. In der erstbesten Kneipe am Hafen trinken wir ein paar Gläser Bier. Und aus dieser Entfernung blicken wir sehr positiv auf das Nordkap zurück.

Unterwegs ans Nordkap: ein Schienenstrang ist oft das einzige Zeichen der Zivilisation. Und die Schotterstrecken führen scheinbar ins Nirgendwo

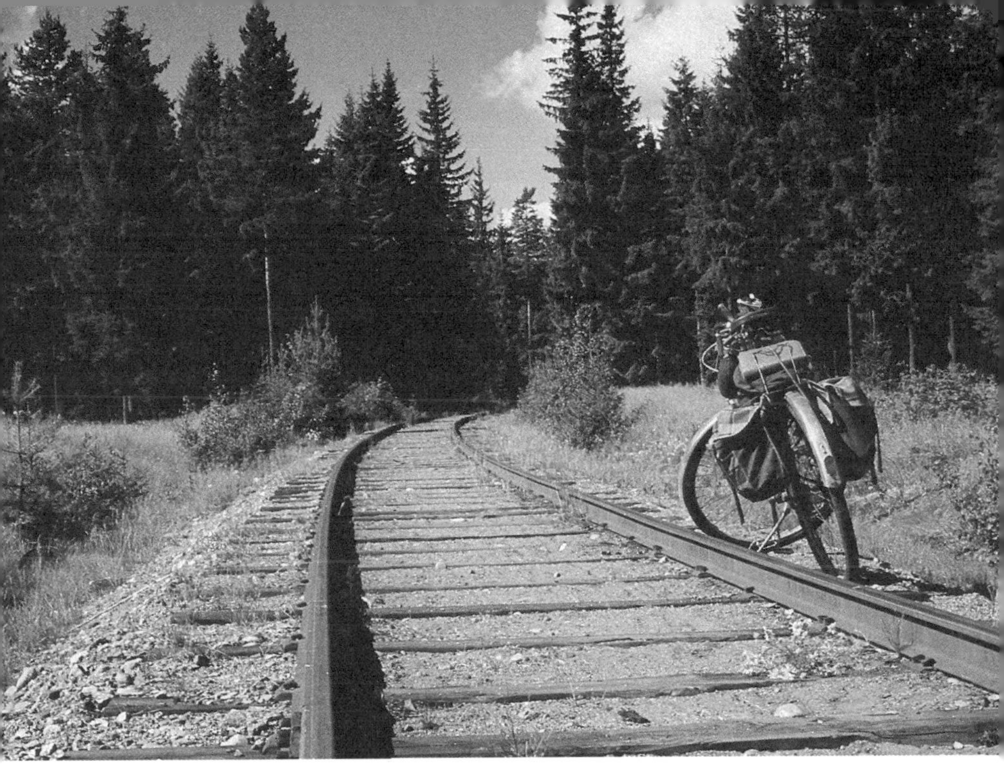

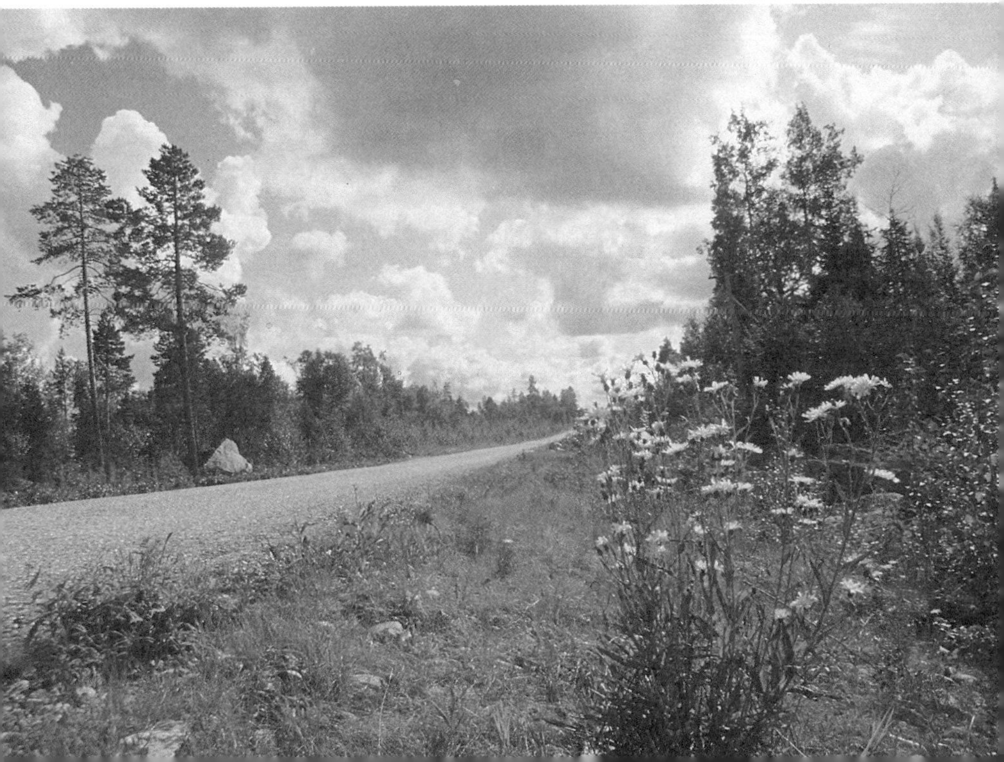

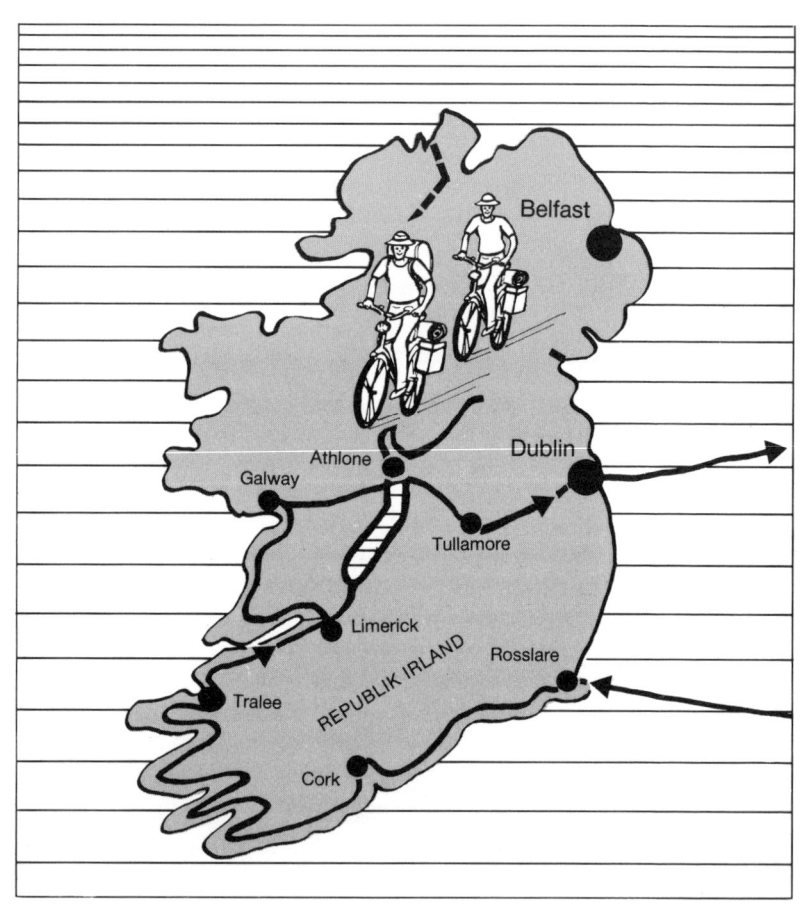

Tour 5: IRLAND

Wo das Bier den Rhythmus bestimmt: Irland

Der Name Irland löst die unterschiedlichsten Assoziationen aus. Je nachdem, wo die Interessenschwerpunkte liegen, bringen es die einen mit grünen Hügeln und Schafherden in Verbindung, mit ständigem Regen oder mit endlos scheinenden bürgerkriegsähnlichen Zuständen. Andere denken beim Namen Irland an rauchige Pubs und Whiskey. Wer zum ersten Mal nach Irland kommt, wird sofort ausrufen: »Genau so, wie ich mir's vorgestellt habe«. Am zweiten Tag differenziert sich die Sicht schon, und wenn man nach zwei Wochen wieder abreist, hat sich das Bild gewandelt. Natürlich: die grünen Hügel sind da, die Schafe, der Regen und vor allem die Pubs. Aber man hat erkannt, daß Irland mehr ist als die Summe dieser Klischees. Und dies ist vor allem den Iren zu verdanken, die es immer wieder fertigbringen, einen mit ihren Geschichten zu faszinieren.

Ich habe nirgendwo soviele selbsternannte Schriftsteller getroffen wie in Irland. Jeder ist hier ein Geschichtenerzähler. Und wenn es nur ein Märchen ist, das im Pub nach etlichen Guinness zum besten gegeben wird. Aber was heißt »nur« – im Pub spielt sich ohnehin der interessante Teil des Lebens ab.

Über die Pubs und gleichzeitig Fahrräder gibt es eine legendäre Geschichte, die Heinrich Böll in seinem »Irischen Tagebuch« erzählt: Einem abstrusen Trinkgesetz zufolge darf dem Reisenden, der sich mehr als drei Meilen von seinem Heimatdorf entfernt aufhält, das ersehnte Glas Bier auch nach der vorgeschriebenen Sperrstunde nicht verweigert werden. So steht Seamus fünf Minuten, nachdem der Wirt unwiderruflich das letzte Glas gezapft hat, in seinem Heimatdorf vor der Kneipe. Fluchend geht Seamus nach Haus, holt sein Fahrrad aus dem Schuppen und strampelt drauflos in Richtung Nachbardorf, das mehr als drei Meilen entfernt ist. Oben am Berg begegnet er seinem Vetter Dermot, der genau in der entgegengesetzten Richtung unterwegs ist. Auch er stand vor verschlossener Kneipentür, auch er hat noch Durst. Sie grüßen sich fluchend, dann sausen sie den Berg hinunter. Seamus auf die Stammkneipe von Dermot zu, Dermot auf die

Stammkneipe von Seamus zu. Und dort tun sie, was sie in ihrem Heimatdorf nicht tun dürfen: trinken.

Später dann, viel später meist, wiederholt sich das Schauspiel in umgekehrter Richtung. Zwei Gruppen Betrunkener begegnen sich wieder oben am Berg, grüßen sich wieder fluchend und sausen auf der anderen Seite des Berges wieder zu Tal, nach Hause. Das Drei-Meilen-Gesetz will es so.

An diese Anekdote müssen wir denken, als wir in Rosslare an der irischen Südküste die Fähre verlassen, die wir drüben in Fishguard in Wales bestiegen haben. Und tatsächlich: Pubs und Fahrräder sind auch für uns eine ideale Verbindung. Mit dem Fahrrad erlebt man Irland intensiver, als es dem Autofahrer je möglich ist. Und andererseits sieht man mit dem Fahrrad noch ein Stück mehr als der Tramper oder Wanderer.

DIE TOUR BEGINNT

Die Frage, ob man mit dem Zug anreisen soll oder die gesamte Anfahrt über Deutschland und die Häfen an der Atlantik-Küste – Calais in Frankreich, Ostende in Belgien oder Hoek van Holland in den Niederlanden – mit dem Fahrrad bewältigen soll, ist weniger prinzipieller Art, als vielmehr zeitlich zu verstehen. Da sich Irland ganz ausgezeichnet für einen Kurz-Trip von einer oder zwei Wochen eignet, ist das für sehr viele ein Grund, mit der Bahn anzureisen. Auf dem Landweg dauert es mindestens eine Woche länger, bis man irischen Boden betritt.

Von der englischen Kanalküste oder London aus kämpft man sich bis an die Westküste vor, dort gibt es keine andere Wahl: man muß die Fähre benutzen. Entweder von Holyhead nach Dublin, oder, wie in unserem Fall, von Fishguard nach Rosslare. Die Republik Irland bietet dem Neuankömmling, egal in welche Richtung er sich wendet, die allerschönsten Fahrrad-Erlebnisse.

Wir haben überhaupt keinen Anhaltspunkt, als wir die Fähre verlassen. Sollen wir zuerst nach Dublin und dann quer durchs Land, oder zuerst an der Küste entlang und ganz zum Schluß nach Dublin? Die Antwort kommt in Gestalt eines Radfahrers auf uns zu. Ein Mann in schwer zu schätzendem Alter mit verwittertem Gesicht fährt vorbei. Dann sieht er unsere vollgepackten Räder und ruft uns zu. »Nice Day«, War das eine Frage oder eine Feststellung? Oder vielleicht eine Ermunterung? Er fragt uns, wohin wir wollten. Wir wissen es noch nicht, sagen wir, ob er uns nicht einen Tip geben könne? Klar, sagt er, er käme gerade aus einem wirklich guten Pub, dahinten, nur ein Dorf weiter, den könne er uns sehr empfehlen. Und da hat uns die Geschichte von Heinrich Böll eingeholt. Wir lachen und stellen uns vor, die

Die Straßenschilder sind in Englisch und Gälisch gehalten. Irische Fahrräder sind wie ihre Besitzer: eigenwillig

ganze Zeit nur von Pub zu Pub zu radeln und unseren Rhythmus ganz den Öffnungszeiten der Wirtshäuser anzupassen. Und fast wäre es dann auch so gekommen.

Wir nehmen also Kurs auf den sehr empfehlenswerten Pub »dahinten« im nächsten Dorf, da kommt ein weiteres ganz typisch irisches Element auf uns zu: Ein Regenschauer. Soeben war es doch noch blauer Himmel. Und außerdem hatte doch der Mann »nice day« gewünscht. Bald merken wir, daß jeder stets davon überzeugt ist, daß der Tag »nice« ist. Und wenn es regnet, dann heißt es »nice rain today«. Und mit dieser Universal-Floskel beginnen in Irland 90 Prozent aller Gespräche. Ohne Rang- und Nationalitätsunterschied zu respektieren, eint das Wetter alle, die sich gerade in Irland aufhalten.

Der Regenschauer verzieht sich so schnell wie er gekommen ist. Schon strahlt die Sonne aus schneeweißen Wolken hervor. »Nice day«, wirklich. Wir fahren nach Westen, die Straße ist nicht sehr breit, und doch gerade breit genug, daß zwei Autofahrer aneinander vorbei fahren können. Aber das ist

107

selten. Autoverkehr, mit süddeutschen Maßstäben gemessen, gibt es nicht. Die meisten Iren können sich einfach kein Auto leisten. Und wer eines hat, der nimmt bereitwillig Freunde und Nachbarn mit ins nächste Dorf. Und vor allem: Die Autofahrer haben Zeit, viel Zeit. Sie nehmen auf Radfahrer Rücksicht, weichen ihnen sogar aus, wenn die Radler, einer Unsitte folgend, zu dritt nebeneinander den Berg herunterrasen.

Der Straßenbelag ist grob, das frißt Profil und gibt beim Fahren einen rauschenden Ton ab, der durch kaum ein anderes Geräusch übertönt wird. Es scheint, als ob wir die einzigen wären. Ab und zu ein Radfahrer, der uns freundlich zunickt und ein »nice day« zuruft, ab und zu eine Schafherde, die es sich mitten auf der Straße bequem gemacht hat. Ab und zu auch ein Straßenschild, das wir jedoch nicht immer entziffern können. Viele Ortsangaben sind in Irland nämlich in Gälisch ausgewiesen, auf unseren Karten dagegen in der englischen Schreibweise. Wir müssen uns oft durchfragen. Englisch versteht jeder in Irland, aber nicht jeder versteht die Iren. Die gälische Sprache klingt unseren Ohren fremd.

URALTE SPRACHE

Das Gälisch ist keltischen Ursprungs, ähnlich dem Bretonischen an der französischen Nordwestküste. Und in Irland wird, ebenfalls wie in der Bretagne, die keltische Tradition wieder gepflegt. Fast noch intensiver, als es in Frankreich der Fall ist. Wohl auch deshalb, weil das Gälisch lange Zeit von den Engländern unterdrückt wurde. Seit dem 16. Jahrhundert versuchten die Engländer, die gälische Umgangssprache aus dem öffentlichen Leben zu verdrängen. Nach der großen Hungersnot Mitte des 19. Jahrhunderts, die 1 Million Tote forderte, war es sogar verboten, Gälisch zu sprechen, Schulkinder mußten einen Holzstock um den Hals tragen in den für jedes irisch-gälische Wort eine Kerbe eingeritzt wurde. Und falls am Ende der Woche eine bestimmte Anzahl Kerben übertroffen wurde, zog man den Eltern der Kinder einen Teil des Lohnes ab. Hier, wie in vielen anderen überlieferten Berichten, liegt der Schlüssel zum Verständnis des Verhältnisses zwischen Iren und Engländern. Offener Haß ist selten, aber daß die Iren die Engländer nicht mögen, ist ebenso unübersehbar. Da mögen sie Touristen noch lieber. Und wir müssen einen Teil des jahrhundertealten Streites in Gestalt der unlesbaren Straßenschilder akzeptieren.

Manchmal ergeben sich auch ganz skurrile Situationen. Wir haben in »O'Flynn's Bar« in Cork soeben das dritte Glas »Murphy's« hinter uns, und ich begebe mich in Richtung der Örtlichkeiten. Zwei Türen starren mich an. Eine trägt die Aufschrift »FIR«, die andere »MNA«. Es gibt zwei Möglichkeiten. Nachdem ich meine romanischen Sprachkenntnisse nach ähnlich lautenden Bezeichnungen für »Männer« und »Frauen« durchforstet habe, mache ich die Tür zu »MNA« auf: Fehlanzeige. Genau andersherum. Also »Männer« heißt hier »FIR«. Ich sage nichts, als ich zur Theke zurückkehre. Mal abwarten, wie die anderen das Problem lösen. Der nächste geht, er hat Glück. Oder hat er mehr Instinkt?

Cork ist nach Dublin die zweitgrößte Stadt des Landes, was sich unter anderem darin ausdrückt, daß Cork wie Dublin ein Hochhaus besitzt. 17 Stockwerke ist es hoch. Schnell sind wir wieder aus der Stadt heraus in Richtung Westen. Die Landschaft wechselt allmählich. Die grünen Weiden, die der »Grünen Insel« den Namen gegeben haben, gehen in Moor und Heide über. Die Dörfer wirken ärmlicher noch als im Osten. Gleichzeitig aber auch lebendiger.

Zum Beispiel Skibbereen, wo es Anfang des Jahrhunderts noch tausend Berufsfischer gab. Jetzt sind es nur noch ein paar Dutzend, doch das Städtchen lebt noch von der damaligen Atmosphäre.

Von Skibbereen geht es an die Bantry Bay und langsam wird es auch bergiger. Der Berg mit Namen Knockboy und seinen 750 Metern Höhe macht sich ganz schön bemerkbar. Als wir den Hügel hinauffahren, kommt uns kein Mensch entgegen, als wir auf der anderen Seite hinuntersausen wollen, machen sich Schafe auf der Fahrbahn breit. Das hätten sie aber auch beim Aufstieg machen können!

Die Fahrt geht flott voran, die Distanz zwischen den Dörfern ist relativ klein. Die Tagesetappen sind entsprechend kurz. Es lohnt sich wirklich nicht, mehr als 100 Kilometer am Tag zu fahren, wie beispielsweise in Südeuropa oder der Türkei. Nein, es wäre eine Schande, all die vielen Sehenswürdigkeiten einfach abzuhaken. Und die Kneipen natürlich. Über die irischen Pubs ist schon viel geschrieben worden. Daß man hier nicht einfach Bier trinkt, sondern sich zu einer Art Volksfest zusammenfindet, bei dem jung und alt mitmischt ist kein Märchen. Es ist allerdings nicht so, daß man sich abends nur einfach an die Theke stellen, und aufs Volksfest warten könnte. Man muß sich schon Zeit nehmen. Auch die Iren sitzen nicht jeden Abend im Pub. Aber wenn! Um elf schließen die Wirtshäuser. Und zwar pünktlich. Zehn Minuten vorher gibt der Wirt laut den Start des Countdowns bekannt. »Ready please, ready«, also alles fertigmachen. Alle leeren Gläser müssen nochmal gefüllt werden. Jeder will noch schnell eine Lokalrunde ausgeben, und das alles muß auch noch getrunken werden. Schon leicht angeheitert stehen wir in »Courtney's Bar« in Killarney. Es ist fünf vor elf. Der Wirt ruft gerade »Ready please, ready«, da füllt sich die Theke schlagartig mit leeren Gläsern. Alle nochmal vollzumachen kostet den Wirt kaum eine Minute, Schaum auf dem Bier ist ja ohnehin nicht gefragt. Das Leicht-angeheitert-sein steigert sich zum leichten Rausch. Da stehen ja nochmal drei volle Gläser! Woher kommen die denn? Der Nachbar hat sie spendiert. Aus dem leichten Rausch wird ein schwerer. Gut, daß wir schon am Nachmittag ein Nachtquartier festgemacht haben.

ÜBER NACHT BEI »BED AND BREAKFAST«

Die Nacht verbringt man in Irland als Tourist mit dem Fahrrad entweder auf dem Campingplatz (sehr billig), in der Jugendherberge (preisgünstig), in der Privatpension mit dem berühmten »B&B«, dem »Bed and Breakfast« (schon etwas teurer) oder aber ganz im Freien (umsonst). Alles hat natürlich Vor- und Nachteile. Da man sich in Irland auf alles verlassen kann, nur nicht auf das Wetter, ist die Nacht am Strand nach griechischem Muster recht riskant. Obwohl die Strände alle sehr schön sind, kann ein nächtlicher Schauer alles vermiesen.

Wild zelten ist möglich, und niemand stört sich daran. Aber dann kann man gleich auf den Campingplatz gehen. Dort gibt es auch fließend Wasser. Eine gute Möglichkeit, Leute kennenzulernen, auch viele Radfahrer übrigens, sind die Jugendherbergen, deren Verzeichnis in allen Tourist-Informationsstellen ausliegt. Der Nachteil: Sie sind fast nur von Touristen bevölkert.

Bei »Bed and Breakfast« bietet sich dagegen die Gelegenheit, mit den Iren näher in Kontakt zu kommen. Bevor man abends Bier-müde ins Bett steigt, kommt man um einen kleinen Tratsch mit der Wirtin kaum herum. Sie bietet einen Tee an, der ausgezeichnet schmeckt, besser als der Kaffee jedenfalls, den man schlicht und einfach nicht trinken kann. Bereitwillig teilt Frau Wirtin auch mit, wo die schönsten landschaftlichen Abschnitte zum Radfahren liegen. So zieht sich die Tour gemächlich, für uns fast zu gemütlich, von einer »B&B«-Station zur nächsten. Der Rhythmus ist angenehm, fit wird man dabei jedoch kaum. Morgens ein irisches Frühstück, ähnlich dem englischen mit Eiern und Speck einschließlich Würstchen, nur etwas reichhaltiger noch. Anschließend eine kurze Fahrt zur Verdauung und als Bewegungstherapie. Gegen Mittag dann ein Pub und ein paar Biere. Wenn der Pub um zwei Uhr die Pforten schließt, wieder eine kurze Tour, abends gegen sechs Uhr – die Pubs öffnen wieder – ein Informations-Bier, bei dem wir uns nach dem nächsten Bed and Breakfast erkundigen. Kurze Vorstellung bei Frau Wirtin beziehungsweise dem Herrn Wirt, Fahrräder unterstellen, lange Hosen anziehen, zurück in den Pub. Das gefällt uns. Hier fühlen wir uns wohl. die größeren Unterkunftsmöglichkeiten kann man übrigens bei der Tourist-Information erfragen, aber die kleineren, interessanteren, ergeben

Kein Dorf ohne Pub – und kein Pub ohne Bier

sich oft erst im Pub, nach dem zweiten Bier. Wenn der Ire zur Rechten fragt, wohin man denn unterwegs sei, nachdem er ein »nice day« geschmettert hat, dann hat er auch gleich eine Unterkunft im Dorf auf Lager. Und seinem Rat kann man eigentlich immer folgen.

Kurz vor Limerick, an der Mündung des Shannon in den Atlantik: Ein einsam an der Küste gelegener »Singing Pub«. Es ist gegen sieben Uhr abends, der Pub füllt sich langsam. Noch ist nichts Ungewöhnliches zu spüren. Wir haben gerade einen Tip vom Nebenmann bekommen, John heißt er. Seine Schwester hat, für Bekannte und Durchreisende, ein Zimmer zu vermieten. Bed and breakfast mit Familienanschluß also. Aber als wir uns die Sache anschauen wollen, meint John, das sei nicht nötig. »Erst einen Drink, boys«. Das kann man ja schlecht ablehnen. Die Räder können wir ja später immer noch dorthin schieben. Aus dem Drink werden zwei, drei, vier. John fordert uns auf, ein deutsches Volkslied zu singen, schließlich sei das ja ein »singing pub« hier. Unsere Versuche, ein deutsches Volkslied einigermaßen über die Bühne zu bringen, scheitern kläglich. Peinlich. John fängt an zu singen, und mit was für einer Stimme. Die anderen Gäste stimmen mit ein. In kürzester Zeit singt, brüllt und trinkt der ganze Pub. Jeder, der einen Vers zum besten geben will, geht vor an die Theke und stellt sich auf einen Stuhl, das Podium. Traditionelle Lieder mit selbstgemachten Texten, selbstverfaßte Melodien zu traditionellen Texten, und überhaupt nicht prüde. Alles singt den Refrain mit; nein das ist kein Singen, das wird mit Inbrunst vorgetragen! Tabakqualm füllt den Raum, leere Gläser wandern zur Theke, voll kommen sie zurück. Was für eine Stimmung! Um zehn Minuten vor elf ertönt der Ruf »Last order«, letzte Bestellung. Was, schon elf? Wir sind doch noch völlig nüchtern! Das ändert sich. Die letzten zehn Minuten vor der Sperrstunde gleichen einem Wettbewerb »Trinken gegen die Uhr«. Die Uhr gewinnt immer.

Als wir aus der Tür torkeln, fällt uns ein, daß wir ja eigentlich noch gar kein Nachtquartier ausgemacht haben. Und jetzt der Schwester von John in diesem »singing pub«-geschädigten Zustand als Fremde gegenüber treten? Er zerstreut unsere Bedenken. »Ich bin ja bei Euch«, meint er. Das leuchtet ein. Der Rest ist uns nur noch verschwommen in Erinnerung. Ich weiß nur, daß wir am nächsten Morgen bei strahlendem Sonnenschein aufwachen, ein ausgiebiges Frühstück zu uns nehmen und dann in Richtung Limerick davonfahren, ohne eine Spur von John zu entdecken. »Krank«, frage ich vorsichtig. »Oh no«, sagt die Schwester, »John ist schon seit zwei Stunden bei der Arbeit«. Respekt, Respekt. Ich erinnere mich an einen Ausspruch, den ich am Abend zuvor an der Theke vernommen habe: »A hard worker, a hard drinker«.

Doch zurück zur Landschaft. Die westlichen »Finger« Irlands in den Grafschaften Cork und Kerry gehören zu den schönsten Gegenden der Republik. Vor allem die Halbinsel Dingle. Hier gibt es noch Leute, die gar kein Englisch verstehen, vielleicht auch nicht verstehen wollen. Dingle auf der Halbinsel ist die westlichste Stadt Europas, der nordamerikanischen Küste näher gelegen als Israel zum Beispiel. Die Küstenpanoramen sind einfach grandios. Der Golfstrom aus dem Golf von Mexiko bringt sein warmes Wasser bis hierher an die irische Küste. Die Luft ist deshalb so gut temperiert, daß sogar Palmen wachsen. Palmen und Sandstrand in Irland!

Von Limerick fahren wir in Richtung Ennis und dann wieder südlich, an der Küste der Grafschaft Clare entlang bis Ballynacally. Weiter bis Loop Head und herum um die Felsnase nach Doolin. Das Städtchen ist auf fast keiner Straßenkarte verzeichnet. Die meisten fahren deshalb auch vorbei. In der Geschichte der Irischen Musik hat Doolin jedoch einen Namen. Obwohl der ganze Ort nur aus einer Häuserzeile besteht, gelten die beiden Pubs, »O'Connor's« und »McGann's« als die besten »singing pubs« des ganzen Landes. Mit Ausnahme von Dublin vielleicht. Leider sind sie auch schon zur Attraktion von jungen Touristen aus aller Welt geworden, und mancher Ire spielt gegen ein Bier schon mal auf der »tin whistle«, der dünnen Blechpfeife. Was aber nichts gegen die Atmosphäre sagen soll.

Von Galway aus orientieren wir uns wieder östlich in Richtung Athlone. Wir kommen in das Gebiet des Shannon, des größten Flusses Irlands. Hier tuckern im Sommer die Leih-Boote mit Touristen an Bord umher. Auch eine schöne Version eines Irland-Urlaubs. Die Boote haben alles, was man so braucht. Betten, Küche, Motor auch. Aber so ein Shannon-Boot ist nicht ganz billig, wie wir erfahren, es lohnt sich nur, wenn mindestens vier Leute an Bord sind. Und das ist auch nicht jedermanns Sache.

Die Treidelpfade am Ufer des Shannon, die ehemaligen Versorgungswege also, können als erstklassige Radwege herhalten. Hier ist noch weniger los als auf den übrigen irischen Straßen. Wir halten uns ein paar Tage an den Gestaden des Shannon auf, machen Abstecher in die Landschaft. Wir treffen, mehr aus Zufall, auf die Ortschaft Tullamore. Der Whiskey-Kenner spitzt jetzt die Ohren. Keine Schleichwerbung jedoch. Aber über den Whiskey als solchen muß man schon ein paar Sätze verlieren:

WHISKEY – EIN GETRÄNK MIT GESCHICHTE

Jahrhundertelang haben die Iren ihren eigenen Whiskey gebrannt, der sich vom Schottischen Whiskey durch das zusätzliche »e« unterscheidet, Geschmacksunterschiede sollen nicht diskutiert werden. Auf Gälisch heißt der Whiskey »uisce beatha«, wörtlich übersetzt »Lebenswasser«. Und er bedeutete Leben. Bis es 1760 von England aus verboten wurde, privat Whiskey herzustellen. Aber damit machten die fernen englischen Behörden praktisch jeden zweiten Iren zum Kriminellen. Denn auf jedem zweiten Gehöft stand ein Destillier-Apparat. Und so blühte die Schwarzbrennerei. Dieser illegale, aber genauso lebenswichtige Stoff wurde »poitin« oder »poteen« genannt, wörtlich »kleiner Topf«. Überall, wo sich ein Platz mit Gerste, fließend Wasser und Brennmaterial fand, wurde der billige poitin gebrannt. Und das war praktisch überall im Westen, wo der lange Arm der englischen Justiz nicht so schnell zugreifen konnte. Und der Fusel wurde in den abenteuerlichsten Verpackungen transportiert. Unter Torfballen versteckt, unter Miedern, in Särgen sogar. Es gab Kirchen, die eine eigene Brennerei unterhielten. Und da der poitin meist nachts im Mondschein gebrannt. Und der Fusel wurde in den abenteuerlichsten Verpackungen transportiert. Unter Torfballen versteckt, unter Miedern, in Särgen sogar. Es gab Kirchen, die eine eigene Brennerei unterhielten. Und da der poitin meist nachts im Mondschein gebrannt wurde, hießen die heimlichen Hersteller bald nur noch »moonshiner«.

Es gibt ein Sprichwort, das besagt, daß es unmöglich sei, durch Dublin zu spazieren, ohne an einem Pub vorbeizukommen. Mag sein, das es möglich ist, aber ein solcher Pfadfinder müßte 700 Pubs umgehen. Und das dürfte nicht einfach sein. Doch mindestens ebenso schwierig wird es, wenn man sich in den Kopf gesetzt hat, alle 700 Pubs unter die Lupe zu nehmen. Ein paar jedoch sind wirklich unumgänglich. Beispielsweise »Mac Daid's« in der Harry Street und vor allem »O'Donoghue's« in der Merrion Row, einer der berühmtesten, wenn nicht sogar der berühmteste »singing pub« in Irland. Hier haben die »Dubliners« einst ihr erstes Lied in die rauchgeschwängerte Luft geschmettert.

Natürlich besteht Dublin nicht nur aus Pubs. Der riesige Stadtpark zum Beispiel und der renommierte Zoo, wo übrigens seinerzeit der berühmte Löwe der Metro-Goldwyn-Mayer gefilmt wurde (der, der im Vorspann immer so herrlich brüllt). Sehr fotogen, zumindest für uns als Bier-Historiker, ist das Gebäude der Guinness-Brauerei. Besichtigungen sind nur in Ausnahmefällen möglich. Schade. Aber dafür gibt es unten in der Brauerei-Kneipe ein Glas Versuchs-Guinness umsonst.

Die Tage vergehen, unsere Fitneß auch. Wenn wir einigermaßen gesund nach Haus zurückkehren wollen, müssen wir bald aufbrechen. Wir nehmen wieder die Fähre, diesmal nach Holyhead in Wales. Von dort geht es wieder nach London. Die City ist in nichts mit Dublin zu vergleichen, eigentlich bedauerlich, daß London (fast) nicht zu vermeiden ist.

An der irischen Südküste

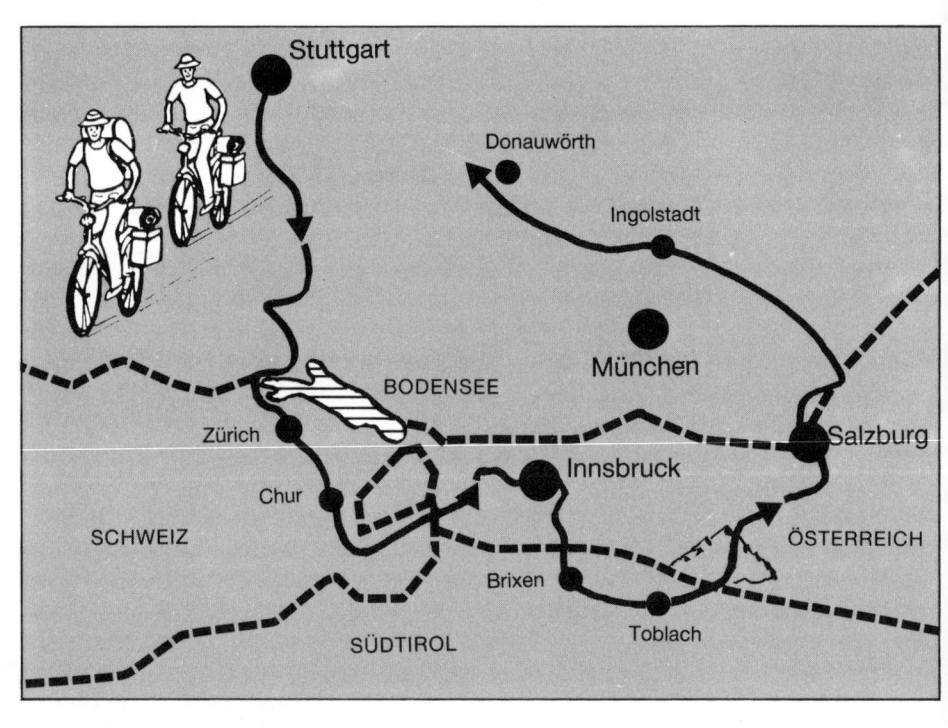

Tour 6: SCHWEIZ, ÖSTERREICH, SÜDTIROL

Der Berg ruft – wir hören

Es gibt Leute, die behaupten, ein Berg sei der natürliche Feind des Radfahrers. Sie stellen sich deshalb eine Radtour, die durchs Gebirge führt, als nicht machbar vor. So scheinen die Alpen ein unüberwindliches Hindernis aus dem Weg nach Süden zu sein. Viele Radtourer steigen deshalb in Deutschland in den Zug und irgendwo südlich der »großen Barriere« wieder aus, in der Hoffnung, das größte Problem gelöst zu haben. Irrtum. Um es vorweg zu sagen: Nicht trotz Gebirge kann man durch die Alpen fahren, sondern auch gerade deswegen. Das hört sich an wie Masochismus, eine selbstauferlegte Quälerei. Ist es aber nicht.

Beim »Kampf mit dem Berg« stehen sich gegenüber: Höhere Anforderungen an die Kondition, das ist zugegebenermaßen richtig, und eine ganze Reihe von Vorteilen. Zum einen besitzen die Alpen eine perfekte Infrastruktur, das heißt, überall führen Autobahnen, Straßen, Sträßchen und sonstige Wege in alle Richtungen. Vom Standpunkt der Naturschützer ist die Zersiedlung unserer Alpen eine Kritik wert, für Fahrrad-Fahrer bedeutet sie aber, daß sie fast immer eine wenig befahrene Nebenstrecke finden, während der Massentourismus auf der Autobahn dahindonnert. Die Straßenverhältnisse sind, verglichen mit südeuropäischen, geradezu musterhaft. Asphaltierte Wege gibt es grundsätzlich überall. Während im Süden, beispielsweise in Kreta, Bergstraßen immer schnurstracks steil den Gipfel anvisieren – eine kürzere Strecke ist billiger zu bauen – führen in den Alpen die meisten Straßen, auch die Nebenstrecken, in sanft geschwungenen Serpentinen nach oben. Und während man im Süden oft vom Rad muß, weil ein Felsbrocken oder eine Ziegenherde den Weg versperrt, kann man bei uns im Gebirge wirklich so lange fahren, bis man aus Konditionsgründen absteigen muß.

Dabei zeigt sich schon nach wenigen Tagen ein überraschender Trainings-Effekt. Richtig heiß wird es außerdem im Alpenraum auch im Hochsommer nicht, immer findet sich ein schattiger Platz, die Luft ist klar, überall sprudeln Quellen aus dem Fels. So etwas haben wir uns in Griechenland oft gewünscht, als wir auf schnurgerader Straße bei 40 Grad Celsius Staubwolken hinter uns herzogen und nicht wußten, wann die nächste Ortschaft kommen würde. Welch eine Erholung dagegen in den Alpen!

Es ist natürlich ein Unterschied, ob man durch die Alpen radelt, weil man in Richtung Süden unterwegs ist, oder ob man sich mit Absicht und ausschließlich nur im Gebirge aufhält, das heißt, auf der gesamten Tour immer rauf und runter tourt. Ich will nicht behaupten, daß eine Bergtour für jeden in Frage kommt, denn ohne ein Mindestmaß an guter Kondition macht die ganze Tour keinen Spaß, aber ich behaupte, daß sich ein Versuch lohnt. Einwänden, daß man wegen der vielen Berge keine anständigen Etappen zusammenbringen könne, sind leicht zu begegnen: Es ist wirklich weder eine Schande noch zeitlicher oder sonstiger Verlust, vom Rad zu steigen und zu schieben. Eine grobe Rechnung beweist das. Wer zwei Stunden einen Berg hinauf schiebt, hat zwei Stunden Zeit, sich die Gegend anzuschauen und legt dabei acht bis zehn Kilometer zurück. Auf der anderen Seite des Passes setzt er sich in den Sattel und läßt es hinuntersausen – zehn Kilometer in zehn Minuten. Das bedeutet, daß er in zwei Stunden und zehn Minuten 20 Kilometer zurückgelegt hat. Das ist weniger, als im Flachland üblich, aber ausreichend. Außerdem ist der Wechsel zwischen Anstrengung und Erholung für Körper und Kondition das allerbeste Training, Fachleute würden vielleicht »Intervall-Training« dazu sagen. Wir nehmen also die Berge in Angriff, wir wissen, daß wir jeden Tag einen oder mehrere Pässe bewältigen müssen, es ist aber kein vorübergehendes notwendiges Übel, sondern absichtlicher Dauerzustand. Um Didi Thurau zu zitieren: »Die Entscheidung fällt in den Bergen«.

DIE TOUR BEGINNT

Auf was wir uns eingelassen haben, wird uns schon am ersten Tag klar: Wir müssen die Schwäbische Alb überqueren. Wir kommen von Norden aus Richtung Stuttgart, haben also den Steilabfall der Alb vor uns. Wer von Süden kommt, dem wird die Schwäbische Alb nur in Form von langen leichten Steigungen bewußt. In unserem Fall erhebt sie sich wie eine Wand südlich des romantischen Tübingen. Man könnte natürlich eine Weile in Tübingen bleiben, das Problem mit Hilfe von ein paar Bieren in einer Gartenwirtschaft verdrängen. Aber da es der erste Tag der Tour ist, gestatten wir uns noch keine Schwachheiten. Bei Mössingen drehen wir ab und fahren geradewegs auf die »Wand« zu. Wir halten schon mal Ausschau nach einem Traktor, der uns eventuell nach oben ziehen könnte. Traktoren sind dankbare Fahrzeuge: langsam genug, um sie einzuholen, aber schnell genug, um hintendranhängend locker den Berg hinaufzukommen.

Auch Schieben gehört zu einer Radtour

Wie immer am Berg fahren wir schweigend. Jeder muß seinen Tret-Rhythmus finden, dazu gehört der Atem-Rhythmus. Das wiederum verbietet ausgiebige Unterhaltungen. Alle schnaufen wie die Pferde. Nach einer halben Stunde haben wir den ersten, psychologisch wichtigen, Berg geschafft. Oben warten wir, bis alle wieder beisammen sind, denn das Feld kann sich am Berg schon etwas auseinanderziehen. Das hat weniger mit Kondition als mit Rhythmus zu tun. Kurze Abfahrt, dann eine längere Ebene, dann der nächste Berg.

Plötzlich sehen wir einen Traktor, etwa 300 Meter vor uns. Wir treten in die Pedale, um ihn noch rechtzeitig vor dem Berg zu erwischen. Dabei verausgaben wir uns mehr, als es möglicherweise der Berg vor uns erfordern würde. Es ist ein Sport, Traktoren einzuholen. Wir keuchen und schwitzen und spurten – dann haben wir ihn. Mit letzter Anstrengung greifen wir nach der hinteren Klappe des Anhängers. Da biegt der Traktor nach rechts von der Straße ab und bleibt stehen. Wir befinden uns vor der Scheune eines Bauernhofes. Der Bauer ist zuhause. Wir sind total fertig. Der Landwirt steigt aus dem Führerhaus aus und lacht. »Ihr seid mir schöne Radler«, sagt er, »vor so einem kleinen Berg schlapp zu machen.« Wir müssen auch lachen, bekommen fast einen Lachkrampf, und schieben den Rest des Berges hinauf. Seither sind wir bei Traktoren vorsichtiger.

Der weitere Albaufstieg wird etwas angenehmer. Auf den weiten Hochflächen kommen wir gut voran. Wir treffen auf das Flüßchen Lauchert, das in die Donau mündet. Was für uns heißt, daß es von jetzt ab wieder abwärts geht in Richtung Sigmaringen. Es war psychologisch sehr wichtig, den ersten Tag standesgemäß, das heißt ohne konditionelle und technische Einbrüche, hinter sich zu bringen. Das stärkt das Selbstbewußtsein und nimmt die Furcht vor größeren Bergen.

RADFAHRERS TRAUM – EIN NEUBAU

Über Sigmaringen und Meßkirch fahren wir in Richtung Stockach, als es zu dämmern beginnt. Das heißt zunächst, also vor dem Abendessen, einen Schlafplatz zu finden. In Süddeutschland und dem gesamten Alpenraum gibt es auf Rad-Touren eigentlich nur einen wirklich idealen Schlafplatz: einen soliden Neubau! Damit haben wir die besten Erfahrungen gemacht, wobei wir nicht wählerisch sind. Ob Wochenendhaus, Reihenhaus oder Hotel in spe – jeder Neubau ist für die Bedürfnisse eines Radfahrers recht. Erster Vorteil: Hinter der rohen Fassade findet man stets regen- und windgeschützte Plätze, wo man seinen Schlafsack ausrollen kann. In unseren Breiten ist man auch im Sommer nicht sicher vor Regenschauern, auch nachts nicht, Kälteeinbrüche kommen auch im Juli vor. Ein Neubau bietet Schutz vor Nässe und Wind, ist außerdem sauberer als ein feuchter Wald- und Wiesenboden und bedeutet aufgrund der meist noch nicht geklärten Besitzverhältnisse keine Probleme rechtlicher Art. Bis jetzt wurden wir noch nie aus einem Neubau vertrieben, sofern uns überhaupt jemand gesehen hatte. Im Gegenteil: Oft fragten wir im benachbarten Wohnhaus nach dem möglichen Besitzer des Neubaus – in der berechtigten Hoffnung, daß dem Nachbar selbst das Haus gehörte. Die Erlaubnis, unsere Schlafsäcke auf dem Beton-Boden auszubreiten, bekamen wir immer.

Meist jedoch bewerkstelligten wir unseren Einzug ins neue Haus unbemerkt; nach dem Abendessen in der Dunkelheit. Und man schläft gut auf flachem Boden, die Isomatte dämpft die Bodenkälte und mildert den harten Untergrund. Nach ein paar Nächten in Neubauten hat man sich daran gewöhnt. Und Neubauten gibt es wirklich überall, die ganzen Alpen sind voll davon! Man kann sich seinen Schlafplatz regelrecht aussuchen. Wir bevorzugen wie gesagt keine bestimmte Bauweise, aber Wochenendhäuschen haben sich besonders bewährt: sie liegen meist etwas abseits der Dörfer in landschaftlich reizvoller Umgebung und sind zudem nicht so zugig wie Großbauten. Der »Neubau-Blick« entwickelt sich, wie beim Pilze-Sammeln, nur durch Übung.

Bald hinter Stockach kommt der Bodensee in Sicht, der natürlich für sich genommen auch eine Tour wert ist. Das Problem ist allerdings, daß es sogut wie nirgends mehr öffentliche Strandabschnitte gibt. Egal auf welcher Seite des Sees, der deutschen wie der schweizerischen, überall drängen sich Privatgrundstücke und Campingplätze oder sogenannte Strandbäder an das Seeufer heran. Entweder man kommt gar nicht bis ans Ufer, oder man muß dafür bezahlen – das ist die traurige Wahrheit.

Doch ab und zu findet man noch ein nicht vermarktetes Stück Bodensee. Wir suchen und finden es bei Horn, südlich von Radolfzell auf der Halbinsel Höri unterhalb des Schiener Berges (708 m). Bei Frau Schrof im »Scharfen Eck« in Horn verspeisen wir mehrere Schinken- und Käseplatten einschließlich diverser Biere, dann schieben wir die Räder hinunter an den See und pirschen uns auf einem schmalen Fußweg durch das Schilf. Hier gibt es einen rund fünf bis zehn Meter breiten Sandstrand, viele windgeschützte Stellen und wenige nächtliche Spaziergänger. Baden kann man natürlich auch ganz ungestört. Solche Plätze sind jedoch rar am See und nur unter großem Zeitaufwand zu entdecken. Ein Neubau geht da schneller, obgleich er von der Romantik her niemals an ein Stück Seeufer herankommt. Man nimmt es, wie es sich ergibt.

DIE SCHWEIZ HAT VIEL ZU BIETEN

Bei Stein am Rhein überqueren wir die Grenze zu unseren schweizerischen Nachbarn. Wir wollten ursprünglich am Bodensee-Ufer entlang bis Rorschach und St. Margrethen fahren, anschließend nach Süden. Doch die Uferstraße ist in der Hauptsaison absolut unerträglich für Radfahrer, völlig überfüllt mit Auto-Touristen. Wir nehmen deshalb Kurs durchs Land in Richtung Zürich-See. Leider ist dort auch nicht immer ein Stück Ufer frei für jedermann. Neubauten jedoch sind überall reichlich vorhanden, die Schlafplatz-Suche gestaltet sich deshalb unproblematisch.

Ein Stück südöstlich hinter dem Zürichsee kommt der Walensee, die Berge werden höher, die Straßen steiler. Bei Bad Ragaz treffen wir wieder auf den Rhein, an dessen Ufer wir jetzt hinauffahren in Richtung Chur. Die Strecke ist hier leicht hügelig, die ausgewachsenen Pässe fehlen noch. Wir freuen uns jedoch nicht zu früh, irgendwann muß die Ernüchterung kommen.

In Bonaduz, so heißt der Ort, vereinigen sich der Vorderrhein und der Hinterrhein. In der Gaststätte »Weißes Kreuz« in Bonaduz vereinigen sich beim Stammtisch die Mitglieder des »Motorradclubs Vorderrhein« und die des Motorradclubs Hinterrhein«, ganz den geographischen Voraussetzungen folgend. Und auch ganz friedlich. Sie tragen zwar Leder- und Jeansjacken, die mit ihren Club-Zeichen bepflastert sind, weisen jedoch den Begriff »Rocker« von sich. »Wir sind Sportkameraden«, klärt uns ein Mitglied des »Motorradclubs Vorderrhein« auf. Und als Radfahrer ist man im weitesten Sinn auch ein Sportkamerad, weil Zweiradfahrer. Die Sportkameraden zeigen uns ein paar wunderschöne Stellen am Rhein, wo regelmäßig Clubfeten veranstaltet werden: Flache Kiesbänke, auf denen man prima grillen und Musik machen kann. Zum Schlafen sind sie allerdings etwas zu steinig. Aber zum Schlafen kommen wir nicht, eine Clubfete hindert uns daran.

Wir werden also Buße tun und einen Paß hinaufstrampeln müssen, um den Fest-geschädigten Körper wieder zu entschlacken. Und ein Paß ist am nächsten Tag auch schon in Sicht: der Julier, die erste Herausforderung. Von Bonaduz, das auf 650 Meter Höhe liegt, bis zur Paßhöhe des Julier auf 2284 Meter Höhe sind es nach unserer Karte rund 65 Kilometer. Im Flachland würden wir dafür drei Stunden veranschlagen, hier jedoch müssen wir mit dem Doppelten rechnen. Wir müssen auf 65 Kilometern mehr als 1600 Höhenmeter überwinden, rein rechnerisch also an die 25 Höhenmeter pro Kilometer! Die Rechenexempel beim Frühstück im »Weißen Kreuz« schokken uns, aber es gibt kein Zurück. Wir lassen es langsam angehen, die Muskeln müssen erst warm werden. Zunächst geht es relativ flach nach Thusis, vorbei an der Ortschaft Tartar, was uns auf die kommenden Härten hinweist. Von Thusis zweigt die Straße nach Tiefencastel ab, bevor es dann richtig zur Sache geht.

Dabei hätte uns ein kleiner Abstecher in die »Via mala-Schlucht« bei Thusis fast die Räder gekostet. Die Schlucht ist bekannt durch den gleichnamigen Roman von John Knittel, berühmt wegen ihrer wilden landschaftlichen Schönheit und berüchtigt durch die gefährlichen Aktionen der Touristen: Jeder kommt mit dem Auto daher, und jeder will natürlich die Schlucht fotografieren. Schnell den Wagen am Rand abstellen, über die Fahrbahn spurten, knipsen und zurück zum Wagen. Eigentlich eine Sache von einer Minute. Aber seltsamerweise kommen Dutzende auf die gleiche Idee. Das sieht dann zwar aus wie früher beim »Le Mans-Start«, als alle auf Kommando zu ihren Autos rennen mußten, ist aber viel gefährlicher. Wer sein Fahrrad sicher an der Felswand gelehnt glaubt, kann sich täuschen. Zwei Touristen-Autos, die sich begegnen, können sich nur unter großem Selbstvertrauen aneinander vorbeiquetschen, selbst ein schmales Fahrrad ist im Weg dabei. Nichts wie weg.

Technischer Halt an einem Motorradgeschäft

PASS-BILDER

Hinter Tiefencastel beginnt der eigentliche Aufstieg auf den Julier-Paß.
Zunächst noch vertretbar in der Steigung, dann leicht forciert im Gefälle, kein
Traktor zu sehen, der uns eventuell hinaufziehen könnte. Wir müssen selbst
treten. Das Feld zieht sich auseinander, als jeder seinen Tritt gefunden hat.
Wir keuchen wieder vor uns hin. Ich notiere die vorbeiziehenden Orte:
Savognin (Wintersport-Zentrum) und Marmorera (Stausee zum Surfen).
  Hinter Bivio schließlich müssen wir pausieren. Knappe zehn Kilometer
noch bis zum Gipfel und der Jausen-Station. Zehn harte Kilometer unter
sengender Sonne.
  Der Schutzfaktor des Sonnenöls sollte hier so hoch wie möglich liegen,
Faktor sechs mindestens. In dieser Höhe holt man sich, wenn man schwitzt
einen filmreifen Sonnenbrand, denn der Schweiß wirkt wie ein Brennglas auf
der Haut. Oben auf der Paßhöhe wiederum sollte man niemals sofort wieder
hinuntersausen. Der Schweiß würde durch den Fahrtwind sofort verdunsten

und den Körper zu sehr abkühlen. Also: Vor dem Anstieg gut eincremen, Kopfschutz oder Stirnband verwenden. Oben dann erstmal Pause machen, abtrocknen und ein T-Shirt anziehen. Man darf auch eine Bier-Pause einlegen. Wir legen sie jedenfalls ein.

Die Abfahrt auf der anderen Seite des Julier ist, wie alle Abfahrten, das Größte. Mit einer Durchschnittsgeschwindigkeit von gut 60 km/h rasen wir hinunter ins Tal, das als Engadin weltbekannt ist. Das Engadin ist im Sommer und im Winter eine einzige Spielwiese für Millionäre und solche, die es gern wären. St. Moritz, mittendrin im Engadin, ist gewissermaßen die Fluchtburg der ganz Reichen vor den weniger Reichen. Hier war es, als vor 200 Jahren ein deutscher Edelmann über die Wirkung der Thermalquellen befand: »Das Wasser ist gesund, schwanger wurden Frau, Magd und Hund«. Das mag nicht nur am Wasser gelegen haben.

Wir rasen den Paß hinunter bis zum Silvaplaner See, der mit Surfern vollgestellt ist. Beim Café werden wir aufgeklärt: »Der Wind kommt jeden Tag so gegen elf Uhr herüber vom Maloja-Paß und geht um fünf.« Erstaunlich, aber wahr. Mit der Präzision eines Schweizers Chronometers bläst der Südwestwind vormittags gegen elf herunter über den Silser See und den Silvaplaner See. Für uns bedeutet er Rückenwind. denn wir wollen nach Nordosten. Hier im Engadin scheint sich der besser verdienende Teil der Welt zu treffen.

Auf dem kleinen Flugplatz bei Samedan landen ständig Sportflugzeuge. Die Kellner machen sich einen Spaß darauf, das Flugzeug schon von weitem zu erkennen. Wenn es mal wieder brummt am Himmel, dann blicken sie von ihrem Tablett auf, kneifen die Augen zusammen und sagen dann ganz beiläufig: »Ah, der Agnelli« oder auch: »schon wieder der Sachs«. Uns beachtet eigentlich niemand so recht. Wir beachten das Engadin auch nicht so, wie's die Engadiner gern hätten. Es ist hier nämlich sauteuer, um es kurz zu sagen. Wir durchqueren das knapp 100 Kilometer lange Tal so schnell wie möglich. Allmählich wird es wieder preisgünstiger, die Sprache dagegen immer unverständlicher. Hier wird noch Rätoromanisch gesprochen, besser gesagt, es wird wieder gesprochen, seitdem man sich der Pflege dieser alten, vom noch älteren Ladinischen abstammenden Sprache angenommen hat. Für ungeübte Ohren klingt das Rätoromanisch seltsam, ein Genuschel eher. So, als würde ein Holländer mit einer heißen Kartoffel im Mund versuchen, Italienisch zu reden. Die Leute verstehen aber auch Deutsch, was uns beim Getränke-Bestellen zu Hilfe kommt.

ÜBER ALLE LÄNDERGRENZEN

Der Finstermünzpaß am Ende des Engadins markiert die Grenze zu Österreich und bedeutet für uns vor allem: normale Preise, jede Menge Neubauten, weniger Sprachprobleme. Wir fahren jetzt den Inn entlang, relativ angenehm, was die Steigungen angeht, bis Innsbruck wollen wir dem Fluß folgen. Über Landeck und Imst, immer schön auf der Nebenstrecke am Inn entlang. Auf Steigungen trainiert, geht es jetzt flott voran. Nach einer Nacht im Neubau sehen wir schon Innsbruck vor uns. Das bedeutet: Das große Paß-Erlebnis steht uns bevor. Der Brenner nämlich. Ihm soll hier ein eigenes Kapitel gewidmet sein, er hat es verdient.

Der Brenner ist, von Innsbruck bis zur italiensichen Grenze oben, gut 40 Kilometer lang. Fast der gesamte Autoverkehr rollt über die Brenner-Autobahn, die uns als Radfahrer jedoch überhaupt nichts angeht. Wir benützen die ehemalige Auto-Strecke, die heute nur noch von wenigen Liebhabern befahren wird. Die Autobahn ist schneller, in der Zeitrechnung hektischer Touristen also auch berechenbarer, als die alte, kurvige und engere Brenner-Strecke. Für unsere Zwecke ist sie ideal. Alle paar Kilometer taucht ein Gasthaus auf, mit Biergarten und eigener Quelle. Wenn nicht die Beton-Monumente der neuen Autobahn zu sehen wären, könnte man die Landschaft sogar als schön bezeichnen. Die Steigungen wechseln, mal flacher, mal steiler. Hart wird es eigentlich erst auf den letzten Kilometern. Dann nämlich, wenn man sich auf die Paßhöhe freut und körperlich schon weitgehend ausgelaugt ist, steigt die Straße noch einmal auf ein paar Kilometer steil an. Das verlangt einem die letzten Reserven ab. Absteigen ist hier wirklich keine Schande.

Wichtig bei der Brenner-Befahrung ist der Zeitpunkt des Starts. Unten in Innsbruck, wo die Straße beginnt, sitzen wir im Café »Zillertal« bei einem Kaffee und beraten. Wenn wir mittags losfahren, sind wir erst in der Abenddämmerung oben. Das ist zu spät, denn nachts wird es frisch auf dem Berg. Und im Dunkeln nach Südtirol hinunterzusausen, ist auch nicht das Wahre. Vormittags wäre demnach ein besserer Zeitpunkt. Aber wenn wir vormittags losfahren, dann wird es zu heiß am Berg. Ein Paß in der Mittagshitze kann mörderisch sein. Wir einigen uns schließlich auf eine gemischte Lösung: ganz früh morgens fahren wir los, nachdem wir im »Zillertal« noch gefrühstückt haben, und nehmen den Brenner mit Elan in Angriff. Bis um 10 Uhr haben wir schon die Hälfte geschafft. Kurze Pause, bei der die Hitze-Einstrahlung abgeschätzt wird, dann noch eine Etappe bis zum nächsten Wirtshaus. Etappenweise kommt man gut hinauf. Wer es vor der Mittagshitze nicht schafft, der macht einfach Pause bis um drei Uhr

Impressionen aus den Bergen: Was die zahlreichen Steigungen an Kraft nehmen, das gibt die Landschaft mit ihrer Schönheit zurück

nachmittags und schafft die restlichen Kilometer noch gut, bevor es dämmert. Die Kontrollen an der Grenze sind lasch, wir werden durchgewunken. Nach dem Zoll-Gelände neigt sich auch schon die Straße wieder nach unten: die knapp 40 Kilometer bis nach Brixen fahren wir ungebremst unter Jubelgeschrei hinunter – wir sind in Südtirol.

Wer den Brenner packt, dem können die Alpen eigentlich nicht mehr viel anhaben. Nicht nur, was die Kondition angeht. Außerdem gibt es weit steilere Pässe als den Brenner. Nein: was das Timing angeht. Für jeden Paß braucht man Zeit, die man sich aus Länge und Steigung errechnen kann. Man packt ihn dann so, daß man weder bei zu großer Hitze unterwegs ist noch ins Abend-Dunkel hineinfährt. Und auf diese Weise läßt sich jeder Berg schaffen. Nur eines ist nicht zu empfehlen: Auf dem Gipfel zu übernachten. Dort wird es auch im Hochsommer ganz gemein kalt. Je früher man also morgens in die Pedale steigt, desto bessere Voraussetzungen hat man für das Timing.

Das Pustertal in Südtirol hat für Rad-Tourer nur Gutes zu bieten: Es ist nicht überfüllt, wie die Gegend um Meran oder Bozen; es weist mittelschwere Steigungen auf; und es ist sehr preisgünstig. Abgesehen von der italienischen Küche, die hier schon sehr verbreitet ist und zusammen mit der bodenständigen traditionellen österreichischen Küche keinerlei Schwierigkeiten bei der Menü-Auswahl aufkommen läßt. Man spricht deutsch. Von hier stammt auch der überlieferte Spruch an einer Fremden-Pension: »Fließend deutsch und Warmwasser«. Übrigens gibt es auch jede Menge Neubauten.

Wir haben auch Neubau-mäßig besondere Erfahrungen im Pustertal gemacht. Wir suchen uns an einem Abend einen größeren Komplex als Nachtlager aus, möglicherweise eine Reihenhaus-Kolonie. Nach dem Abendessen in einer der zahlreichen Pizzerias schieben wir die Räder ins Domizil. Wir schlafen tief und ungestört. Bis zum nächsten Morgen. Um sieben Uhr ist auch in Südtirol, im Sommer jedenfalls, Arbeitsbeginn. Es muß also so gegen sieben Uhr morgens gewesen sein, als uns ein teuflischer Lärm senkrecht in den Schlafsäcken stehen läßt. Die Bauarbeiter, die Witzbolde, haben sich leise an ihre Arbeitsplätze geschlichen, als sie uns entdeckt hatten, und offensichtlich alle auf Kommando ihre Bohrmaschinen in Gang gesetzt. Wir müssen ganz schön blöd aus der Wäsche geguckt haben – die Bauarbeiter jedenfalls konnten sich vor Lachen kaum halten. Nach einem Schluck aus unserem Schnaps-Vorrat, der übrigens immer mit dabei ist, geht's wieder besser und wir lachen auch. Eine fröhliche Baustelle war's immerhin.

Bei Toblach kommen die ersten Dolomiten-Gipfel ins Blickfeld. Wer dort hindurch will, der kann bei Innichen nach Süden abbiegen und über den Kreuzbergsattel nach Tolmezzo radeln. Diese Strecke führt dann in Richtung

Süden bis an die Adria. Das behalten wir uns jedoch für eine andere Tour. Wir wenden uns in Richtung Nordosten, überqueren wieder einmal die Grenze – diesmal von Italien nach Österreich – und sind in Linz. Die Frage der Rückkehr wird diskutiert. Die Bergmassive der Tauern versperren den Weg direkt nach Norden. Also entweder drumherumfahren oder mit der Bahn hindurch. Durch den Tauern-Tunnel von Obervellach bis Bad Gastein ist natürlich wesentlich problemloser. Diese Version wird dann auch schnell allgemein akzeptiert. Mit der Bahn durch den Berg. In Badgastein schwingen wir uns wieder in die Sättel und ab geht's nach St. Johann und weiter nach Salzburg.

Wie groß auch immer das Heimweh sein mag: Ein paar Tage Salzburg lohnen sich immer, der Paß-geschädigte Körper kann sich erholen. Zwei Möglichkeiten bieten sich jetzt an: Entweder mit dem Zug, der jeden Nachmittag, von Wien kommend, in Salzburg Station macht. Oder über Land, der flachen Strecken wegen. Im letzteren Fall sollte man sich durchaus ein paar Tage Zeit fürs Bayerische nehmen.

Zunächst geht es bei Salzburg über die Grenze nach Freilassing. Dann über Traunstein und Mühldorf am Inn nach Landshut. Westlich von Landshut liegt die Hallertau, das größte Hopfenanbaugebiet Deutschlands, fast unbeschadet durch den Massentourismus. Hier geht das Leben noch seinen altbayerischen Gang – ohne Hektik, aber mit Bier. Und das entspricht auch ganz exakt unserer Einstellung. Mit dieser Formel lassen wir unsere Berg-Tour, die uns durch vier Länder geführt und uns dabei einige Kilo Gewicht gekostet hat, ausklingen. Die restlichen Kilometer bis nach Hause sind jetzt nicht mehr der Rede wert. In der Hallertau schon gar nicht.

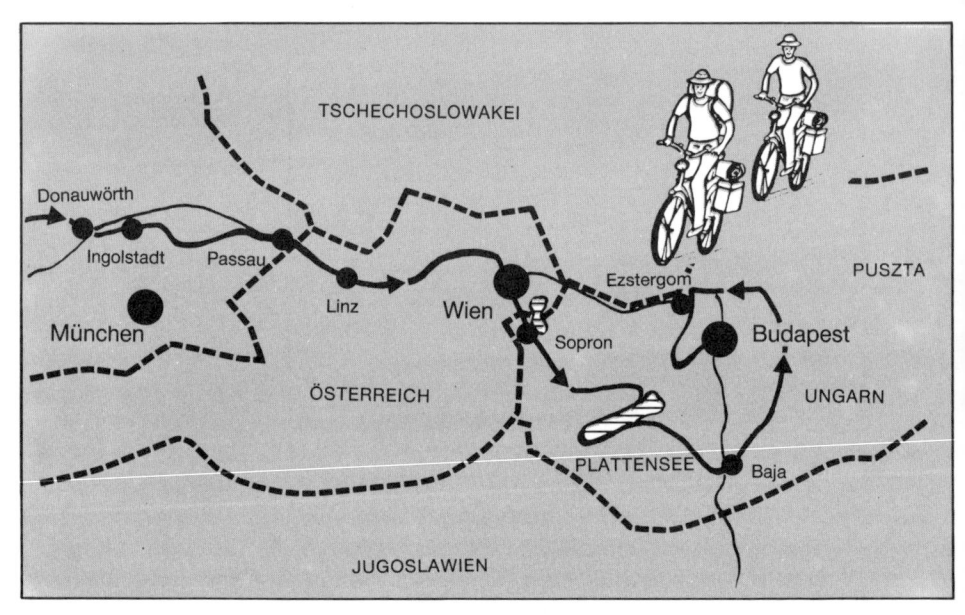

Tour 7: UNGARN

Ungarn – eine Erfahrungs- und Gewichts- zunahme

Daß man auf einer Radtour Kilos verliert, ist ein bekannter und erwünschter Nebeneffekt. Daß man allerdings auch zunehmen kann, ist weniger bekannt, selten auch erwünscht, in Ungarn jedoch fast unvermeidlich. Während ansonsten, auf Touren durch den Süden Europas, pro Woche gut ein Kilo Lebendgewicht verloren geht, hält sich der Bauch auf einer Ungarn-Tour hartnäckig und in vollem Umfang. Die Tagesetappen sind hier auch nicht kürzer als anderswo, die Portionen beim Essen dagegen größer, der Gehalt an Fetten und Kohlehydraten nicht zu überbieten. Aber das ist nur eine der unerwarteten Erfahrungen. Ungarn hat für Radfahrer auch sonst noch ein paar Glanzlichter in petto.

Dabei ist ein Rad-Tourist hier überhaupt nichts Ungewöhnliches. Vor allem aus dem benachbarten Österreich kommen im Frühsommer und Sommer ganze Pulks herüber, um ein paar Tage oder eine Woche an den Plattensee zu radeln. Österreicher benötigen kein Visum für Ungarn wie der Rest der westlichen Welt, was die Sache für sie noch vereinfacht. Zunächst scheint Ungarn ja auch ideal zu sein zum Radfahren: Die Alpen haben sich östlich von Wien schon verebbt, richtige Berge gibt es nur im Norden.

Über die Behandlung westlicher Touristen im sozialistischen Ungarn gibt es Tatsachen und Gerüchte, die sich oft zu einer Mischung aus Dichtung und Wahrheit verbinden. Besonders, was das Verhalten der Behörden angeht. Um es vorweg zu sagen: Es ist alles viel einfacher, als es uns vorher berichtet wurde.

DIE TOUR BEGINNT

Wie alle unsere Fahrrad-Touren, so beginnt auch die Ungarn-Tour in Stuttgart. Doch fast wäre sie auch in Stuttgart schon wieder zu Ende gewesen. Der erste Tag, der wichtig ist für die psychologische Seite des ganzen Unternehmens, fällt nämlich ins Wasser. Es regnet. Kein Wolkenbruch, der hätte uns nur vorübergehend gestört. Nein, ein Nieselregen, der

131

alle halbe Stunden aufhört, dann wieder einsetzt, wieder aufhört. Solange, bis wir nicht länger warten können und losfahren. Das Klima ist wirklich saumäßig in unseren Breiten. Obwohl Anfang Juli, ist es kalt, viel zu kalt. Doch in dieser Lage waren wir schon oft. Wir erinnern uns an unsere erste große Tour, 1974, als es am ersten Tag unaufhörlich schüttete, aber dann am zweiten Tag strahlend die Sonne schien und es anschließend drei Monate nicht mehr regnete.

Mit solchen optimistischen Gedanken kommen wir bis in den Vorort Fellbach, der, wie Ortskundige wissen, nur ein paar Kilometer vom Stadtzentrum entfernt liegt. Wieder ziehen Wolken auf, wieder beginnt es zu nieseln. Ein Freund von uns, der in Fellbach ein Antiquitäten-Geschäft besitzt, veranstaltet ausgerechnet heute eine Fete in seinem Laden. Nach dem dritten Bier wird der Entscheidungsdruck – weiterfahren oder die Tour auf den nächsten Tag zu verschieben – immer größer. Wir sitzen auf einem alten Kanapee, ein Bierglas in der Hand, und schauen zum Fenster hinaus, als ob von dort die Antwort kommen könnte. Sie kommt tatsächlich, in Gestalt eines Sonnenstrahls. Das ist die Entscheidung. Wir verabschieden uns endgültig von den versammelten Festgästen, von denen natürlich wieder niemand glaubt, daß man mit dem Fahrrad so große Strecken zurücklegen kann. Aber Witze sind wir gewöhnt.

Nach einer Stunde auf trockener Straße haben wir Stuttgart geographisch und gedanklich hinter uns gelassen. Auf den Feldwegen in Richtung Schorndorf und Aalen kommt so langsam die richtige Tour-Laune. Und es wird ein bißchen wärmer. Wir haben es wieder einmal geschafft. Der Start-Termin mußte nicht verschoben, das Reisefieber nicht unterdrückt werden. Und dabei ist es völlig egal, ob wir am ersten Tag 150 Kilometer schaffen oder nur 50 – entscheidend ist die Distanz zum Ausgangsort. Wichtig und beabsichtigt ist das Gefühl, die alltäglichen Gewohnheiten hinter sich gelassen zu haben. Vor uns liegen drei Wochen Fahrt, die unseren Plänen nach in Budapest enden soll. Und der Optimismus, der sich dann am ersten Tag nach anfänglichen Schwierigkeiten verstärkt einstellt, läßt keinen Zweifel am Erfolg der Tour zu.

Eigentlich wissen wir so gut wie nichts über unsere osteuropäischen Nachbarn. Aus diesem Grund fahren wir ja auch dorthin. Am Anfang reicht uns die Erkenntnis, daß irgendwo südöstlich von Wien Österreich zu Ende ist und Ungarn beginnt. Und nach Wien zu gelangen, läßt nicht viel Alternativen zu: grob gesehen, kann man die Donau als Leitfaden benutzen. Wir hoffen, daß sich am Donau-Ufer ein Weg findet, der nicht unbedingt von Autos befahren wird, gleichzeitig aber als Radweg geeignet ist (Die Hoffnung hat sich nicht immer bestätigt). Zweite Überlegung: Die Straßen

Das Schild beweist es: Wir sind in Bayern

und Wege am Donau-Ufer müssen, wie der Fluß auch, nahezu flach, Steigungen demnach nicht vorhanden sein. (Diese Überlegung hat sich dann als richtig erwiesen).

Zunächst haben wir die Ostalb, Oberschwaben und Niederbayern auf der Karte vor uns, Gegenden, die man als Autofahrer aus der Großstadt kaum kennt. Zum Glück spielt sich der Verkehr weitgehend auf der Autobahn ab. Deshalb versprechen wir uns viel von der Fahrt durch diese uns noch unbekannten Gebiete. Eine Lektion in Heimatkunde erwartet uns.

Der Freistaat Bayern kündigt sich bekanntlich durch separate Straßenschilder an, auch Grenzsteine sind ab und zu aufgestellt. Irgendwo zwischen Aalen und Donauwörth; Neresheim ist der letzte württembergische Ort, Forheim der erste bayerische. Die Orte gleichen sich. Nur die Zwiebeltürme der Kirchen häufen sich zusehends, wir befinden uns im katholischen Teil der Republik. Bei Donauwörth treffen wir auf die Donau, und finden auf Anhieb auch einen Radweg in Richtung Ingolstadt. Zwei Möglichkeiten bieten sich an: Entweder wir fahren exakt an der Donau entlang, was ein sehr angenehmes, weil bergfreies Fortkommen verspricht. Der Weg über Regensburg jedoch würde uns zwei Tage kosten, zwei Tage, die wir lieber weiter im Süden verbringen wollen. Also entscheiden wir uns für Möglichkeit Nummer zwei: wir verlassen die Donau wieder und kürzen, von Ingolstadt aus, über Landshut, Landau und Vilshofen ab, bis wir wieder auf die Donau treffen. Dazwischen liegen wunderschöne Landstriche, beispielsweise die Hallertau, das berühmte Hopfenanbaugebiet, wo das Preisniveau niedrig, die Lebensqualität dafür umso höher angesetzt wird. Oder die Strecke an der Isar entlang, zwischen Landshut und Landau. In Vilshofen holt uns die Neuzeit wieder ein – gesalzene Preise und Touristenrummel. Wir statten dem örtlichen Hallenbad einen Besuch ab, es ist wieder einmal kalt draußen, und heizen uns unter der Dusche auf, bis sich draußen der Morgennebel verzogen hat. Frisch gefönt geht es wieder in den Sattel und ab in Richtung Passau.

Die Suche nach einem Schlafplatz ist auch auf dieser Tour bisher völlig problemlos verlaufen. Mit unserem geübten »Neubau-Blick« finden wir abends immer noch rechtzeitig vor der Dämmerung einen geeigneten Unterschlupf. Mal war es ein halbfertiges Wochenendhäuschen, mal eine im Bau befindliche Tankstelle. Immer jedoch hatten wir Schutz vor Wind und Regen, gestört hat sich niemand an den Radfahrern, die da auf dem nackten Beton in ihren Schlafsäcken lagen. Ein Fahrrad mit Gepäck scheint immer, auch in Deutschland, ein Indiz dafür zu sein, daß es sich um Wandervögel mit sportlichen Ambitionen handelt. Und wer sich solchen Anstrengungen unterwirft, mit dem Fahrrad durchs Land zu fahren, der kann eigentlich nichts Böses im Schilde führen. Nirgendwo haben wir Mißtrauen zu spüren bekommen. Freilich muß man auf die Leute zugehen und von sich aus ein Gespräch anknüpfen. Nur keine falsche Bescheidenheit. »Guten Tag, wir sind mit dem Fahrrad unterwegs, könnten Sie uns nicht ...«, ist eine stehende Redewendung, die keine Angeberei darstellt, sondern klarmacht, um was es uns geht: Ein kräftiges Essen, ein trockener Platz zum Schlafen. Meist bekommt man mehr Auskünfte, als man auf der Durchfahrt verwerten kann. Wir haben mit dieser Offensiv-Taktik nur die besten Erfahrungen gemacht.

OHNE STEIGUNG DURCH DIE ALPEN

Passau: an der Grenze zu Österreich, an der Mündung des Inn in die Donau, geschichtsträchtig. Wir lesen im Reiseführer über Passau viel Interessantes, auch viel Uninteressantes, bisweilen auch Kurioses. Die größte Kirchenorgel der Welt (16000 Pfeifen) soll hier in Betrieb sein. Bei allem Respekt: wir verlassen Passau schneller, als es die Stadt vielleicht verdient hätte, wir wollen vorwärts kommen. Die nächste größere Etappe ist Linz. Dazwischen

Passau: Von hier bis zum Plattensee kaum eine Steigung

Gebirge. Und natürlich die Donau. Ein Fluß macht das Gebirge für Radfahrer erträglich. Wo ein Fluß ist, befindet sich immer eine Straße, die ebenso flach ist wie der Wasserspiegel. Hier zeigt sich wieder einmal, wie wichtig gute Karten sind. An der Donau führen Autobahn-ähnliche Straßen entlang, eine Bahnlinie ebenfalls – Wasser-, Schienen- und Straßenwege sind auf knappem, ebenen Raum zusammengedrängt. Wer schlechte Karten hat, landet mit seinem Fahrrad zwangsläufig auf der stark befahrenen Autostraße, die einzige Straße, die verzeichnet ist. Gute Karten in kleinem Maßstab jedoch lassen die Nebenstrecken erkennen. Landwirtschaftliche Fahrwege meist, die nicht ganz so dicht am Fluß entlang, deshalb auch nicht immer so eben dahinführen, aber nie überfüllt sind. Interessant wird es, wenn die Autostraße eine Donau-Schlinge abkürzt: Wer sich dann ganz dicht am Wasser hält, findet seinen Radweg völlig flach, dazu in ungestörter Umgebung. Wir haben natürlich gute Karten, deshalb fahren wir auch ohne nennenswerte Bergstrecken dahin. Kein Witz: Von Passau bis Wien gibt es keinen wirklich ernstzunehmenden Berg. Da hinter Wien die Alpen in Flachland übergehen, heißt das: Wer nach Ungarn fahren will, kann ohne einen einzigen Berg durch die Alpen radeln! Donau sei Dank!

Es geht so locker dahin, daß wir tatsächlich und absichtlich einen Berg in Angriff nehmen, um uns ein wenig zu trainieren. Kurz vor Linz, die Donau windet sich in der sogenannten »Schlögener Schlinge« zu einem »S« zusammen, nehmen wir die kürzere Strecke über einen Berg. Sechs Kilometer Anstieg, sechs Kilometer Abfahrt. Kein Problem. Ganz stolz auf unsere vermeintliche Fitneß steigen wir in die Pedale. Da nähert sich von hinten ein Radfahrer, der so locker tritt, daß er uns bald eingeholt hat. Der Typ sieht aus wie ein geringfügig verjüngter Luis Trenker. Ohne ersichtliche Anstrengung kurbelt er den Berg hoch. Wir erfahren bei einer Pause, daß er 60 ist und diese Tour alle paar Wochen macht. »So ungefähr 600 Kilometer in drei Tagen«, rechnet er uns vor. Wir schweigen bescheiden. Wenn er mit 60 noch so fit ist, haben wir wirklich keinen Grund, auf uns stolz zu sein. Wenn wir mit 60 noch halb so gut in Form sind wie er, dann sind wir schon zufrieden.

Von Linz nach Wien sind es, immer schön an der Donau entlang, versteht sich, zwei sehr bequeme Fahrrad-Tage. Übernachtungsprobleme stellen sich, dank zahlreich vorhandener Neubauten, nicht. Einmal weichen wir von unserem bewährten Neubau-Konzept ab und machen es uns auf Anraten eines Kneipen-Wirts in einem Wartehäuschen der Bahn bequem. Es ist wirklich bequem, das Häuschen liegt direkt hinter der Gastwirtschaft, doch der Berufsverkehr beginnt schon um fünf Uhr morgens. Alle zwanzig Minuten ein Zug. Alle zwanzig Minuten neugierige Beobachter, die sich in der Wartehalle aufhalten. Alle haben chronischen Husten. Ob das vom frühen Aufstehen kommt? Wir haben schließlich ein Einsehen mit den Frühaufstehern und machen uns gleichfalls auf den Weg. Wien ist nicht weit, schon am frühen Nachmittag kommen die ersten Trabantenstädte in Sicht.

Mit dem Rad durch den Stadtverkehr zu radeln scheint uns nicht sehr angenehm, was soll man mit den Rädern machen, wenn man auf Stadtbesichtigung geht? Und wo soll man in der Millionenstadt auf die Schnelle eine Übernachtungsmöglichkeit finden? Die Lösung: Kurz vor Wien, in Klosterneuburg, quartieren wir uns ausnahmsweise einmal in einer billigen Pension ein, die wir mit Hilfe des örtlichen Fremdenverkehrsbüros ausfindig machen. Die Räder lassen wir in den Pension, ziehen uns lange Hosen an (denn wieder einmal ist es kalt) und fahren mit dem Bus nach Wien hinein. Das hat den Vorteil, daß die Fahrräder und das Gepäck sicher aufbewahrt sind und man sich den ganzen Tag und den Abend in Wien herumtreiben kann, ohne darauf aufpassen zu müssen. Wichtig ist allerdings, daß man abends den letzten Bus nach Klosterneuburg nicht verpaßt. Und das kann vorkommen, wenn man zu lang im Café Hawelka (runder Tisch hinten links) sitzen bleibt. Das Café Hawelka ist das sagenumwobene Künstlercafé, aber nicht das einzige. Überall kann man stundenlang ungestört vor einem Kaffee sitzen, einer von zwei Dutzend verschiedenen Varianten, Zeitung lesen und sich dabei vorstellen, wie es gewesen sein mag, damals. Damals in den zwanziger Jahren, als viele Künstler und Schriftsteller ihre Tage in den Cafés verbrachten, nur zum Schlafen nach Hause gingen (manchmal auch dazu nicht) und ab und zu, nach erhitzter Diskussion, auf die Straße rannten und revolutionäre Parolen in die Gesichter der verdutzten Fußgänger brüllten.

DIE »KUGEL«-REPUBLIK

Sonderlinge gibt es immer noch. Im Prater, dem permanenten Vergnügungspark, steht das »Kugelmugel«, eine Metallkugel, die komplett als Wohnhaus eingerichtet ist und nur auf einem schmalen Sockel im Rasen des Praters verankert ist. »Republik Kugelmugel« steht am Eingang des eingezäunten Grundstücks.

Von Wien bis zur ungarischen Grenze sind es rund 65 Kilometer, keine große Strecke also. Die Frage ist allerdings, auf welchem Weg man hinkommt. Auf einen Tip eines freundlichen Polizisten (so etwas gibt es), fahren wir direkt an der Donau entlang von Klosterneuburg durch die ganze City. Der Radweg, zunächst ein Anliegerpfad, dann ein Spazierweg, mündet in Wien in die asphaltierte Uferpromenade, führt durch die gesamte City und die weitläufigen Alleen und Wälder beim Prater hindurch bis kurz vor Schwechat, wo man wieder auf der Landstraße unterwegs sein kann. Durch ganz Wien fahren wir also ohne jeglichen Autoverkehr!

Dies bleibt so, bis kurz vor der Grenze bei Klingenbach keine andere Möglichkeit mehr besteht, als auf der breiten Autostraße weiterzufahren. Bald kommen Wachtürme in Sicht, Autos mit ungarischen Kennzeichen begegnen uns, dann Flaggenmasten mit der österreichischen und der ungarischen Fahne: die Grenze nach Ungarn, kein Zweifel.

Ungarn-Fahrer hatten uns zuhause schon vorbereitet: Die Grenzformalitäten seien ebenso langwierig wie undurchschaubar, die Straßen seien schlecht, die Übernachtung und die Verpflegung ein Problem, die Leute jedoch überfreundlich. Das letzte stimmt, der Rest ist schlicht falsch. Unserer Erfahrung nach, und die datiert aus dem Sommer 1984, bietet Ungarn dem Fahrrad-Touristen, kurz zusammengefaßt, folgendes Bild: Jeder Reisende aus der Bundesrepublik benötigt ein Visum. Österreicher brauchen keines. Das Visum wird separat in den Paß eingelegt, zwei Paßbilder sind hierfür notwendig. Wer keine dabei hat, kann sich in den Fotoautomaten an der Grenze jede Menge machen. Die Foto-Qualität spielt eine untergeordnete Rolle. Die Abfertigung ist systematisch, geschäftsmäßig. Weder sehr freundlich, noch unfreundlich. Zusammen mit dem Umtausch unserer Mark und Schillinge in ungarische Forint nimmt die Abfertigungsprozedur rund eine Stunde in Anspruch. Das ist unserer Meinung nach eine ausgesprochen gute Leistung, denn Anfang Juli verdichten sich schon die Touristen-Kolonnen aus Deutschland und den Niederlanden.

Ungarn ist schon lange ein Touristenland. Wegen seiner familienfreundlichen Preise vor allem. Wegen seines Kontinentalklimas, das heißt, kalte schneereiche Winter, lange trockene Sommer. Wegen der Landschaft natürlich auch. Für Fahrradfahrer sind die Straßenverhältnisse gut bis sehr gut. Zum einen, weil sich der Durchgangsverkehr und die Schwertransporte auf die wenigen großen Strecken beschränkt, die restlichen Straßen andererseits aber auch weitgehend asphaltiert sind. Das Straßenbild verändert sich bald nach der Grenze, aber nur geringfügig. Skodas und Wartburgs beherrschen den Verkehr, abgesehen von den Touristen-Autos. Nach drei Tagen hat man sich daran gewöhnt. Für Radfahrer eher ein unwesentlicher Gesichtspunkt. Ausgesprochene Radwege sind dagegen in Ungarn unbekannt. Nirgendwo sieht man die blauen Schilder, die es bei uns, ab und zu jedenfalls, gibt. Verbotsschilder, die Traktoren, Pferdefuhrwerken und auch Radfahrern das Befahren untersagen, sind auf Durchgangsstraßen häufig. Anfangs hatten wir Angst vor Kontrollen, die Möglichkeiten, auf Nebenstrecken auszuweichen, waren nicht immer gegeben. Aber niemals wurden wir aufgehalten. Entweder, Touristen auf dem Fahrrad genießen Sonderrechte, oder man nimmt es nicht so genau mit den Verkehrsregeln. Letzteres wahrscheinlich.

Hinter der Grenze geht es zunächst schnurgeradeaus in Richtung Sopron. Es beginnt zu dämmern. Wir müssen uns nach einer Schlafmöglichkeit umsehen. Man hat uns gesagt, »wild kampieren«, das heißt, sich irgendwo hinlegen und in den Schlafsack kriechen, sei nicht erlaubt. Außerdem müßte man sich jede Übernachtung auf den dafür vorgesehenen Abschnitten des Visums quittieren lassen. Man munkelte von strengen Kontrollen dieser Übernachtungsnachweise und von Touristen, die Schwierigkeiten bekamen, weil sie diese Nachweise nicht lückenlos vorzeigen konnten. Mit solchen Warnungen versehen, trauen wir uns am ersten Tag nicht, einfach irgendwo auf der Wiese oder an einem Bach zu übernachten. Wir wollen die Bestimmungen erst einmal in der Praxis überprüfen, um eventuelle Lücken im Gesetzes-Netz feststellen zu können. Das bedeutet für uns, eine Herberge ausfindig zu machen.

Die Hotellerie ist in Ungarn längst aus ihren Kinderschuhen heraus. Jeder größere Ort besitzt ein Hotel, das, weil staatlich, auch immer geöffnet ist und außerdem, welch eine Hilfe, schon am Ortseingang durch ein Schild angekündigt wird. Einfacher geht's nicht. Darüber hinaus gibt es vor allem rund um den Plattensee herum Privatquartiere, die ebenfalls durch ein kleines Schild auf sich aufmerksam machen und bei jeder Tourist-Information erfragt werden können. Aber eigentlich wollen wir ja überhaupt nicht in weichen Hotelbetten oder auf privaten Sofas nächtigen. Das Himmelszelt genügt uns völlig.

LIEBLINGSLEKTÜRE: DIE SPEISEKARTE

Am ersten Abend jedoch steuern wir eine Herberge an, die wir dank hilfreicher Passanten schnell finden. Da keiner von uns ungarisch spricht, fragen wir im Restaurant vorsorglich den Kellner: »Sprechen Sie deutsch?«. Der Kellner spricht tatsächlich deutsch, sehr gut sogar. Außerdem ist er nicht der Kellner, sondern der Geschäftsführer des Ganzen. Wir fragen also nach Unterkunft, »natürlich« antwortet er freundlich. Wir fragen nach Abendessen, »natürlich« antwortet er grinsend. Warum grinst er so, hat er unsere Fahrräder gesehen, kann er sich denken, daß wir anständigen Kohldampf haben? Wir schieben die Räder zu einem flachen Nebengebäude, in dem sich die Zimmer befinden. Eine Art Motel sozusagen. Packtaschen ausladen, Hände waschen, zum Essen gehen – alles eine Frage von Minuten. Es ist Samstag abend, im Speiseraum scheint eine Fete stattzufinden. Oder vielleicht sind die Ungarn immer so lustig beim Essen? Die Speisekarte kommt, wir entziffern sie mit Hilfe eines Wörterbuches, und wir können es nicht fassen. Druckfehler sind ausgeschlossen, es muß also stimmen: Das teuerste Gericht kostet umgerechnet drei Mark! Eine Suppe beläuft sich auf sage und schreibe 80 Pfennig. Wir können uns nur wundern und bestellen die Speisekarte einmal komplett von oben nach unten. Nicht sehr stilvoll und vornehm, muß man zugeben, aber heute abend vergessen wir die vornehme Zurückhaltung. Um es vorwegzunehmen: Das Essen im Restaurant ist in Ungarn wirklich spottbillig, ausgenommen in Budapest und in einigen Spezialitäten-Lokalen am Plattensee. Selten beläuft sich auf unserer Tour eine Zeche auf mehr als zehn Mark pro Person, einschließlich Bier oder Wein, Verdauungsschnäpsen und Nachspeisen. Ähnlich preisgünstig sind die Übernachtungen: Doppelzimmer rangieren zwischen 15 und 20 Mark. Meist sind die Zimmer so groß, daß ein Dritter auch noch mit hineinpaßt. Bei diesen Tarifen ist es wirklich zu überlegen, ob man abends überhaupt einen Schlafplatz im Wald und auf der Heide suchen soll.

Die Qualität des Essens übersteigt vielfach die gewohnte deutsche Hausmannskost. Fettaugen schwimmen auf der Brühe, Knochensuppen heißen sie meist, und es liegen tatsächlich auch Knochen drin! Das Fleisch ist recht fett, die Portionen sind groß, das Gemüse frisch, die Schnäpse stark. Diabetiker

**Ein Restaurant-Schild und Platten-
see-Studien sagen: Ungarn ist
nichts für Diabetiker, aber ideal für
Romantiker und Familien**

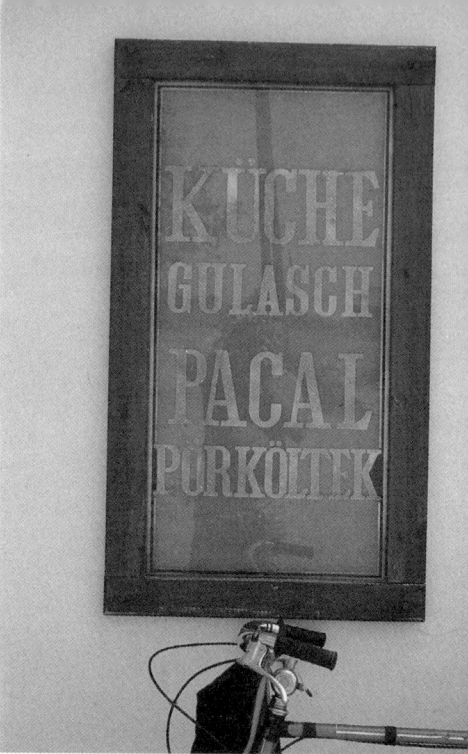

bitte ich um Entschuldigung, aber wer diese Küche nicht vertragen kann, der sollte zuhause bleiben. Die Pfannkuchen zum Nachtisch heißen, wie im Österreichischen, Palatschinken, sind aber viel besser und machen noch viel satter. Es ist eine einzige Völlerei.

Es bleibt über alle Lobeshymnen allerdings zu vermerken, daß die meisten Restaurants und Hotelküchen spätestens um acht Uhr abends schließen. Besser, man kümmert sich schon gegen sieben Uhr um ein geeignetes Nachtlager einschließlich eines standesgemäßen Abendessens. Wer die Zeit verpaßt, muß hungern! Aber das wäre bei solch kalorienreicher Verpflegung auch kein Nachteil. Es gibt Tage, an denen wir Umwege fahren, nur um das abzubauen, was wir uns abends angefressen haben. Und das heißt: 100 Kilometer täglich sind Pflicht, sonst setzt man Speck an.

DIE BADEWANNE UNGARNS

Rund 100 Kilometer südlich der österreichisch-ungarischen Grenze der erste markante Punkt für Ungarn-Tourer: der Plattensee, hier Balaton genannt. Der Balaton ist mit 595 km^2 noch eine Nummer größer als der Bodensee und so flach, daß man mit dem Fahrrad hindurchfahren könnte. Wir stellen das fest, als wir bei Balatonalmadi den Hügel heruntersausen und gleich ins nächste Strandbad fahren, um zu schwimmen. Zum Schwimmen muß man sich zuerst auf die Knie herablassen, dann abstoßen. Der Balaton erwärmt sich durch seine geringe Wassertiefe auch sehr schnell, im Hochsommer auf 30 Grad Celsius. Das paßt den Touristen, deren Kindern vor allem. Der Plattensee sieht im Sommer wirklich aus wie eine Badewanne: Kinder mit ihren Gummitieren, ab und zu ein Elternteil, gelegentlich ein Windsurfer. Motorboote sind schon längst gesetzlich vom See verbannt worden. Man rudert lieber. Der Plattensee ist rundherum mit Campingplätzen eingesäumt. Und die sind im Sommer überfüllt. Einer gelegentlichen Übernachtung auf einem Campingplatz steht nichts im Weg – wer kein Zelt dabei hat, kann sich eines leihen. Manchmal bleibt einem auch nichts anderes übrig – die Zelt-platz-Überwacher stellen sich auf den Standpunkt, daß zum Übernachten auf einem Campingplatz auch ein Zelt gehören müsse, ob man dies nun will oder nicht. Es ist völlig überflüssig im Sommer, wovor soll es schützen? Stech-mücken finden ihren Weg auch durch ein geschlossenes Zelt. Gegen Mücken-plage hilft das bewährte Autan und ein Moskitonetz, das man zwischen die Fahrräder spannt.

Eine weitere Möglichkeit sind die zahlreichen Privatquartiere am Platten-see. Erstens sind sie billig, rund fünf Mark pro Kopf und Nacht, zweitens liegen sie ruhiger als die Campingplätze (die Geräuschkulisse auf einem

Ein Stück Puszta-Romantik: Dorfkneipe

überfüllten Campingplatz ist unerträglich), und drittens lernt man bei der Übernachtung in einem Privatzimmer auch die Ungarn besser kennen. Die Vermieter sprechen fast alle fließend deutsch und sind von einer nicht zu überbietenden Höflichkeit, fast schon Unterwürfigkeit. Sie sind meist auch auf die bescheidene Übernachtungsgebühr angewiesen. Die harte Mark aus Deutschland haben sie allerdings noch lieber.

Wir haben an der Grenze zum offiziellen Kurs eingetauscht. Die Quittung behalten wir bis zur Ausreise, die wir dort als Nachweis des rechtmäßigen Verbleibs des Geldes wieder abgeben. Man tauscht aber auch gern unter der Hand. Der Kurs liegt um etwa zehn bis 20 Prozent über dem offiziellen. Mit der West-Mark reisen die Ungarn dann gelegentlich ins westeuropäische Ausland, was sie im übrigen einmal im Jahr dürfen. Ob der private Umtausch nun illegal ist oder geduldet wird – man kann gar nicht so oft umtauschen, wie man darum gebeten wird. Man könnte die eingetauschten Forint gar nicht ausgeben. Wir wechseln deshalb nur selten, bei privaten Quartiergebern meist, um ihnen einen Gefallen zu tun.

Ungarn-Fahrer aus der DDR geht es da nicht so gut. »Früher«, berichtet unser zeitweiliger Vermieter, »kamen viele Touristen aus der DDR, um hier bei uns einzukaufen. Alles, was sie nicht bekommen konnten, kauften sie bei uns ein. Aber wir brauchen doch unsere Sachen selbst.« Das Problem wurde zwar gelöst, aber auf eine für DDR-Deutsche unvorteilhafte Weise: Sie unterliegen einem knappen täglichen Umtauschsatz, der es ihnen unmöglich macht, irgendwelche Konsumgüter in Ungarn zu kaufen. Außerdem liegt der Wechselkurs der Ost-Mark um das Vierfache unter dem des offiziellen Kurses für die DM! Das heißt, Ungarn-Touristen aus der DDR, die ohnehin nicht viel Auswahl bei ihren Reisezielen haben, müssen hart rechnen im Urlaub. Mal kurz schwarz umtauschen ist auch nicht drin, niemand will Ost-Mark. Geliebt sind sie auch nicht bei den Ungarn, die ihre eigenen Vorstellungen vom Sozialismus entwickelt haben und sich diese Eigenständigkeit auch nicht nehmen lassen wollen. Und dann sind da noch die reichen Vettern aus Stuttgart oder München, die ihre Nachbarn aus der DDR großzügig zu einem Glas Wein einladen! Nein, sie sind wirklich nicht zu beneiden.

DURCH DIE PUSZTA

Für die Umrundung des Balaton mit dem Fahrrad braucht man, wenn man es eilig hat, zwei Tage. Man hat es aber nicht eilig. Man fährt ein Stück, nimmt ein Bad, geht etwas essen, fährt ein Stück, nimmt wieder ein Bad, schaut sich nach einem Nachtquartier um, geht etwas essen, und so weiter. Das macht Spaß, führt aber unweigerlich zu einer Gewichtszunahme. Nach ein paar Tagen wird es uns zu geruhsam. Schließlich gibt es in Ungarn ja noch die Puszta. Wir haben den Balaton fast umrundet, bei Siofok verlassen wir ihn in südöstlicher Richtung und machen uns auf die Suche nach der Puszta. Ursprünglich war die Puszta nichts weiter als Steppe, ab und zu ein Gehöft mit so einem malerischen Ziehbrunnen, wie man ihn von Postkarten her kennt. »Ich denke oft an Piroschka« heißt der berühmt-berüchtigte Film (Liselotte Pulver als Piroschka), in dem die Puszta-Legende gewoben wird. Viel Folklore und Romantik, hart an der Grenze zur Sentimentalität. Romantisch können die Tiefebenen östlich des Balaton durchaus sein, aber die Realität von 1984 sieht so aus: Die Steppe wurde bewässert und kultiviert, aus einzelnen Gehöften wurden große Genossenschaften, angebaut wird im großen Stil: Sonnenblumen, Weizen, Mais und Obst. Wir denken nicht an Piroschka. Wir nehmen die Puszta so, wie sie sich uns darbietet. Und das genügt uns vollauf: Riesige Felder, schattige Alleen, flache, geteerte Straßen, malerische Dörfchen. Wir sind in Hochstimmung. Die Sonne brennt jedoch so stark, daß wir öfters mal eine Pause machen. Entweder wir steuern einen Brunnen an, den man schon von weitem an seiner blauen Farbe erkennt und

144

Einst hochherrschaftlicher Sitz, heute staatlich: ein Hotel in Baja

aus dem das beste Quellwasser hervorsprudelt. Oder wir setzen uns auf die schattige Terrasse einer Dorfkneipe und beobachten, wie der Wirt die Biergläser mit einem Schlauch füllt, vorn mit Zapfventil, wie beim Tanken.

Der Rhythmus spielt sich ein, die Tage in der Puszta vergehen angenehm. Sehr angenehm. Über Baja fahren wir nach Kecskemet, hinauf nach Hatvan, biegen nach Westen ab ins sogenannte »Donauknie« und machen wieder eine Wendung nach Süden, bis wir an den Velenceer See kommen, eine kleinere Ausgabe des Balaton, fast noch flacher. Hier erleben wir die ungarische Gastfreundschaft in Reinkultur: Wir fahren soeben einen kleinen Hügel hinauf (kleinere Hügel gibt es), als uns eine Frau am Straßenrand zuwinkt. Sie hat eine Panne mit ihrem Skoda, das sehen wir. Sie hat aber keinen Wagenheber dabei, um den Reifen zu wechseln, das erfahren wir, als wir das Auto danach absuchen. Also verfahren wir nach der athletischen Methode: Zwei heben den Skoda an, der dritte wechselt das Rad. Und es geht. So ein Skoda ist wirklich nicht sehr schwer. Zum Dank für unsere Hilfe werden wir in das Wochenendhäuschen der Dame am Velenceer See eingeladen. Dort ist die ganze Familie versammelt. Wieder bietet sich die Gelegenheit, ausgiebig mit Leuten zu reden. Und zu trinken, versteht sich.

Der Velenceer See ist das bevorzugte Ausflugsziel der Budapester. Kaum eine Autostunde entfernt, pilgern sie am Wochenende und in den Ferien massenweise dorthin. Die Nähe Budapests macht sich durch geringfügige Preissteigerungen bemerkbar. Teuer jedoch kann man es noch immer nicht nennen. Wir sind nur etwas verwöhnt vom niedrigen Preisniveau der Puszta. Denn eigentlich ist Budapest im Vergleich zu anderen Hauptstädten noch geschenkt. Was nicht heißt, daß man hier nicht einen Haufen Geld auf den Kopf hauen könnte! Das geht ohne weiteres.

DAS ZIEL: BUDAPEST

Erste Station in Budapest: Das berühmte Gellert-Hotel mit dem nicht minder berühmten Mineral-Bad. Wir lösen eine Karte am Eingang, »einmal Bad mit Massage«, nachdem wir unsere Räder vor der Tür gut verschlossen haben. Die Budapester Mineralbäder sind Wallfahrtsorte. Das warme Quellwasser und die Massage entspannen die verhärteten Muskeln, wir werden schläfrig in den Marmorbecken. Draußen wird es dunkel. Am liebsten würden wir hier übernachten.

Übernachtungsprobleme gibt es in Budapest nicht. Ein Hotel kommt jedoch nicht in Frage, deshalb wenden wir uns zunächst an das staatliche ungarische Reisebüro »Ibusz«, das mit einigen Zweigstellen in Budapest vertreten ist. Dort werden Privatquartiere vermittelt, die wirklich nicht teuer sind; ein Doppelzimmer kann man schon für zehn Mark pro Nacht mieten. Oft, vor allem im Sommer, legen die Vermieter Wert darauf, daß man sich gleich für ein paar Tage einquartiert, was ohnehin zu empfehlen ist. Erstens sind die Fahrräder sicher untergebracht, zweitens sind die öffentlichen Verkehrsmittel wie Bus und U-Bahn konkurrenzlos billig (eine Fahrt: 10 Pfennig), drittens bietet Budapest für ein paar Tage Sehenswertes. Aber darauf einzugehen, würde ein eigenes Buch füllen.

Die Frage der Rückkehr ist in Budapest schnell gelöst: Am besten mit der Bahn. Jeden Morgen gegen 9.20 Uhr geht der »Orient-Expreß« vom Ostbahnhof ab. Über Salzburg und München benötigt er 14 Stunden bis Stuttgart. Preis etwa 175 Mark pro Person. Die Fahrräder gehen extra, sind aber billig, rund 15 Mark. Beim Einladen soll man sich aber nicht darauf verlassen, daß das Rad auch am gleichen Tag zuhause eintrifft. Wenn der Gepäckwagen schon voll ist, geht das Fahrrad erst am nächsten Tag auf die Reise. Der Transport selbst ist dabei sehr zuverlässig, kein Grund, sich um sein Rad zu sorgen.

Das Quellwasser aus dem Brunnen kann man bedenkenlos trinken

An der Grenze zu Österreich werden wir kontrolliert. Ein »Guten Tag«, ein schneller Blick in unsere Pässe und auf das Visum, ein »Dankeschön«, das war's. Keine Überprüfung der Übernachtungsquittungen, keine Kontrolle der Bank-Belege, keine Fragen. Alles ganz einfach.

Es gibt wirklich keinen Grund, nicht nach Ungarn zu fahren.

147

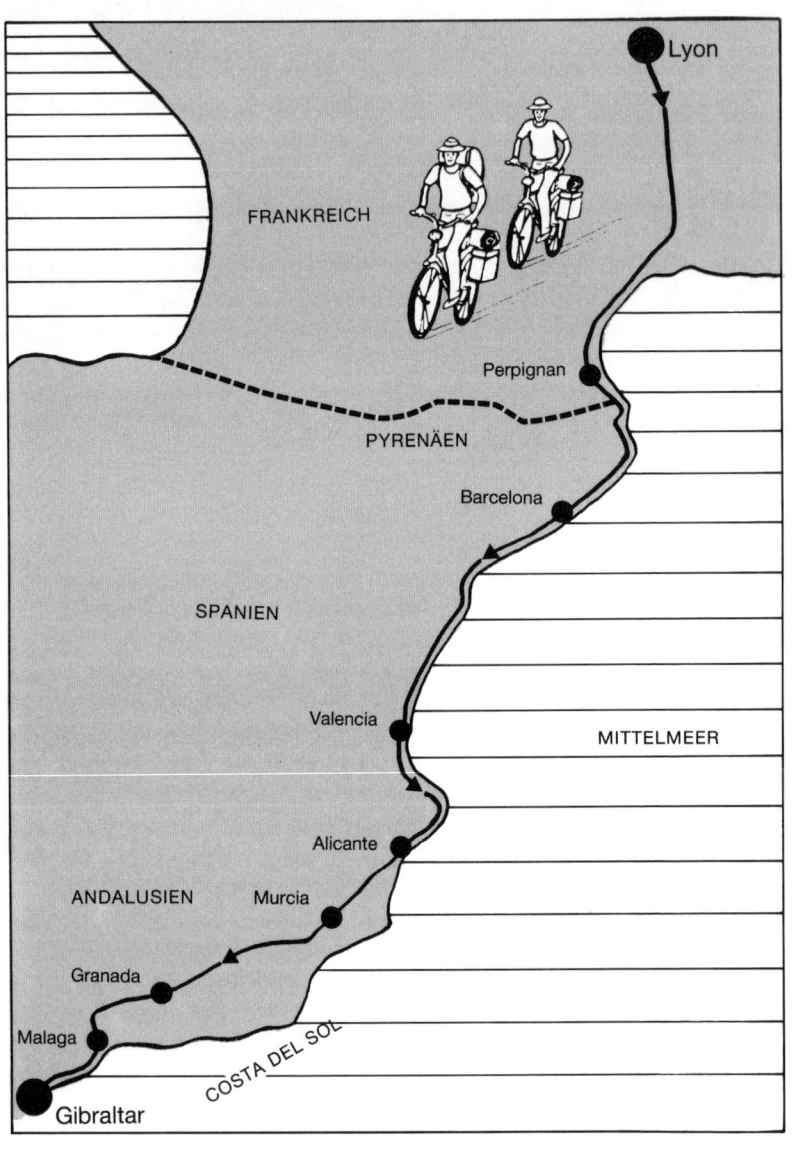

Tour 8: GIBRALTAR

148

Ein Stück Fels am Ziel – Gibraltar

Spanien, und dort vor allem die Mittelmeerküste, gehört zu den Lieblings-plätzen der Deutschen, der Franzosen und der Spanier selbst. Man könnte deshalb mit Recht einwenden, daß eine Fahrrad-Tour entlang der kommer-zialisierten, mit Hotel-Klötzen verschandelten Küste nicht gerade sehr ein-fallsreich sei. Das war auch unsere Überlegung. Wir hatten Angst vor dem Straßenverkehr, vor der Hitze und vor den überfüllten Stränden. Wir haben es dann doch riskiert und festgestellt, daß alles halb so schlimm ist. Wir hatten jedoch einen Vorteil, den ich hier als Voraussetzung für eine Radtour durch Spanien herausstellen möchte: Wir starteten nicht im Hochsommer, sondern Ende Mai!

Als in Deutschland die Sommerferien losbrachen, saßen wir in einer Maschine der spanischen Luftverkehrsgesellschaft Iberia von Malaga zurück nach Frankfurt, waren also dem gefürchteten Ansturm der Touristenmassen gerade so entwischt. Diesen Rat möchten wir allen Interessierten weiterge-ben: Nicht während der Hochsaison fahren, sondern vorher, zwischen Mai und Juni! Der Verkehr hält sich in Grenzen, die Strände sind noch leer und sauber, die Luft ist noch nicht so glühend heiß. Und zu dieser Zeit zeigt sich Spanien dem Rad-Tourer, wie er es vom Autofenster her noch nicht kannte. Ich war schon mehrmals an der Costa Brava in Nordspanien, auch in Andalusien an der Costa del Sol, bevor ich das Land vom Fahrrad-Sattel aus betrachtete. Und was ich sah, war ein ganz anderes Land.

DIE TOUR BEGINNT

Der kürzeste Weg an die spanische Mittelmeerküste führt von Deutschland, gleichgültig, aus welchem Teil man anreist, über den Schwarzwald, das Elsaß, die hügeligen Ausläufer des französischen Jura und das Rhônetal abwärts bis Perpignan. Hinter Perpignan türmen sich die Pyrenäen auf, auch an der Küste, sie markieren die Grenze zu Spanien. Und sie verdeutlichen eines: diese Tour setzt sich fortlaufend aus Hügelketten zusammen. Auch und gerade an der spanischen Küste geht es ständig auf und ab, in der Sierra Nevada steigert sich das ganze zu einem sehr romantischen aber auch sehr in die Knochen gehenden Gebirge.

Unsere Route führt in den ersten Tagen durch vertraute Gegenden. Und auch das Wetter ist uns sehr vertraut: es regnet nämlich, wie so oft in den deutschen sogenannten Sommern. Aber das muß man in Kauf nehmen. Abzuwarten, bis sich ideales Fahrrad-Wetter einstellt, kann zermürbender sein, als bei schlechtem Wetter loszufahren! Ende Mai, ein langer Anstieg im Schwarzwald, es nieselt: von innen werden Hemden und Hosen mit Schweiß durchtränkt, von außen mit Regen. Der Fahrtwind kühlt die Haut herunter. Wer dabei nicht krank wird, dem kann auf der restlichen Tour nichts mehr gesundheitlich anhaben!

Wir haben uns jedoch vorbereitet: Abends, am Ende der Etappe, trocknen wir uns sorgfältig ab, besonders die Haare, ziehen ein frisches T-Shirt an, darüber einen leichten Anorak. Außerdem haben wir Knieschützer aus Angora-Wolle dabei, die Knie-Beschwerden abhalten sollen. Halstücher halten den Wind ab, der sonst oben ins Hemd hineinbläst. Alles in allem jedoch kein Grund, nicht loszufahren, eher im Gegenteil: Je schneller man aus der naßkalten Suppe herauskommt, desto besser.

Und tatsächlich, am dritten Tag, nach zwei verregneten Etappen über die Hügel des Schwarzwalds und das flache Rheintal bei Freiburg, hellt sich der Himmel über dem elsässischen Ort Mulhouse wieder auf. Das paßt zu Frankreich! Als Fahrradfahrer ist man hier ohnehin kein Fremder, sondern Sportsfreund, die wärmende Sonne taut die steifen Kniegelenke wieder auf. Als Folge unseres Wohlbefindens landen wir zwangsläufig in einem Straßencafé bei einem Pastis.

Seit der Fertigstellung der Autobahn von Mulhouse nach Lyon haben Radfahrer auf den Landstraßen Ruhe. Der Verkehr donnert nonstop vorbei, einige unverbesserliche Romantiker vielleicht ausgenommen, die Nebenstrecken sind für allerlei langsamere Fahrzeuge reserviert. Die früher so viel befahrene Route Mulhouse – Belfort – Besancon bis Lyon hat dank der Autobahn für Radfahrer viel von ihrem Schrecken verloren. Hinter Mulhouse treffen wir auf das Flüßchen Doubs, das, wie alle Gewässer hier, in die Rhone münden wird, wir müssen also nur den Bächen nachfahren. Ab und zu rasten wir, baden auch die Füße. Und als wir es riskieren, ganz ins Wasser zu steigen, taucht prompt eine Kuh-Herde auf, die ausgerechnet auch an dieser Stelle ihren Badestrand hat. So stehen wir bis zur Brust im Wasser des Doubs und warten darauf, daß die Kühe ihre Erfrischungspause wieder beendet haben und uns zu unseren Räder lassen.

Die Landschaft bis Lyon ist leicht hügelig, wird gegen Lyon zu immer flacher, aber auch verkehrsreicher. Wer die Stadt umfahren will, und das ist mit dem Fahrrad zu empfehlen, sollte spätestens 20 Kilometer vorher mit seinem Bogen beginnen. Nicht erst dann, wenn die ersten Häuser auftauchen. Leider merken wir zu spät, daß wir schon im Stadtgebiet sind. Zurückfahren wollen wir nicht, also gibt es nur eins: durch. Und das so schnell wie möglich. Radfahren im sechsspurigen Straßenverkehr hat so seine Tücken. Erstens gibt es hier in Lyon weit und breit keine Radwege, dann immer wieder Straßentunnels, die wir in Höchstgeschwindigkeit buchstäblich durchtauchen, die unbekümmerte Fahrweise der Auto-Lenker tut ihr übriges. Aber nach rund einer Stunde »Vollgas« in forciertem Tritt, bei höchster Konzentration allerdings, sind wir so gut wie durch. Eine Pause im Straßencafé bringt uns wieder die Ruhe zurück.

Hinter Lyon stellen sich für Radtouristen wieder einmal die Weichen. Es gibt die Autobahn, auf der ein Großteil des Schwer- und des Touristenverkehrs abläuft. Es gibt die Route Nationale, abgekürzt RN, die zwar für Radfahrer erlaubt und, was den Straßenbelag angeht, auch geeignet wäre. Sie ist jedoch immer noch so stark befahren, daß es keine reine Freude wäre, zwischen stinkenden Lastwagen bis ans Mittelmeer zu radeln. Also kommt nur Möglichkeit Nummer drei in Frage: die Verbindungsstrecken zwischen den einzelnen Rhône-Städtchen, auf denen mehr oder weniger nur der Anlieger-Verkehr unterwegs ist. Nachteil dabei: Sie führen buchstäblich über die Dörfer, also immer rauf und runter, was allerdings das kleinere Übel ist. Gute Karten sind jedoch Voraussetzung. Allzu schnell landet man unversehens wieder auf der Route Nationale. Faustregel, in Frankreich wie überall: Je kleiner das Kaff, desto ruhiger die Straße.

KEINE BAGATELLE, DIE »BAGATELLE«

Das Rhônetal: eine der bedeutendsten Wirtschaftsregionen Frankreichs, die Straße zum Mittelmeer. Der geografischen Voraussetzung gemäß, haben sich viele Industrien im Tal der Rhône angesiedelt. Und auch Kraftwerke, leider auch Atomkraftwerke, Raffinerien und andere luftverpestende Wirtschaftszweige haben sich hier ihren Standort ausgesucht. Das steigt dem Fahrrad-Fahrer manchmal richtig die Nase hoch. Landschaftlich besonders reizvoll wird es erst im Süden, bei Avignon beispielsweise. Die ehemalige mittelalterliche Papst-Residenz muß man unbedingt besichtigen. Der gesamte Stadtkern ist in seiner historischen Gestalt erhalten, komplett mit Stadtmauer. Zum Übernachten bietet sich der Campingplatz »Bagatelle« in idealer Weise an. Er breitet sich auf der gegenüberliegenden Seite der Rhône auf einer flachen Wiese aus. Zu Fuß kommt man vom Platz in drei Minuten über die Brücke in die Altstadt von Avignon. Außerdem hat »Camping Bagatelle« eine Kaffee-Bar, an der sich das erste Frühstück einnehmen läßt, sowie Duschen in größerer Anzahl, von denen die meisten sogar funktionieren. Als wir mit den Rädern auf den Platz einfahren, werden wir von einem älteren Herrn auf deutsch gefragt: »Wo kommt ihr denn her?« Die Frage ist schnell geklärt, interessanter ist für uns aber die Frage, woher er selbst kommt. »Aus Berlin«, grinst er. Und wie sich herausstellt, ist er seit 40 Jahren in Avignon zu Hause, »hatte nach dem Krieg keine Lust mehr, nach Deutschland zurückzukehren.« Heute ist er der Mann für alles auf »Camping Bagatelle«.

Der beste Weg von Avignon an die Mittelmeerküste führt über das Städtchen Tarascon und dann entlang dem Languedoc-Kanal bis Aigues Mortes und Le Grau-du-Roi. Der Kanal hat seinen Namen von der Landschaft Languedoc, was eigentlich »Langue d'oc« bedeutet, Sprache des Occident also. »Oc« nennen die Einheimischen kurz Landschaft und Sprache, die dem Katalanischen sehr ähnlich ist, sich aus französischen und spanischen Elementen zusammensetzt. Das gleiche gilt für die Küche. Zwischen Montpellier auf der französischen Seite und Tarragona auf der spanischen Seite der Grenze ist die Küche katalanisch, nicht provencalisch, wie es die Touristen-Informationen manchmal behaupten. Und die Küche ist ja schließlich ein wichtiger Punkt im Leben eines Fahrrad-Tourers. In diesem Zusammenhang muß ich ausnahmsweise mal einen bisher geheimgehaltenen Restaurant-Tip weitergeben.

Wir fahren von Le Grau-du-Roi aus an den Beton-Silos von La Grande Motte vorbei, einer Touristen- und Betten-Burg, in der man sich das Urlaubmachen abgewöhnen könnte. Das beflügelt unser Tempo noch zusätzlich. Wir haben es eilig, denn wir wollen nicht zu spät zum Abendessen kommen. Das Ziel haben wir vor Jahren schon aus purem Zufall gefunden: Es ist der 500-Seelen-Ort Mireval, rund 20 Kilometer vor Sête, nur auf guten Karten verzeichnet. In Mireval fahren wir direkt vor die »Hostellerie Rabelais«, die, wie wir wissen, erstklassige katalanische Küche zu Fahrradfahrer-freundlichen Preisen bietet. Man kann hier auch übernachten, wenn man will. Ebenfalls recht preisgünstig. Weil die Treppe zu den Gästezimmern hinter einer hölzernen Wandvertäfelung verborgen ist, die bei Bedarf beiseite geschoben wird, heißt bei uns die »Hostellerie de Rabelais« von Anfang an nur »Hotel Wandschrank«.

Am nächsten Tag: Sête, zweitgrößter Handelshafen Frankreichs nach Marseille, Romantisch und mit dem Rad in kurzer Zeit zu durchqueren. Hinter Sête zieht sich in südlicher Richtung ein gut und gern 25 Kilometer langer Sandstrand dahin. In der Hochsaison ist der Streifen lückenlos belegt. Alle paar Kilometer hat man Telefon-Zellen an den Strand gestellt – sie

Port Bou: die letzte Station in Frankreich

funktionieren. Zwischen Sète und der spanischen Grenze liegen rund 150 Kilometer Strecke. 150 Kilometer Sandstrände mit zahllosen schönen Plätzen zum Baden, Schlafen, zum Bier-Pause-machen. Oder auch Weinpause. Wir lassen es locker angehen, zu locker fast, denn der längste und der schwierigste Teil der Tour kommt ja noch: Spanien.

DIE »WILDE« KÜSTE

Der letzte Ort auf französischer Seite heißt Port Bou, der erste auf spanischer Seite Puerto de la Selva. Die Grenze, auf halber Höhe hinter Port Bou, wird nur durch ein kleines Gebäude und zwei kleine rot-weiß gestrichene Schlagbäume markiert. Nichts im Vergleich mit den bombastischen Abfertigungsanlagen auf der Autobahn-Route. Fast schon idyllisch. Der französische Grenzer winkt uns durch, oder winkt er uns zu? Der spanische Beamte will unsere Pässe sehen, aber nur, um festzustellen, aus welchem Land die Touristen auf ihren bepackten Fahrrädern kommen. »Aleman?«, deutsch?, fragt er und schaut kopfschüttelnd auf unsere Stahlrösser. Als er erfährt, daß wir bis Gibraltar wollen, immerhin noch rund 1500 Kilometer von hier aus, ruft er seine Kollegen, um ihnen die Verrückten zu zeigen, die da in der Hitze mit dem Fahrrad bis Gibraltar radeln wollen. Aber die Kollegen bleiben lieber im Schatten ihrer Hütte und gucken nur kurz aus dem Fenster. Es ist wirklich zu heiß, um sich so einfach in die Sonne zu stellen.

Franzosen und Spanier beiderseits der Grenze fühlen sich gemeinsam als Katalanen und haben auch die gleichen Probleme mit ihren Zentral-Regierungen in Paris oder Madrid. Sie sprechen die gleiche Sprache, sind miteinander verwandt, sodaß diese politische Grenze mit ihrem Schlagbaum für sie eine lästige Notwendigkeit darstellt, die von der Regierung überflüssigerweise ausgerechnet hierher verpflanzt wurde. Auch die Landschaft bleibt zunächst unverändert. Allerdings finden die südlichen Pyrenäen-Ausläufer in Spanien ihre Fortsetzung im Küstengebirge der Costa Brava, was ungefähr soviel wie »wilde Küste« heißt. Das wildeste daran ist der sommerliche Tourismus, alles andere ist eher ruhig. Die stark zerklüftete Küste ist bewachsen mit Pinien, Oleanderbüschen, Agaven, was sich zusammen mit dem Geruch von Thymian zu einem tollen Aroma verbindet. Wir kämpfen uns die Serpentinen hinauf, oben am Kamm wechselt der Pinien- und Thymian-Duft zur frischen salzigen Meeres-Brise, die bei der Abfahrt den Schweiß auf der Haut in ein paar Sekunden getrocknet hat. So geht es -zig Kilometer: Anstieg auf der Serpentinen-Strecke unter Schweißausbrüchen, dann Aufatmen am Gipfel, dann Abfahrt ins nächste Dorf, kurze Pause mit einem Café und einem Bad im Meer, dann wieder Anstieg zum nächsten Berg. Diesen Rhythmus verkraftet der Körper besser als stundenlanges Geradeausfahren. Die Intervalle der Anstrengung und der Erholung sind das beste Training. Da der Durchgangsverkehr auf der Autobahn abrollt, fahren wir streckenweise völlig ungestört dahin.

Die Ruhe ist jedoch saisonbedingt – im Hochsommer gleicht die Costa Brava einem Wanderzirkus. Jetzt, Anfang Juni, ist noch nichts davon zu spüren. Die Zeltplätze sind kahl, nur vereinzelte Campingbusse sind zwischen den Pinien zu sehen. Bedenkenlos können wir in den kleinen Buchten am Strand übernachten. Im Juli oder August verlaufen die Nächte nicht immer so ungestört, die Mondschein-Touristen, die singend am Strand entlangmarschieren, können einem schon den letzten Nerv töten.

Die einzelnen Stationen an der Costa Brava aufzuzählen, ist müßig. Die Regel ist, daß ein Dorf umso mehr für Radfahrer bietet, je kleiner es ist. Manche ehemalige »Fischerdörfchen« haben sich in den letzten 20 Jahren zu Touristenzentren entwickelt, und nicht immer zu ihrem Vorteil. Festzuhalten bleibt in jedem Fall der urige Hafen von Puerto de la Selva, gleich hinter der Grenze, dessen Strandpromenade so schmal ist, daß die Fischer ihre

Grenzformalitäten: keine. – Zwischen Port Bou und Puerto de la Selva

Boote zwischen die Stühle der Straßencafés ziehen. Und nicht zu verpassen ist auch der nächste Ort: Cadaqués, das Refugium des surrealistischen Altmeisters Salvador Dali.

Eine höchst reale Erfahrung machen wir jedoch eines Morgens, als wir von zwei Polizisten aufgefordert werden, vom Grundstück zu verschwinden. Als wir uns umsehen, bemerken wir, daß wir im Vorgarten eines Wohnhauses liegen. Im Dunkel des Vorabends – möglicherweise unterstützt durch spanischen Wein – haben wir offensichtlich nicht bemerkt, wo wir uns niedergelassen hatten. So etwas kann vorkommen. Niemand macht daraus eine Affäre, auch in Spanien nicht, wo mittlerweile sogar die Polizeitruppe der Guardia Civil liberaler auftritt. Dennoch zeigt uns das Erlebnis wieder einmal, daß es eigentlich unerläßlich ist, schon vor der Dämmerung einen Schlafplatz zu suchen, um ganz sicher zu gehen, daß man nicht gestört wird, und daß man selbst niemanden stört.

Im weiteren Verlauf der Costa Brava reihen sich die bekannten Urlaubs-Orte auf: Rosas, Callela, Palamos, dann Tossa de Mar und Lloret de Mar. Früher, vor 20 Jahren, waren das noch wirkliche Fischerdörfer, jetzt fischt

155

man hier nach den locker sitzenden D-Mark der Touristen. Das hat zumindest einen positiven Nebeneffekt: Überall findet man preiswerte Büffets oder kleine Strandrestaurants, die ein oder zwei Hauptgerichte anbieten. Das erspart die zeitraubende Suche nach billigen Restaurants, wenngleich die Qualität von Hähnchen mit Pommes frites nicht unbedingt preisverdächtig ist. Hauptsache, man wird einmal am Tag satt. Man muß sich nach dem Gebotenen richten.

Daß hier die meisten Kellner ein paar Sätze Deutsch sprechen, kann keine Überraschung sein. Sie freuen sich aber, wenn der Tourist seinerseits ein bißchen Spanisch beherrscht, und sei es nur »Bitte« und »Danke«. Unsere selbstgewählte Distanz zum Massen-Touristen versuchen wir auch dadurch auszudrücken, indem wir dem Bedienungspersonal immer besonders freundlich gegenüber auftreten. Damit erkaufen wir uns keine schnellere Bedienung, es ist ein Akt des Respekts. Denn hier, wie übrigens überall in Südeuropa, ist der Kellner-Job keine gesellschaftliche Schmach, wie bei uns, sondern Weltanschauung, die ernst genommen sein will. Wer in Spanien oder Italien nach dem Ober pfeift oder mit den Fingern schnippt, kann unter Umständen lange auf sein Bier warten. Bei einem windzerzausten Radfahrer kommen Umgangsformen noch besser zur Wirkung. Außerdem wollen wir ja auch ernst genommen werden in unserer Art, Urlaub zu machen.

BARCELONA, VALENCIA, ALICANTE

Die Costa Brava endet dort, wo sich die ersten Industrie-Anlagen des Großraums Barcelona zeigen. Und die Küste scheint hier sowieso zu Ende zu sein. Industrie folgt auf Industrie, bis an den Strand vorzudringen scheint unmöglich – und bald auch uninteressant. Barcelona großräumig zu umfahren, ist eine halbe Weltreise. Die Stadt selbst bietet genug Sehenswürdigkeiten für Wochen. Was soll man also tun? Im Prinzip gibt es nur zwei Alternativen. Die erste: Man gibt die Fahrräder samt Gepäck an einem zuverlässigen Platz, weit vor Barcelona, zur Aufbewahrung auf und macht sich mit dem Bus auf in die Stadt. Abends kehrt man zurück. Das läßt sich beliebig oft wiederholen, bis man genug gesehen hat. Die zweite Möglichkeit: Man setzt sich frühmorgens aufs Rad, startet durch und hat bei flotter Fahrweise auch die reelle Chance, im Laufe des Nachmittags durch die City hindurch zu sein. Barcelona selbst spart man sich dann für ein andermal auf.

Wir folgten der Alternative zwei und haben, da es Sonntag ist, schon bald die südlichen Ausläufer erreicht. Wir passieren schnell noch ein paar Kieswerke, dann wird die Landschaft wieder erträglich, auch die Küste kommt wieder in Sicht, Barcelona ist geschafft. Nichts gegen Barcelona selbst, aber auf dem Fahrrad fühlt man sich so sicher wie in einem unbeleuchteten Tunnel. Nur, daß es in Barcelona noch etwas enger zugeht.

Von Sitges aus über Tarragona verläuft die Route bis Alicante haarscharf an der Küste entlang. Begreiflicherweise haben auch andere den Vorteil der Küstenstrecke erkannt. So wird der Lieferverkehr zwischen den Orten ebenfalls hier abgewickelt. Manchmal benutzen wir die asphaltierten Anliegerstraßen durch die weitläufigen Ferienhaus-Siedlungen und Villenvororte, die dicht an den Strand gebaut wurden. Sie stehen jedoch nicht lückenlos, alle paar Kilometer müssen wir wieder auf die Hauptstraße zurück, um in die nächste Siedlung zu gelangen, wo wir dann wieder direkt an der Strandpromenade entlangradeln. Da sich jedoch alle Ferien-Bungalows, einzeln und gehäuft, stark ähnlich sehen, gleichen sich auch die Anlagen der einzelnen Siedlungen.

Bald haben wir genug von der eintönigen Architektur und sind fast froh, daß wieder eine größere Stadt in Sicht kommt: Valencia. Wir spielen wieder das alte »am-Strand-entlang«-Spiel, wobei wir uns allerdings verfahren und immer weiter in die Innenstadt hineingeraten. Es klappt eben nicht immer. So bleibt einem nichts weiter übrig, als sich nach den Auto-Wegweisern zu orientieren. Auf der größten Kreuzung in der Stadt bekommen wir, als Ausgleich vielleicht, ein Schauspiel vorgeführt: Die Ampeln sind alle auf Rot, Autos warten drei- oder vierspurig. Da stürzen aus einem Hauseingang ein Dutzend Kinder hervor, in der einen Hand eine Plastik-Flasche, in der anderen einen Schwamm. Mit der Flasche spritzen sie den verdutzten Autofahrern die Frontscheibe voll, mit dem Schwamm wird alles schön verteilt. Der Staub auf der Scheibe verbindet sich mit dem Spülwasser aus der Flasche zu einem wirklich undurchsichtigen Schleim. Wer nun den Kindern ein paar Münzen in die aufgehaltene Hand drückt, der wird mit einer zweiten Spülung vom Schleim befreit und darf mit sauberer Scheibe weiterfahren. Wer den Sinn des Ganzen nicht oder zu spät begreift, bleibt mit Mattscheibe an der Kreuzung stehen und muß sich bei Grün das Hupkonzert seiner Hintermänner anhören. Einheimische mit einschlägiger Erfahrung handhaben das anders: Sie haben stets eine Rolle Kekse dabei, die sie den Kindern zustecken, schon bevor einer anfängt, die Scheibe einzuseifen. Das freut die Kinder, jedoch weniger ihre Auftraggeber, meist selbst noch Halbwüchsige, die in den Hauseingängen lauern, die Operationen überwachen und das Bargeld kassieren.

Wir kämpfen uns weiter durch Valencia hindurch, wobei wir mehrmals kurz die Stadt-Autobahn benutzen. Das ist zwar verboten, geht aber schneller, bringt uns eher aus der Stadt heraus. Unmittelbar südlich von Valencia wechselt das Bild: Der Beton weicht Kiefernwäldern und Sandstränden.

Nicht nur das: auf mindestens zehn Kilometer Länge erstrecken sich vorbildlich angelegte Strandbäder, die so großzügig dimensioniert sind, daß die Bevölkerung von Valencia am Wochenende bequem Platz findet. Hier gibt es Toiletten, Duschen und zahlreiche Cafés, Büffets und Restaurants, die wir so nacheinander auch alle durchtesten. Allmählich wird es auch heißer. Es ist mittlerweile Mitte Juni, 30 Grad sind tagsüber nichts Besonderes. Die Küste nennt sich Costa del Azahar, was sich nicht nur wie Sahara anhört, sondern sich auch so sandig und heiß präsentiert. Unsere Haut nimmt langsam eine dunkelbraune Färbung an, die Haare werden eine Nuance heller, gebleicht durch Sonne und Meerwasser. Man kann die Naturheilkräfte von Sonne und Meer gar nicht genug preisen: Wer unter irgendwelchen Hautunreinheiten leidet, ob Schuppen oder sonst etwas, der wird in dem immer wiederkehrenden Rhythmus von körperlicher Anstrengung, einem Bad im Meer und einer Erholungspause in der Sonne kuriert. Der Schweiß reinigt die Poren von innen, das Meerwasser spült den Schweiß weg, die Sonne trocknet alles. Es gibt nichts Besseres für die Haut als diese Kur. Nur schade, daß eine Radtour nach Spanien nicht von der Krankenkasse bezahlt wird.

Eine der schönsten Streckenabschnitte in Spanien ist der Teil zwischen Valencia und Alicante. Es lohnt sich deshalb, die Tagesetappen etwas zu kürzen und die Landzunge des Cabo de la Nao voll auszufahren. Über Denia, Javea und Moraira bis Calpe, wo ein im Meer vorgelagerter Felsblock uns an das Endziel Gibraltar erinnert. Der Felsen von Calpe sieht aber tatsächlich wie eine Taschen-Ausgabe des Felsens von Gibraltar aus! Und er ruft uns ein Problem ins Gedächtnis zurück: In Alicante nämlich trennen sich die Wege nach Gibraltar. An der Küste entlang über Almeria oder durchs Gebirge über Granada? Wir nisten uns einen Tag lang am Strand von Benidorm ein und versuchen, eine Antwort auf diese Frage zu finden.

Unsere Karten besagen, daß es an der Küste entlang wohl etwas bequemer geht, denn von Alicante auf Meereshöhe bis hinauf in die Sierra Nevada sind es rund 350 Kilometer. Durchgehend Gebirge mit Höhendifferenzen von mehreren hundert Metern pro Tag! Allein auf der Strecke von Murcia bis zur Provinz-Grenze von Granada, rund 150 Kilometer, steigt das Gebirge um mehr als 1000 Meter an. Wir rechnen solange herum, bis wir Wetten abschließen, wie lange wir wohl durch die Sierra Nevada brauchen würden. Die Schätzungen schwanken zwischen drei Tagen und einer Woche. So haben wir uns selbst die Antwort auf die Streckenfrage eingebrockt: das Gebirge muß es sein. Ein Wagnis, wie sich hinterher herausstellt. Aber eines, das sich lohnt.

Gemüse und Kultur: ein Marktstand und die Alhambra in Granada

WIEDER EINMAL: DER BERG RUFT

Unmittelbar hinter Alicante in Richtung Elche und Murcia steigt die Straße schon an, ein Vorgeschmack auf das, was kommt. Die Landschaft erinnert an Nordafrika: ausgetrocknete Flußtäler, Dattelpalmen, flirrende Hitze. Als die Sonne untergeht, taucht sie die ganze Szenerie in orangerotes Licht. Phantastisch.

Die nächsten Tage sind hart. Die Hitze wird immer stärker. Wir schwitzen dermaßen am Berg, daß wir in jeder Kneipe anhalten und Mineralwasser trinken müssen. »Agua con Gas« heißt das Elixier, auf deutsch: Sprudel, also Wasser mit Kohlensäure. Zuerst trinken wir zusammen einen Liter, bald jeder einen Liter, dann jeder zwei. Das Zeug schmeckt einfach wunderbar. Außerdem wird es immer billiger, je höher man hinaufkommt. In Murcia unten kostet die Literflasche noch zwei Mark, in der einsamen Höhe der Paßstraßen auf 1200 Meter Höhe nur noch 50 Pfennig. Egal, wieviel wir trinken, wir schwitzen alles wieder hinaus. Die Strecke geht an die Reserven.

In Guadix schließlich quartieren wir uns im Hotel »Rio verde« ein, weniger des Schlafens wegen, eher wegen eines erhofften ausgedehnten Essens. Der »Rio verde«, der grüne Fluß, der neben dem Hotel vorbeifließen sollte, ist zur Zeit ausgetrocknet. Das Hotel selbst wirtschaftet auch auf Sparflamme. Es gibt nur zwei Gerichte zur Auswahl: Entweder Omelett oder Krabben. Ich wollte schon immer mal Krabben im Gebirge essen. Das war ein Fehler.

Am nächsten Tag steht wieder eine Bergetappe erster Güte an: Auf 40 Kilometer 500 Meter Steigung. Für Autofahrer nicht der Rede wert, für Radfahrer ein Prüfstein der Fitneß! 1390 Meter hoch liegt der Paß Puerto de la Mora. Doch dann geht es 40 Kilometer bergab nach Granada. Die Abfahrt hätte eine Lust sein können. Hätte, wenn ich nicht einem Sonnenstich erlegen wäre. Schüttelfrost und Gleichgewichtsstörungen künden mit an Sicherheit grenzender Wahrscheinlichkeit einen Sonnenstich an. Dazu kommt, daß sich die Krabben von Guadix als äußerst unverdaulich erweisen. Alles zusammen keine ideale Voraussetzung für eine flotte Bergetappe. In einer Kurve merke ich es plötzlich: mir wird schwindlig, ich kann die Spur nicht mehr halten, beim Bremsen falle ich fast vom Rad. Alle Kraft ist aus den Knochen herausgepustet, nichts geht mehr.

Im Schatten eines Olivenbaums versuche ich, zu mir zu kommen. Aber die Mattscheibe will nicht weichen. Und das ausgerechnet so kurz vor dem Gipfel! Eine Schande. Das Wunder geschieht in Gestalt eines Taxis. Der Taxifahrer erkennt die Lage sogleich und bindet mit einem unendlich langen Seil alle drei Fahrräder auf dem Dach seines Autos fest. Wir bezweifeln, ob die Konstruktion bis Granada hält. Sie hält.

Granada. Eines der geschichtsträchtigen und kulturellen Zentren der Region Andalusien. Jahrhundertelang beherrschten die aus Nordafrika stammenden Mauren Andalusien (el-andalus), Granada war das Zentrum. Wichtigstes Zeugnis noch heute: die Alhambra in Granada, der Palast des Kalifen. Eine mindestens zweitätige Unterbrechung der Radtour ist hier genehmigt. Selbst wenn ich keinen Sonnenstich hätte, würden wir uns in Granada eine Weile aufhalten. Wir steigen im Hotel »Carlos Quinto« ab, »Karl der Fünfte«, mittendrin in der Stadt, jedoch nicht an einer Hauptstraße gelegen. Die Räder werden in der Autogarage des Hotels untergebracht, während ich mich schon im Zimmer aufs Bett lege und meinen Sonnenstich auszukurieren versuche. Während die Freunde zu Fuß auf Wanderschaft durch die Stadt gehen, muß ich im dunklen Zimmer die Decke anstarren und auf Erlösung warten. Viel Schatten, temperiertes Zimmerklima, leichte Kost und ab und zu ein Bier bringen mich wieder hoch. Am dritten Tag ist der Sonnenstich weg. Ich bin so erholt, daß ich aufs Weiterfahren dränge. Wieder die Frage: welche Strecke? Die einfachere führt von Granada aus über Loja nach

Malaga. Die schwierigere geht geradewegs auf die höchsten Gipfel der Sierra Nevada hinauf, der Pico Veleta ist mit 3392 Metern Paß-Höhe die höchst befahrbare Straße Europas. Auf der Karte ist dies mit den Worten »höchste Autostraße« vermerkt. Aber schließlich gibt es ja auch Fahrräder. Bei einem Fahrrad kann auch kein Vergaser wegen dünner Luft streiken, höchstens die Lunge. Aber diesmal sind wir ausnahmsweise einmal nicht einer Meinung. Das heißt, einer will unbedingt einen Höhenrekord aufstellen, die andern zwei wollen direkt nach Malaga strampeln. Unsere Wege trennen sich also in Granada vorübergehend. In Marbella, hinter Malaga, wollen wir uns wieder treffen. Die abenteuerliche Tour über den 3392 Meter hohen Sierra Nevada-Paß, den unser Freund Thomas Bauer im Alleingang bewältigte, soll hier ganz kurz mit seinen Worten geschildert werden, so wie er es uns später in Marbella erzählt hat:

PASS MUSS SEIN

»Nachdem wir uns in Granada getrennt hatten, und das war ja schon morgens um neun Uhr, brauchte ich den ganzen Tag, um die Serpentinen hochzukommen. Ich hatte nichts zu Essen eingekauft, nur wenig Wasser, denn ich dachte, ich würde am geichen Tag auf der anderen Seite des Berges wieder hinunterfahren können. Aber als ich endlich oben war, wurde es dunkel. Ein einsamer Soldat, der aus irgendeinem Grund hier oben Wache schieben muß, zeigte mir noch den Weg, doch ich verfuhr mich und verlor die Orientierung. Sobald die Sonne weg war, gefroren die Schneereste in Minutenschnelle. Ich hatte keine Wahl: Ich mußte hier oben übernachten. Es wurde eiskalt, ich zog alles an, was ich dabei hatte. Da rutschte mir das Fahrrad auf dem gefrorenen Schnee ab, vielleicht zehn Meter hinunter. Ich mußte alles Gepäck und das Rad mühsam wieder hochschleppen. Das kostete mich meine Reserven. Mit meiner eisernen Ration an Schnaps, die ich für solche Fälle immer dabei habe, hielt ich mich warm, ein paar Kekse füllten den Magen. Irgendwie schaffte ich's bis zum nächsten Morgen. Sobald es hell wurde, machte ich mich auf die Suche nach dem Weg. Wie durch eine höhere Fügung fand ich ihn dann auch. Ich ließ mich auf dem Rad über die Schotter-Strecke hinuntertragen, es war halsbrecherisch. Bald sah ich die ersten Fahrzeugspuren. Hier hatte wohl einer umgedreht, als er die Straße gesehen hat. Nach einer Stunde entdeckte ich ein Dorf im Tal. Ich betrat die einzige Kneipe im Dorf und erzählte den Männern, daß ich von oben käme. Nach ein paar Cafés und ein paar Kognaks, die ich in mich hineinschüttete, schien man mir zu glauben. Kurze Zeit später war ich unten am Meer bei Motril und legte mich in die Sonne. Ich hatte es überstanden.«

Soweit der Bericht, der in aller Kürze zeigt, auf was man sich einläßt, wenn man über den Pico Veleta fahren will. Die geschilderten Erlebnisse legen jedoch nahe, daß man es lieber nicht riskieren sollte, vor allem nicht allein. Da hatten wir es einfacher: zusammen mit dem Dritten im Bunde, dem ebenfalls auf vielen Touren geeichten Ekkehard Köhler, packe ich in Granada das Fahrrad und dann geht's ab in Richtung Malaga. Und wie! Die drei Tage Ruhe haben einen Kräfte-Stau bewirkt, der sich explosionsartig entläd! Für die 50 Kilometer bis Loja benötigen wir eine Stunde und 50 Minuten, was ungefähr einem Schnitt von 27 km/h entspricht. Freilich ist die Straße ziemlich eben und gut asphaltiert. Wir sind so gut in Form, daß wir nach einer kurzen Pause schon wieder wie wild drauflos treten.

Ein kurzes Mittagessen in einer Fernfahrer-Kneipe – weiter geht's. Am Abend fahren wir in Marbella an der Costa del Sol ein und rechnen aus: 196 Kilometer in zehn Stunden. Nicht übel. Und wenn nicht der blöde Gegenwind vor Malaga gewesen wäre, wären wir noch schneller gewesen. Solche Etappen sind jedoch nicht die Regel, es kommt auf die Umstände, das Wetter und die Straßenbedingungen an.

Die Route, die wir so im Eiltempo durchgeritten sind, muß man allerdings näher beschreiben: In Malaga trifft man wieder auf die Küste, die berühmte Costa del Sol. Um Malaga herum ist sie jedoch nicht so berühmt: Industrie, wie überall in den Großstädten. Das geht noch. Aber Torremolinos ist ein Alptraum. Es ist kaum zu glauben, daß es Leute gibt, die hier Urlaub machen. Etwas Häßlicheres als diese graubraunen bis ziegelroten, ganz eng beieinanderstehenden 20geschossigen Betonsilos, deren Balkonöffnungen uns wie tote Augen anstarren, habe ich selten gesehen. Das beschleunigt unsere rasende Fahrt nochmals.

Von Malaga bis Gibraltar sind es ungefähr 150 Kilometer. Und eigentlich ist der Felsen Gibraltar nur das symbolische Ziel, das wir erreichen wollen. Den Felsen kann man ohnehin nicht von spanischer Seite her betreten, obwohl die Spanier schon seit Jahren mit der britischen Regierung über die Zukunft des kahlen Felsens beraten. Gibraltar, vom arabischen Djebel Al Tarik, Tariks Felsen, ist der Orientierungspunkt, um den herum sich genügend Plätze finden, um nach gut 2500 Kilometern Radtour noch ein paar Tage auszuruhen. In unserem Fall ist dies Marbella, etwa auf halbem Weg zwischen Malaga und Gibraltar gelegen. Und Marbella ist ein ganz besonderer Platz

Das Ende Spaniens; geographisch gesehen: der Felsen von Gibraltar

MARBELLA – ZWISCHEN SCHEICHS UND SCHICKERIA

Vor 50 Jahren führte ein Eselspfad von Malaga nach Marbella, für die 60 Kilometer lange Strecke brauchte man drei Tage. Vor 20 Jahren, inzwischen gab es schon eine Schotterstrecke, dauerte es immer noch gut einen Tag, bis man sich mit dem Auto durchgekämpft hatte. Heute legt man die Distanz auf der vierspurigen Autopista in einer knappen Stunde zurück. Marbella ist, seit die Côte d'Azur überlaufen ist, die bevorzugte Spielwiese des europäischen Hoch- und Geldadels. Hofschranzen und Schickeria mit eingeschlossen. Rudi Carell sinniert hier über neue Fernseh-Späße, Björn Borg hat hier eine Tennis-Schule, der Formel-1-Pilot James Hunt eine Disko. Gunilla von Bismarck, die Urenkelin des großen Staatsmannes, organisiert die Feten, zu denen jeder gern eingeladen werden würde, aber nicht wird. Und dann sind da noch die Herren aus Arabien. Die Königshäuser aus Saudi-Arabien wie aus den Vereinigten Arabischen Emiraten am Persischen Golf haben sich südlich von Marbella ein zweites Morgenland bauen lassen. Paläste mit eigenen Dörfern für die Heere der Bediensteten, eine eigene Moschee, künstlich begrünte und bewässerte Hügel, ein spezieller Yachthafen. Sie haben Marbella viele Petro-Dollars gebracht. Doch die Stadt hat sich, gottseidank, nicht korrumpieren lassen. Welch ein Unterschied zu Torremolinos! Viele Deutsche haben sich nach Marbella aufs Altenteil zurückgezogen. Mancher Geschäftsmann hat seinen Laden verkauft und pflegt nun in Marbella nur noch seine Hobbys. »Urlaub machen kann man überall in Spanien«, erklärt uns einer, der schon seit Jahren hier wohnt, »aber leben kann man eigentlich nur in Marbella«. Auch Radfahrer können hier gut leben. Campingplätze direkt am Meer (nicht so teuer) oder auch Miet-Bungalows (nicht so billig) sind als Unterkunftsmöglichkeiten zu haben. Wer das Glück und einen Freund mit Haus in Marbella hat (wir haben es), hat natürlich das große Los gezogen.

Nach ein paar Tagen oder nach einer Woche stellt sich die Frage: Wie kommt man wieder zurück? Antwort: am besten mit dem Flugzeug. Wer abends in den Kneipen von Marbella herumfragt, erwischt mit ein bißchen Glück ein Rückflugticket von jemandem, der nicht nach Hause will. Die Räder kann man als Gepäck aufgeben, die Satteltaschen gehen als Handgepäck. Aber Vorsicht: beim Fahrrad-Einchecken die Luft aus den Reifen lassen. Denn die würden in der dünnen Luft der Reise-Höhe wie Seifenblasen platzen!

Sie kommen aus Afrika und Arabien: die Affen auf dem Felsen von Gibraltar und die Scheichs, die sich in Marbella eine Moschee bauen ließen

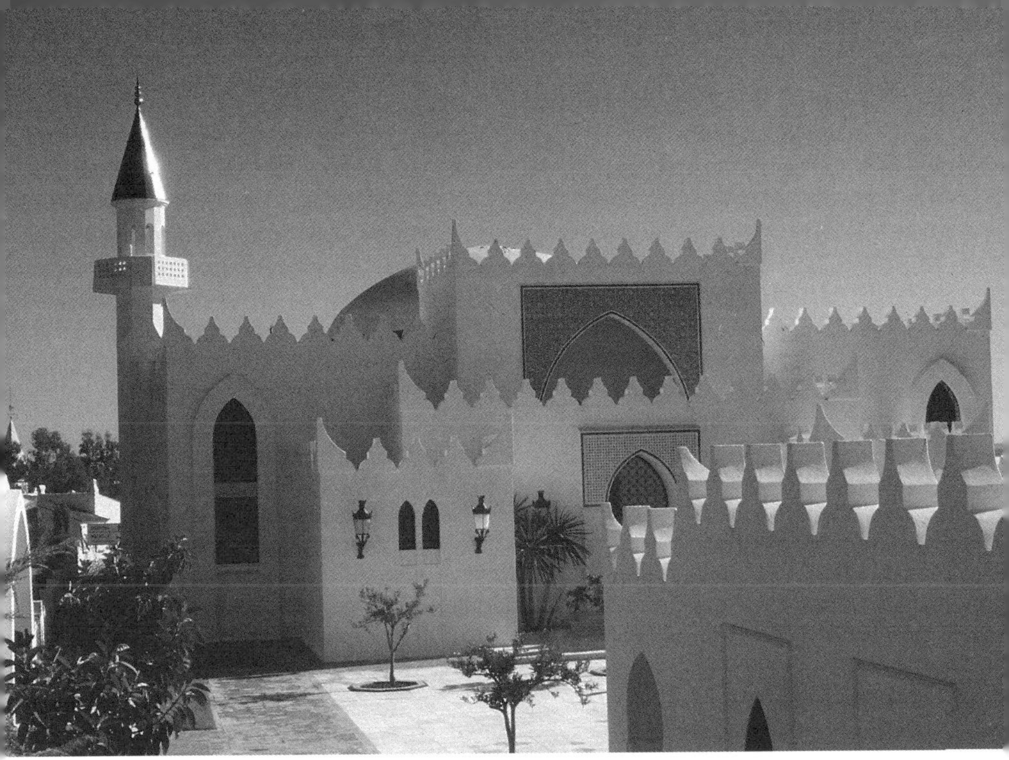

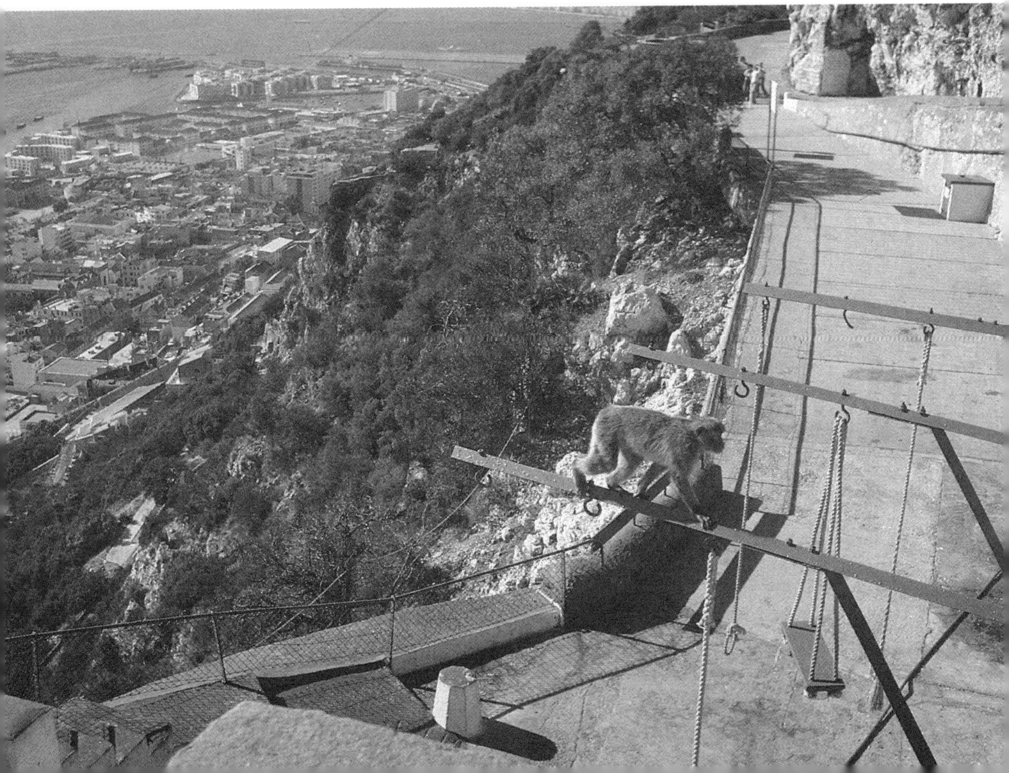

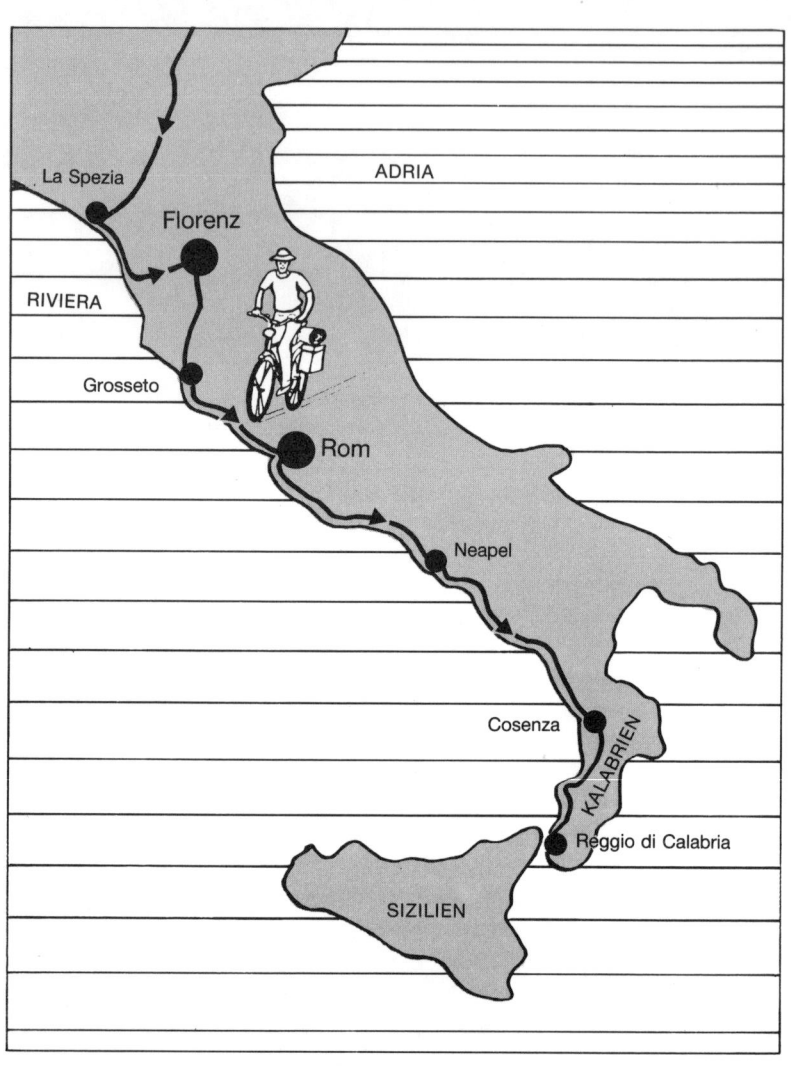

Tour 9: ITALIEN

166

Bis zur Spitze des Stiefels – Italien

Die Deutschen brüsten sich oft, Italien zu kennen. »Wir waren schon zwanzig Mal in Italien«, behaupten sie stolz, »uns könnt Ihr nichts mehr erzählen.« Von wegen. Wenn man dann nachfragt, haben die »Italien-Kenner« von den zwanzig Aufenthalten fünfzehn auf dem selben Campingplatz bei Rimini verbracht, sind drei Wochen lang nicht vom Gelände heruntergekommen und haben Skat gespielt, während die Ehefrauen kochen mußten. Oder sie waren mal in Florenz, Pisa, mit dem Reisebus. Die kleine private Statistik zeigt, daß vier Fünftel der auf Italien abonnierten deutschen Touristen nur in Norditalien herumreisten, der Rest kennt allerhöchstens Rom oder Venedig. Aber ganz unten im Süden, wo niemand mehr deutsch spricht, wo es kein »Wiener Schnitzel« mehr gibt, dort, wo die Italiener selbst ihre Ferien verbringen – dort waren die allerwenigsten. Und genau dort wollen wir hin.

Mit dem Fahrrad, versteht sich. Denn nur mit dem Fahrrad könen wir Land und Leute so richtig erleben. Und warum sollten wir nicht mal durch Italien fahren, das doch angeblich so gut bekannt ist. Ich muß zugeben, daß ich selbst auch von meiner bescheidenen Kenntnis Norditaliens auf den Rest des Landes schloß, aber ich war überrascht von dem Italien, über das noch nicht -zig Reiseführer geschrieben wurden, wie zum Beispiel über die Toscana. Ich fand, daß unten im Stiefel, in Kalabrien zum Beispiel, alles anders ist, als oben in Mailand oder an der Ligurischen Küste. Das wirtschaftliche und soziale Nord-Süd-Gefälle – reiche und industrialisierte Städte um Mailand oder Rom, und andererseits bittere Armut auf dem Land in Kalabrien – es war ein unübersehbarer Kontrast. Und davon liest man zuhause nur wenig. Die Kulturdenkmäler von Venedig, Florenz, Rom – dieses Italien wird verbreitet, garniert mit ein bißchen Folklore. Über den heißen Süden, den »Mezzogiorno«, wörtlich den »Mittag«, kommt selten etwas über die Alpen. Und wenn nichts zu uns herüberkommt, dann müssen wir eben selbst dorthin fahren. Natürlich mit dem Fahrrad.

In Italien, oder, um korrekt zu sein, in Nord- und Oberitalien, ist das Radfahren, ähnlich wie in Frankreich, ein verbreiteter Volkssport. Auch hier sieht man, sonntagmorgens im Frühnebel, Autos mit blitzenden Rädern auf dem Dach durch die kleinen Ortschaften rasen. Beim Treffpunkt dann ein kurzes »Bongiorno«, ab geht die Post. Gegen Mittag sind sie alle wieder zuhaus, wo schon das Essen auf dem Tisch steht. Denn das ist auch Italien: der Sonntag gehört der Familie.

Fahrrad-Fahrer können immer mit Sympathie rechnen, oft mit lauten Anfeuerungsrufen und Beifall auf offener Strecke. Die Sympathie ist echt und laut. Zurückhaltung ist selten. Ganz anders als in Griechenland. Doch anders ist auch die Stellung des Radfahrers im Verkehr. Richtiggehende Radwege, sogenannte »piste ciclabili«, gibt es nur sehr wenige, und die wenigen nur in Norditalien. Und die Straßen sind alle von lauten Verkehrsteilnehmern überfüllt, die auf Fahrradfahrer kaum Rücksicht nehmen. Besondere Vorsicht ist vom ersten Tag an geboten!

Die Strecke nach Italien führt uns auf der schon bekannten Route von Süddeutschland aus über Memmingen, Kempten und das Allgäu über den Brenner, die alte Brennerstraße genauer gesagt. Wieder nehmen wir den Brenner ganz früh am Morgen in Angriff, damit wir nicht in der Gluthitze des Nachmittags am Berg hängen. Noch ein Kaffee im Café »Zillertal« unten in Innsbruck, dann geht es auf die Strecke. Die alte Brennerstrecke ist kaum befahren, hat eine »gangbare« Steigung und zudem noch überall Kneipen und Einkehrmöglichkeiten anzubieten. Mit möglichst rundem Tritt nehmen wir die ersten Kilometer, nicht zu schnell, damit sich die Muskeln langsam erwärmen können. Nichts ist gefährlicher, als einen Berg zu ehrgeizig in Angriff zu nehmen, noch dazu am frühen Morgen. Nach einer halben Stunde sind die Muskeln warmgefahren, wir merken es daran, daß sich Atmung und Tretrhythmus aufeinander abgestimmt haben und gleichmäßig, fast ruhig funktionieren. So können wir kontinuierlich Kilometer machen. Doch da sind immer wieder die Ausflugslokale an der Strecke, mit Biergarten zum Teil. Die ersten drei passieren wir noch ohne Durstgefühle. Aber dann stellen sich Phantasie-Bilder ein, die sich am Berg immer mehr verstärken. Die fünfte Gastwirtschaft können wir schließlich nicht mehr links liegenlassen. Wir lehnen die Räder an den Brunnen, aus dem köstliches kaltes Wasser sprudelt. Auch ein Vorteil der Alpen, den man gar nicht hoch genug einschätzen kann. Ein Blick auf die Karte und die Frage an andere Gäste klärt uns über unsere Position auf: wir sind schon kurz vor Matrei. Das bedeutet, daß wir schon zwei Drittel des Passes geschafft haben.

Italien liegt noch fern: Rast im Allgäu

Zwei Weizenbiere später machen wir uns an das restliche Drittel. Aber wo ist der runde Tretrhythmus geblieben, das gleichmäßige Atmen? Schon nach ein paar hundert Metern muß ich absteigen und schieben. Wir hätten doch nicht Pause machen sollen. Oder vielleicht hätte ein Bier auch gereicht. Aber so ist das immer: Die Muskeln mobilisieren Reserven, wenn sie beansprucht werden, und entspannen automatisch, wenn diese Belastung aussetzt. Es dauert dann einige Zeit, bis sie wieder auf volle Touren kommen. Wir haben es schon so oft erlebt, daß wir eigentlich schlauer sein müßten. Entweder nur eine kurze Pause ohne Bier, oder aber eine lange mit Bier. Jetzt habe ich den Salat. Mein Körper will nicht mehr. So schiebe ich mein Rad die immer heißer werdende Brenner-Strecke hinauf. Nach ein paar Kilometern wird es wieder etwas flacher, ich will es nochmal versuchen. Es geht so. Unser Feld hat sich mittlerweile sehr auseinandergezogen. Wir haben eine Vereinbarung getroffen, wonach jeder einen Berg, so gut er kann, nimmt und nicht aus Solidarität auch absteigen soll. Oben auf der Paßhöhe bleibt immer genug Zeit, um aufeinander zu warten. Die Zeitunterschiede sind außerdem nicht so groß wie man zunächst glaubt. Die anderen sind denn auch nur ein paar hundert Meter vor mir, vielleicht auch einen Kilometer. Aber dies macht im Endeffekt nur ein paar Minuten Wartezeit aus.

Dann endlich ist es soweit, wir haben das letzte und seltsamerweise auch steilste Brenner-Stück bis zur Grenze oben geschafft. Paßkontrolle. Die Zöllner beäugen unsere Räder und fragen, wohin wir wollen. »Nach Kalabrien«, sagen wir so leichthin. Ist das verdächtig? Jedenfalls fragen die Grenzer nach Geldvorräten. Sie wollen offensichtlich sichergehen, daß wir auch genug dabei haben. Ein vollbepacktes Fahrrad deutet möglicherweise auf materielle Armut hin. Wir blättern unsere Euroschecks vor. Ein paar Blaue Riesen, bankfrische Hundertmarkscheine, die wir als Bar-Reserve immer dabei haben, verdeutlichen unsere Kaufkraft und überzeugen die Herren Grenzbeamten, daß wir auch als Fahrrad-Touristen ernstzunehmende Devisen-Bringer sind. Damit sind die Formalitäten erledigt – Geldwechseln wollen wir erst unten in Südtirol. »Unten in Südtirol« ist hier ganz wörtlich zu verstehen. Denn sobald wir den Grenzübergang verlassen, senkt sich die Straße wieder ab und zieht sich steil nach unten über Sterzing nach Brixen und weiter nach Bozen.

VERFOLGUNGSJAGD AM PASS

Wir hoffen, daß wir diesmal in Sterzing grüne Welle haben, aber wieder zeigen die Ampeln auf rot. Das kostet uns einen besonderen Lustgewinn. Wir müssen bremsen und so unsere kostbar aufgestaute Abfahr-Freude, die sich den Brenner herauf angesammelt hat, an einer schnöden roten Ampel in Sterzing vergeuden. Wir rächen uns, indem wir einen Kleinwagen, vollgepackt mit Vater, Mutter, zwei Bambini, der Oma und einem Hund, außen in einer Spitzkehre überholen und dabei in den Wagen hineingrinsen. Der Fahrer erschrickt und bremst ein wenig ab. Sehr gut, dann können wir ihn außen schneiden. Ich bin der letzte in der Reihe. Als ich mich in die Kurve lege, kann ich auf den Tacho des Autos blicken. Knapp über 50 km/h, nicht übel. Die Familie samt Hund ist völlig fassungslos.

Der Fahrer wird uns mit einiger Sicherheit auf der nächsten Geraden wieder überholen; jeder italienische Autolenker würde das tun und unter Einsatz seines und seiner Lieben Leben diese drei Radfahrer wieder auf die Plätze verweisen. Aber uns gefällt das Spielchen. Es geht aber nur mit Kleinwagen. Und nur, wenn's wirklich flott den Berg runtergeht. Sportlich ambitionierte Fahrer lassen es erst gar nicht dazu kommen, daß wir sie überholen könnten. Die bremsen uns nämlich in der Kurve aus. Und dabei muß man wirklich höllisch aufpassen

Auf diese amüsante und kitzlige Tour kommen wir bis 25 Kilometer vor

Gruß an ein Rad-Idol: Die Botschaft eines unbekannten Radfans an den legendären Eddy Merckx

Bozen. Es dämmert langsam, wir müssen uns nach einem Schlafplatz umsehen. Und da gibt es in Südtirol keine Probleme. Die Gegend ist vor allem durch den Tourismus reich geworden. Überall schießen neue Pensionen und Wochenendhäuschen aus dem Boden. Und das heißt für uns: jede Menge Neubauten. Neubauten sind die besten Schlafplätze in den Alpen. Sie schützen gegen Wind und Regen und neugierige Blicke. Letzteres jedoch nur, wenn man sich unauffällig einquartiert. Rezept: abends, im Hellen noch, einen schönen Neubau ausgucken, möglichst einen, der abseits einer Ansiedlung ganz einsam am Berg steht. Dann den Weg ins nächste Dorf, beziehungsweise in die nächste Kneipe, einprägen, damit man den Weg auch im Dunkeln wieder findet. Das funktioniert fast immer. Selbst wenn einmal jemand unverhofft unseren Neubau-Bezug mitbekommt, gibt es keinen Ärger. Wir erklären, daß wir nur einen Unterstand gegen Regen suchen und am nächsten Morgen gleich wieder weiterfahren. Das leuchtet immer ein. Und mehr wollen wir ja gar nicht.

Südtirol ist zwar politisch gesehen Italien, im Früh- und Hochsommer jedoch gleicht es einem Terrain, auf dem hunderttausend Deutsche gerade einen Volkslauf absolvieren. Kniebundhosen, Wanderstab, fesche Mützen, sehr zünftig. Kein Grund für uns, anzuhalten. Außerdem geht es ja immer noch den Berg runter. Über Bozen nach Trento und dann nach Arco, nördlich des Gardasees. Hier zweigen wir nach Torbole ab, um an der Ostseite des Gardasees entlang zu fahren. Die Westseite ist zu stark befahren und außerdem gibt es dort unzählige unbeleuchtete Tunnels. Ein gefährliches Pflaster für Radfahrer. Ein spezieller Sport wird hier gepflegt: An lauen Abenden setzen sich die forschen Jung-Italiener in ihre ebenso forschen Sportwagen, hauptsächlich Cabrios, und donnern mit Höchstgeschwindigkeit auf der »Gardesana« durch die Tunnels, was einen besonders schönen tiefen, kräftigen Sound abgibt. Macht sicher Spaß, aber ich möchte nicht mit dem Fahrrad unterwegs sein, wenn's mal wieder so weit ist.

Auf der Ostseite dagegen kommt man etwas ungefährdeter voran. Vor allem, wenn man vor den großen Sommerferien schon unterwegs ist. Die Sommerferien sind übrigens einer näheren Betrachtung wert, die eigentlich abschrecken soll.

Im Juli kommen zunächst einmal die Deutschen aus dem naßkalten Norden nach Italien. Das allein reicht schon. Aber dann im August bricht in Italien die große Stadtflucht aus. Die Ferien, die berüchtigte »Ferragosto«, allgemeingültig für das gesamte öffentliche Leben in Italien, kommen so pünktlich wie folgenschwer. Im August sind alle Büros, Schulen und auch viele Einzelhandelsgeschäfte einfach zu, nichts geht mehr. Dafür drängt man sich an den Gestaden der Seen und des Meeres. Am Gardasee treffen dann beide Gruppen aufeinander: Die Deutschen Windsurfer, für die der Gardasee so etwas wie ein Mekka ist, weil der Wind so kräftig bläst und der Wein so billig ist. Und für die Italiener, weil es hier nicht ganz so schwül-heiß ist wie an vielen Badeorten der Adria-Küste. Und dann wird's eng am See. Und an der Küste auch. Im August also sollte man Italien möglichst nicht bereisen. Wenn es irgendwie geht – im Mai oder Juni.

DIE FAMILIE GEHT ZUM ESSEN

Von der Südspitze der Gardasees nehmen wir Kurs auf Mantova in der Po-Ebene. Die breite Flußniederung ist ideal zum Radfahren, überall gibt es kleine Nebensträßchen, überall auch kleine Dörfer, in denen man preisgünstig essen kann. Zur Verpflegungssituation ist zu sagen, daß der Norden Italiens nicht gerade sehr billig ist, daß man aber nach einiger Suche immer eine »osteria«, »trattoria«, »rosticceria« oder ein »ristorante« ausfindig macht. Wir sind nicht wählerisch.

An einem Sonntagmittag, kurz vor La Spezia, wir haben das Küstengebirge Liguriens mit großer Anstrengung hinter uns gebracht und sitzen nun in einem Ristorante mit Blick aufs Meer. Wir werden Zeugen des Schauspiels, das sich »Sonntagmittag-Familien-Essen« nennt. Soeben haben die Kellner Tische zusammengerückt und frische weiße Tischdecken aufgelegt. Da betritt die Familie den Raum. Vorneweg der Padrone mit der Mama, dann die ältesten Kinder und die Onkel und Tanten, ganz zum Schluß die Oma mit den Kleinen, die sich sehr lebhaft gebärden. Alle nehmen Platz am Tisch, nachdem die Sitzordnung genügend ausdiskutiert wurde. Die Kellner fragen zunächst nach einem Aperitif. Es ist ein Uhr, wir sitzen bereits beim zweiten Bier. Die Kellner bringen die Aperitifs, wobei einer nur knapp einem besonders flinken Bambino entkommt. Die Familie unterhält sich großartig, die Kinder dürfen spielen und herumrennen, die Kellner sind von bewundernswerter Geduld. Wir haben den Eindruck, daß sie mitspielen und sich freuen, daß sie mal zeigen dürfen, was sie können. Das Studium der Speisekarten zieht sich in die Länge. Kombinationen werden aufgestellt, verworfen, gegenseitig empfohlen. Der Padrone, der übrigens auch das Ganze bezahlt, spricht ein Machtwort, wenn die Bambini absonderliche Dinge essen wollen. Schließlich, es ist halb zwei, wird das Essen bestellt. Die Bestellung wird komplett vom Padrone aufgegeben, eine erstaunliche Gedächtnisleistung. Dann folgt wieder fröhliche Unterhaltung. Um zwei Uhr kommt die Suppe. Wir bestellen noch drei Biere.

Die italienische Familie stoppt ihren Redefluß kaum, als die folgenden Gänge aufgetragen werden: Auf die Suppe folgt eine kalte Vorspeise, wie wir erkennen können ist Salami und Leberpastete dabei. Dann kommt die »pasta«, ein Nudelgericht also. Darauf sind die Kinder schon satt und wollen wieder spielen gehen. Die Erwachsenen nehmen das Hauptgericht ein – Fleisch oder Geflügel. Dann kommt eine Art Bienenstich, auf jeden Fall mit Creme-Füllung. Die Füllung macht durstig, wir bestellen noch ein Bier, die Familie bleibt beim Wein, der übrigens stets vom Padrone nachgeschenkt wird. Alles hat seine Regularien, kein Zweifel. Jetzt wird ein Schnaps herangebracht, dann ein Espresso. Man raucht und unterhält sich in ungebrochener Lautstärke und mit ungebrochenem Interesse. Die Bambini haben derweil im Garten draußen einen großen tönernen Blumentrog umgeworfen. Die Unterhaltung bricht abrupt ab. Die Mama rennt in den Garten, um die weinenden Bambini zu beruhigen, der Vater entschuldigt sich bei den Kellnern. Die aber sind ganz verständnisvoll und beteuern, daß das alles gar nichts ausmache, der Topf sei sowieso im Wege gewesen. Wir bestellen noch ein Bier. Schließlich, es ist mittlerweile halb vier, verlangt der Padrone die Rechnung. Wir wissen nicht, was draufsteht, der Padrone jedenfalls zahlt mit unbeweglicher Miene. Niemand fragt oder zeigt offensichtlich Interesse an der Summe. Man versammelt sich formlos, schreitet zur Tür hinaus, der Padrone schüttelt den Kellnern die Hand. Das »Sonntagmittag-Familien-Essen« ist vorbei.

Ein Stück südlich von La Spezia verläuft die Grenze zwischen Ligurien und der Toscana. Landschaftlich ist zunächst nicht viel Unterschied auszumachen, aber wir wissen, daß die Toscana nicht irgendeine Gegend in Italien ist. Wir fahren auf der schmalen Strand-Straße südwärts. Im Sommer herrscht hier Chaos, jetzt ist es noch recht ruhig. Die Orte am Meer haben alle Namen in Kombination mit »Marina«, kein Mädchenname, sondern die Bezeichnung für »kleiner Hafen«: Marina di Carrara, Marina di Massa, Marina di Pietrasanta. Noch können wir gefahrlos am Strand übernachten, obwohl die ganze Nacht über Spaziergänger unterwegs sind, die sich lautstark unterhalten. In der Hochsaison würden wir auf keinen Fall hier schlafen, der nächtliche Publikumsverkehr ist dann so groß wie auf Sylt an einem Samstag nachmittag.

Ein paar »Marinas« weiter Schilder: Lucca, Pisa, Firenze. Die Toscana. Wir kennen die Schlagworte, mit denen sich der Name Toscana verbindet: Renaissance-Architektur, liebliche Landschaft, der Chianti, unübertreffliche Küche. Alles richtig. Aber doch nur die halbe Wahrheit.

RENNEN AUF DER STADTMAUER

Erster Punkt für uns ist Lucca. Recht ruhig, wenn man von der Küste kommt, denken wir, als wir auf der Stadtmauer, die das gesamte Städtchen umgibt, eine Runde mit dem Fahrrad drehen. Eine richtige Straße auf der Mauer, wobei wir bequem auf die Dächer Luccas und in die Hinterhöfe hineinblicken können. Da dröhnt von hinten ein Pulk Vespa-Fahrer heran. Sie liegen tief geduckt auf ihren Mopeds, als sie an uns vorbeiröhren. Dann wieder Stille. Wir fahren in unserer Besichtigungstour fort und halten nach einem Straßencafé Ausschau. Wir haben gerade einen halben Kilometer hinter uns, da holt uns der Vespa-Pulk wieder ein. Das Feld hat sich etwas auseinandergezogen, wie wir erkennen können. Der eine, der ein bißchen schwerer ausschaut als die anderen, ist zurückgefallen. Das Dröhnen, als sie an uns vorbeifahren, ist scheußlich. Wir lassen das Feld vorbei und setzten uns auf die Mauer. Ein paar Minuten später rückt die Kohorte wieder in Sichtweite. Eine Spitzengruppe hat sich abgesetzt. Zwei Vespa-Piloten

Ideal zum Radfahren: eine Allee

kämpfen um den ersten Platz. Wie lange wohl so eine Tankfüllung reicht? Aber sie kommen nicht mehr. Offenbar ist das Rennen entschieden. Später im Café sehen wir die Sportsfreunde wieder einträchtig bei einem Eis sitzen. Die Vespa-Roller glitzern blank in der Sonne.

Von Lucca aus fahren wir über Pisa – den Schiefen Turm schenken wir uns – und Empoli durch das Tal des Arno nach Florenz. Natürlich muß man sich die Stadt genauer ansehen, aber wo sollen wir übernachten? In einem kleinen Städtchen südlich von Florenz, in San Casciano, quartieren wir uns in einer kleinen Pension ein, der Pension »Stella«, und stellen die Fahrräder unter. Am nächsten Morgen nehmen wir den Pendler-Bus in die Stadt, der direkt gegenüber der Pension hält. Das ist wesentlich praktischer, als mit vollbeladenem Rad durch enge und Auto-überfüllte Straßen zu strampeln. Und wie soll man die Räder sichern, wenn man etwas besichtigen will? Dies ist eine Methode, die sich überall bewährt hat: In der Nähe einer Großstadt die Räder sicher unterzubringen und dann mit öffentlichen Verkehrsmitteln den Besichtigungs-Teil zu absolvieren. Man kommt genauso schnell voran, und es schont die Nerven. Und trotz aller Sparmaßnahmen: eine billige Pension findet man auch hier in der Toscana, vorausgesetzt, man ist nicht über Ostern hier. Und der Kontakt zur Pensions-Wirtin ist stets hilfreich. Sie hat immer Informationen über preiswerte Restaurants oder Einkaufsmöglichkeiten auf Lager.

Ein Hinweis für Bier-Trinker: Die Toscana ist das Anbaugebiet des berühmten Chianti Classico, der hier zwischen Florenz und Siena rechts und links der via cassia wächst. Und auch so unverbesserliche Biertrinker wie wir sind der Meinung, daß sich ein Versuch lohnt. An der Straße nach Siena weisen überall Schilder auf »Ferme« hin, auf Keltereien, die auch direkt verkaufen. Es ist vielleicht nicht sehr stilecht, verschiedene »Ferme« abzufahren und überall einen Chianti Classico im Stehen hinunterzuschütten. Doch es ist ein exquisites Gefühl, zu wissen, hier für ein paar Mark pro Flasche einen Wein zu trinken, für den die Weinliebhaber zuhause fünfzehn Mark hinlegen. Und überhaupt: der Wein ist sehr verträglich, keine Spur von Katerstimmung am nächsten Morgen.

Nach einer kurzen Besichtigungsrunde durch Siena mit seinem mittelalterlichen Stadtkern schwenken wir nach Westen ab, um übers Land wieder an die Küste zu gelangen. Wir verstehen, warum sich so viele Künstler hierher zurückgezogen haben: Die Landschaft kennt keine harten Konturen, alles fließt weich ineinander, sogar die Häuser scheinen ihre Umrisse den sanften Hügeln anzupassen. Es gibt fast nur Pastelltöne, das Licht ist hell, aber gleichzeitig weich. Wir verlieren fast die Orientierung, weil wir vergessen, regelmäßig auf die Karte zu schauen. Anhand der Uhrzeit und des Sonnen-

Unvergleichliche Landschaft: die Toscana

standes schlagen wir eine südwestliche Richtung ein, bis ein Wegweiser verkündet: Grosseto. Grosseto liegt fast schon am Rande der Toscana, aber wir wollen wieder an die Küste, weil wir das Meer vermissen.

Auf der uralten via aurelia, auf der wohl schon vor 2000 Jahren römische Legionäre marschiert sind, kämpfen wir uns durch dichten Verkehr nach Süden vor. Die Küstenstraßen sind allgemein stark befahren je mehr wir uns Rom nähern, desto chaotischer geht es jedoch zu. Wir sind im Zwiespalt: Sollen wir einen großen Bogen um Rom machen, um dem Verkehr zu entgehen, dann entfernen wir uns zu weit von der Küste. Andererseits kann man doch nicht guten Gewissens einfach Rom auslassen. Wir sitzen in einer Strandkneipe in Marina di Palidoro, etwa 30 Kilometer vor Rom, und versuchen, mit Hilfe eines Bieres die Lösung des Problems zu ergründen. Der Wirt verfolgt interessiert unseren Bierkonsum. Wenn in Italien Bier getrunken wird, was selten genug vorkommt, dann in sehr bescheidenen Mengen. Oft teilen sich mehrere eine Flasche. Neun Italiener trinken drei Flaschen Bier, drei Deutsche trinken neun Flaschen Bier – das ist so ungefähr die Umrechnungsformel. Aber als Radfahrer mit hohem Schweißverlust wird man nicht gleich als Alkoholiker verdächtigt. Mit Händen und Füßen unterhalten wir uns mit dem Wirt und den anderen Gästen. »Roma, ah Roma«, ja da müßten wir unbedingt hin. Aber wie? Mit dem Fahrrad mitten in die Verkehrsschlacht eingreifen? Nein danke. Die Lösung kommt unerwartet. Der Wirt fährt nach Rom. »Domani«, also morgen. Ob wir vielleicht mitfahren wollten? Ja, warum nicht? Die Räder könnten wir hinter seiner Kneipe im Schuppen lassen. Das scheint eine Idee zu sein. Wir sind einverstanden.

ZU FUSS DURCH ROM

Nach einer Nacht am Strand an einer versteckten Stelle finden wir uns pünktlich wieder in der Kneipe ein. Ein Espresso im Stehen, die Räder verstaut, dann rein in den alten Fiat. Und in einem Auto kann man dem Straßenverkehr von Rom etwas gelassener entgegensehen als vom Rad aus. Recht forsch und unter intensivem Einsatz der Hupe arbeitet sich Wirt Ettore in die City vor. Wir verlieren die Orientierung, Ettore bleibt ganz cool. Irgendwann, mitten in der Stadt, meint er, das sei ein guter Platz, er würde uns am Nachmittag hier wieder abholen. Und ab ist er.

Gottseidank haben wir einen Ministadtplan dabei, so können wir wenigstens feststellen, wo wir gerade auf der Straße stehen. Das Forum Romanum ist es, so steht nach eingehender Studie fest. Wir marschieren zu Fuß durch die »Ewige Stadt«, ziemlich verloren kommen wir uns dabei vor. Immerhin bekommen wir im Verlauf der nächsten vier, fünf Stunden einen gewissen Eindruck von der historischen Bedeutung, die hier fast jeder Stein hat. Mehrmals kann ich meine bescheidenen Latein-Kenntnisse, die ich vom Kleinen Latinum herübergerettet habe, beweisen, indem ich irgendwelche Inschriften an Gebäuden übersetze. Am Ende bleibt uns ein dröhnender Kopf und das Gefühl, garnichts gesehen zu haben.

Für Rom sind mindestens fünf Tage notwendig, um auch nur die wichtigsten Punkte anzulaufen. Und das auch nur nach intensiver geschichtlicher Vorbereitung und mit genauem Stadtplan. Der Versuch, uns incognito einer amerikanischen Reisegruppe anzuschließen und die Ausführungen der Reiseleiterin über das Colosseum gratis mitanzuhören, scheitert: Wir werden sofort als Nichtamerikaner identifiziert und von weiterer Information ausgeschlossen.

So warten wir am Forum Romanum auf Ettore, der dann tatsächlich am Nachmittag wieder erscheint. Zurück in Marina di Palidoro fallen wir erschöpft auf die Stühle.

Entmutigt von der »Ewigen Stadt« beschließen wir, um das drohende

Neapel einen möglichst großen Bogen zu machen. Zwar fahren wir noch zwei Tage an der Küste entlang, doch dann biegen wir bei Formia ins Landesinnere ab und fahren durch flache Flußlandschaften über Caserta und Avellino nach Salerno. Dabei haben wir leider eine der schönste Kulissen Italiens verpaßt: den Golf von Neapel, den Ausblick auf den Vesuv, die Landspitze bei Sorrent mit den berühmten Dörfchen Positano und Amalfi. Aber nichts zu ändern, unsere Abneigung gegen Großstädte ist größer.

WO ITALIEN NOCH ITALIEN IST

Schnurgerade und topfeben führt die Straße von Salerno nach Paestum, einer antiken Stätte. Fast stündlich spüren wir, daß wir uns mehr und mehr von der Großstadt entfernen. Hinter Paestum biegen wir ins Küstengebirge ab und sind schlagartig wieder weit weg von jeder Zivilisation. Die Strecke ist sehr bergig, aber wir genießen die Serpentinen und den unvergleichlichen Blick aufs Meer. Welche Erholung von der nervigen Riesenstadt Rom und der Umgebung von Neapel!

Wir nähern uns allmählich unserem erklärten Ziel: Kalabrien. Hier, mitten im Küstengebirge scheinen wir es schon zu fühlen. Hier, an der Küste des Tyrrhenischen Meeres, machen die Italiener Urlaub. Deutsche Touristen kennen Kalabrien allenfalls als Durchgangsgebiet nach Sizilien. Die Auto-strada führt durchs Land, die Meerespromenade bleibt dem Anlieger-Ver-kehr von Dorf zu Dorf vorbehalten. Für Radfahrer nicht immer einfach, weil sehr gebirgig, aber wir haben keine andere Wahl. Doch wir gewöhnen uns an die Strecke. Vor allem dank der zahllosen Fischerdörfer, die sich wie an einer Schnur an der Küste aufreihen.

Zwischen Praia a mare im Norden und Scilla im Süden, kurz vor Reggio di Calabria gibt es -zig Dörfer, keines gleicht dem anderen. Besonders schön wird es im Süden, auf dem Rist des Stiefels sozusagen oder an der Stiefel-spitze. Pizzo, Tropea, Palmi oder Scilla: Überall finden wir einsame Buch-ten, bei Bedarf aber auch Campingplätze und immer ein Ristorante.

Zu den kulinarischen Spezialitäten Kalabriens zählt neben Fisch vor allem Wild, das hier in den Bergen und auf der Sila-Hochebene gejagt wird. Kaninchen mit Bratkartoffeln zum Beispiel. Mit der Entfernung von Rom und Neapel nehmen auch die Preise ab, das hatten wir gehofft, und das ist auch so. Sonst könnte sich ein Italien-Urlaub als sehr teuer erweisen. Aber hier unten ist die Sorge unbegründet. Natürlich könnte man auch mit dem Zug bis Neapel fahren oder noch weiter, um dann von dort aus den Stiefel zu erkunden, aber erst die anstrengende Fahrt nach Kalabrien läßt die Vorzüge dieser Region so richtig hervortreten.

Kalabrien an der Stiefelspitze: hierher verirren sich nur wenig Touristen

Einquartiert haben wir uns in der Pensio »Sirena« in Scilla. Im Restaurant »Vertigine«, das in den Berg hineingebaut ist, sitzen wir auf der Terrasse und blicken über die Straße von Messina. Der Sage nach wurden in Scilla die Gefährten des Odysseus von einem Ungeheuer verschlungen, von dem der Ort später seinen Namen erhielt. Draußen im Meer sollen damals angeblich die gefürchteten Strudel der Charybdis gewütet haben.

Eine gefährliche Gegend? Kaum. Sicher, es gab manchmal gefährliche Situationen auf der Reise, meistens verkehrsbedingt. Nie hatten wir jedoch Angst davor, das Rad könne geklaut oder wir könnten überfallen werden, was ja auch vorkommen soll. Hier in Kalabrien ist eher das Gegenteil der Fall. Was uns wieder bestätigt, daß man eigentlich als Fahrradfahrer nur auf dem Land, weitab vom Massentourismus, so richtig »auf Touren« kommen kann. Interessanterweise, und das ist für alle »Italien-Kenner« gemeint, die sonst immer nur den Norden bevölkern, findet man das ursprüngliche Italien erst hier, ganz unten im Süden. Das es soweit weg ist, ist vielleicht ein Vorteil.

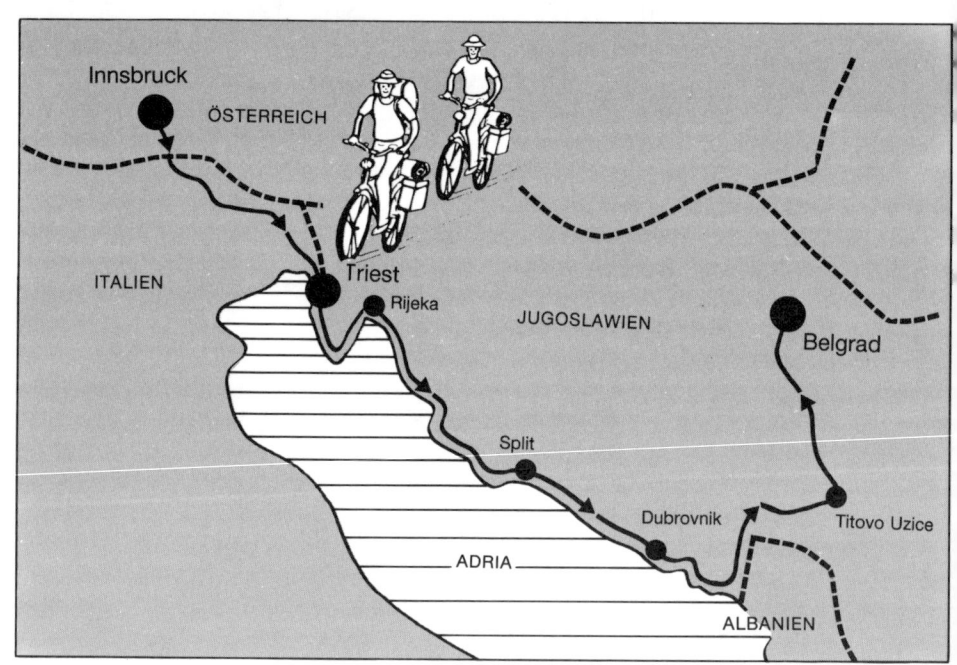

Tour 10: BALKAN

Durch die Schluchten des Balkan

Karl May möge mir den Diebstahl seines Titels verzeihen, doch ich bin der Meinung, daß eine Radtour durch Jugoslawien mindestens ebenso abenteuerlich ist wie die Erlebnisse, die er in seinem Roman schildert.

Natürlich ist Jugoslawien kein Neuland mehr für Touristen aus der Bundesrepublik. Besonders beliebt ist die Halbinsel Istrien, die nördlichen Inseln und vor allem Dalmatien, die Strecke zwischen Split und Dubrovnik mit den vorgelagerten Inseln. Autotouristen kennen Jugoslawien entweder vom berüchtigten »Autoput« her, der Transitautobahn nach den weiter südöstlich liegenden Reiseländern, oder von der Küstenstrecke, die sich durch den schmalen Streifen Land schlängelt, den das Gebirge und das Meer zwischen sich frei lassen.

Für Radfahrer kommt eigentlich nur die Küstenstrecke in Frage. Wegen des erträglichen Klimas und weil man sich an der Küste immer mal wieder in eine ruhige Bucht oder auf eine kleinere Insel zurückziehen kann. Der Straßenverkehr ist freilich recht tückisch. Beim Bau der Straße dachte man an Radfahrer zuletzt, die Sicherheitsvorkehrungen sind etwas unbekümmert. So findet man selten Hinweisschilder auf scharfe Kurven. Es kommt vor, daß Autofahrer nachts geradewegs in eine Bucht stürzen, weil sie zu spät gemerkt haben, daß es um die Kurve geht. Der Verkehr selbst ist stark, während der deutschen Sommerferien noch stärker, aber er ist auch bunt gemischt. Lastwagen, Mopeds, Touristenautos, Eselkarren und Fußgänger tragen alle ihr Teil zum Chaos bei.

Jugoslawien bietet demgegenüber aber auch eine Reihe Vorteile: die Preise liegen für deutsche Verhältnisse auf einem noch erträglichen Niveau, an der Küste spricht man deutsch in den Gaststätten, und das zwanglose Campieren am Strand, auf der Wiese oder in einem Maisfeld stört niemand. Das letzte Stück der Tour, von der Küste durchs Gebirge bis Belgrad, blättert für Radfahrer Seiten auf, die ein Autofahrer nie zu Gesicht bekommt, so Montenegro, der Bergrücken vor der albanischen Grenze, mit seiner wilden Landschaft und seinen staubigen Paßstraßen.

Man sollte sich nicht scheuen, den Weg nach Jugoslawien über die Alpen mit dem Fahrrad zurückzulegen. Es gibt Leute, die bis Zagreb mit dem Zug fahren und dann voll in die Pedale steigen. Die jugoslawischen Bergetappen jedoch, und in Jugoslawien gibt es fast ausschließlich Bergetappen, lassen sie bald frustriert wieder aufgeben. Der Schock über das ewige Rauf und Runter, auch an der Küste, ist zu groß. Gut, wenn man auf den paar hundert Kilometern durch die Alpen einige Trainingseinheiten absolviert hat. Wer glaubt, in Jugoslawien geht es locker voran, nur weil die Straße laut Karte entlang der Küste verläuft, hat sich getäuscht. Eine gezielte Vorbereitung, ein gewisses »Bergtraining«, ist unerläßlich. Die Alpen sind hierfür sehr geeignet. Hier ist die Luft noch nicht so heiß, die Straßen sind asphaltiert, man kommt gut voran. Und außerdem vermittelt der Start von zu Hause aus ein besseres Verständnis des Begriffs »Entfernung«. Die fließenden Übergänge der Vegetation, der Architektur, der Sitten und Gebräuche werden deutlich, wenn man sich seinem Ziel von zuhause aus nähert. Dies alles geht verloren, wenn man einfach nur in den Zug steigt, um dann im Land seiner Wahl wieder auszusteigen. Außerdem reagiert der Körper auf die schlagartige Klimaveränderung nicht gerade mit einer Leistungssteigerung.

Wir haben es bisher immer so gehalten: Alle Radtouren begannen zuhause, in unserem Fall in Stuttgart. Auch die Jugoslawien-Tour. Schon auf den ersten Etappen zeigen sich landschaftliche und kulturelle Unterschiede. Und es zeigt sich, daß es auch bei uns noch echte Gastfreundschaft gibt: Am Nachmittag des ersten Tages kommt ein Gewitter auf, das uns zwingt, in dem Dorf, in dem wir uns gerade befinden, zu pausieren. Schon leicht durchnäßt betreten wir den Gasthof »Hirsch« in Altsteußlingen am Südrand der Schwäbischen Alb und verteilen unsere nassen Anoraks auf verschiedene Stühle. Es ist Sonntag, die männlichen Dorfbewohner halten ihren Stammtisch ab, sonntägliche Touristen sind neu hier. »So, naßgeworden?« Eine rhetorische Frage, die nur schlecht die Neugier verdeckt. Wir geben Auskunft. Mit dem Fahrrad seien wir unterwegs und das Wetter sei ja wirklich unter aller Sau. Wo wir denn hin wollten? Nach Jugoslawien? Da lachen manche und glauben, wir wollten sie auf den Arm nehmen. Aber wir erklären ganz cool, was wir vorhaben. Die Kneipen-Mannschaft ist beeindruckt. Wir geben eine Bestellung auf: Suppe für den Magen, Bier gegen den Durst und hinterher einen Schnaps als Vorbeugung gegen Mangelkrankheiten. Da werden wir spontan eingeladen, die Nacht in einem Holzschuppen zu verbringen. Dankend nehmen wir das Angebot an, denn draußen hat sich das Gewitter zu einem Landregen entwickelt.

Die Strandpromenade von Triest: Stopp zum Waschen und Trocknen

Solche Erlebnisse sind wichtig für das Selbstverständnis als Rad-Tourer. Man ist nicht einfach ein Fremder auf Durchreise, sondern jemand, der freiwillig Anstrengungen auf sich nimmt, um ein fremdes Land kennenzulernen. Das wird überall honoriert. Auch bei uns in Deutschland.

Am nächsten Morgen scheint uns der Wettergott zusätzlich belohnen zu wollen, denn der Himmel ist strahlend blau, die Wiesen dampfen noch. Wir sind noch keine 100 Kilometer von zuhause entfernt, und doch schon ganz weit weg. Glücklich über die positive Klimaveränderung, radeln wir in Richtung Memmingen und Kempten. Die ersten Alpen-Gipfel kommen in Sicht, was jedoch für uns nicht den Charakter eines Hindernisses hat. Im Gegenteil: die Alpen sind ein tolles Übungsgelände und von einer erstaunlichen landschaftlichen Vielfalt. Wir kennen unsere Strecke, sie wurde auf vielen Touren gefunden und erprobt und macht die Nord-Süd-Durchquerung der Alpen zum Erlebnis:

Der erste Paß kommt hinter Füssen auf uns zu: der Fernpaß, rund 1200 Meter hoch. Die Zugspitze grüßt von Osten. Auf der anderen Seite nach dem

Dörfchen Nassereith hinunter, dann sofort wieder den Holzleiten-Sattel hinauf!

Es sind noch rund 60 Kilometer bis Innsbruck, und wir wollen Innsbruck so nahe wie möglich kommen, um am nächsten Morgen den Brenner möglichst früh in Angriff zu nehmen.

Bis am Mittag oder am frühen Nachmittag haben wir's geschafft: die Grenze. Der zweite Teil des Brenners ist eine Sache von einer knappen Stunde: Durch Sterzing hindurch geht es nach Brixen in Südtirol. Und in Brixen biegen wir ins Pustertal ab, die Dolomiten zur Rechten. Eine tolle Gegend.

IM GEBIRGE VERFAHREN

Die weitere Route durch die Alpen verläuft über Innichen, einem winzigen Ort hinter Toblach, den Kreuzbergsattel, Ampezzo, Tolmezzo bis Udine, das schon an der Oberitalienischen Tiefebene liegt. Gerade in den Dolomiten-Strecken ist es besonders schön mit dem Fahrrad, wenn auch besonders anstrengend. Den ganzen Tag trifft man kaum auf Autofahrer, höchstens Anlieger, die einem zuwinken.

Ich erinnere mich an eine Irrfahrt durch dieses Gebiet. Ich war allein unterwegs, was ich auch nur einmal versucht habe, und war so von der Landschaft der Dolomiten eingenommen, daß ich nicht merkte, wie ich immer weiter abseits der Durchgangsstraße geriet. Den ganzen Tag, das weiß ich noch, fuhr ich auf ungefähr 1200 Meter Höhe herum. Mal kurz hinunter, dann wieder einen Paß rauf. Aber die Oberitalienische Tiefebene wollte und wollte nicht kommen. Immer wieder befragte ich meine Karte, aber die Dörfer, durch die ich hindurch radelte, waren nicht verzeichnet. Am Nachmittag dann sah ich ein Schild: Udine 60 Kilometer. Das konnte doch nicht sein. Ich war immer noch auf 1200 Meter Höhe, und Udine liegt quasi auf Null, auf Meereshöhe!

Bei einem Café fragte ich mich dann mit Handzeichen durch, aber ich bekam die gleiche Auskunft, die mir schon das Verkehrsschild gegeben hatte: Udine, si si. Mare, also das Meer, si si. Als ich dann hinter dem Café um die Ecke bog, kippte die Straße buchstäblich nach unten ab. Zunächst dachte ich, es wird wieder ein Paß sein, aber die Abfahrt hielt an. Ich wurde immer schneller, die Bremsgummis der Felgenbremse wurden heiß auf der serpentinenreichen Strecke. Es ist war: Eine ganze Stunde lang ließ ich mich den Berg hinuntertragen, dann war ich in Udine. 60 Kilometer in genau einer Stunde, ein glatter Schnitt!

Wenn wir die Strecke absichtlich wieder suchen würden, würden wir sie ganz bestimmt nicht finden. Auf der Jugoslawien-Tour halten wir uns von vornherein an die bewährte Route, die wesentlich kürzer ist als die »verfahrene« Bergtour. Von Udine bis Monfalcone: Schnurgerade, topfebene Strecke. Von Monfalcone bis Triest: wieder topfeben. Leichter Wind kommt auf, den wir zu diesem Zeitpunkt noch begrüßen. Unmittelbar hinter der Stadtgrenze von Triest liegt die Grenze nach Jugoslawien. Der steile Anstieg aus der Stadt hinaus hätte eine Warnung sein sollen, zumindest ein Hinweis auf die hügeligen Etappen, die uns erwarten. Doch als unverbesserliche Optimisten, die wir schon immer waren, machen wir uns keine Gedanken. Abends, ein Neubau ist nicht in Sicht, legen wir uns in ein Wartehäuschen der Triester Linienbus-Gesellschaft.

VORWÄRTS IM STURM

Triest–Rijeka, 70 Kilometer. Doch der zunehmende Wind macht diese 70 Kilometer zu einer sehr langen Etappe. Wir überqueren den Nordrücken von Istrien, aus Osten bläst die Bora, ein gefürchteter Wind, der häufig im Frühjahr und Herbst einsetzt. Dieses Jahr hat er sich offensichtlich im Termin geirrt. Obwohl es schon Juli ist, pfeift der Wind von den Bergen herab. Das führt zu einem eigenartigen Schauspiel, das im nachhinein ganz lustig scheint, im Moment jedoch an die Kondition geht: Die Nordküste der jugoslawischen Adria ist übersät mit Buchten, die relativ schmal und eng in den Berg einschneiden. Die Straße folgt den geologischen Gegebenheiten exakt. Bei starkem Wind ist es unmöglich, in die Bucht hineinzufahren. Und in unserem Fall ist es kein Wind mehr, sondern ein ausgewachsener Sturm! Wir biegen um einen Felsvorsprung und wollen gerade gemächlich in die Bucht hineinfahren, als uns eine Böe voll erwischt und geradewegs wieder aus der Bucht rückwärts herausbläst. Wir müssen absteigen und den Berg hinunterschieben! Mit voller Kraft schieben wir die Räder die leicht abfallende Straße hinunter auf das kleine Dorf zu, daß in einer Felsnische hockt.

Unten dann geht es anders herum: Kaum sitzen wir im Sattel, erfaßt uns die Bora von hinten und schiebt uns den Berg hinauf aus der Bucht hinaus! Das ist ein Gefühl! Aber nur bis zur nächsten Biegung. Dort beginnt das Spiel wieder von neuem. Eigentlich ganz amüsant. Wenn nicht die Lastwagen wären. Die erzeugen nämlich immer wieder einen kurzen Sog, wenn sie an uns vorbeifahren, anschließend brechen die erzeugten Wirbel hinter dem Lastwagen voll auf uns herein. Da weiß man, was »gebeutelt« bedeutet. Gut, daß das Gepäck so fest verschnürt ist.

Das Spiel wiederholt sich den ganzen Tag. An eine Nacht am Strand ist nicht zu denken. In Bakarac, kurz hinter Rijeka, sitzen wir an der Theke eines kleinen Hotels und trinken Kaffee, als wir vom Kellner gefragt werden, wo wir schlafen wollen. »Keine Ahnung«, sagen wir, worauf uns der Herr Ober die Teppich-belegte Eingangshalle des Hotels anbietet. »Kommt sowieso keiner mehr heute«, meint er. Das nennt man Glück. Eine wirklich sturmfreie Bude. Jetzt fängt es an zu regnen. Wir sind froh, nicht auf dem Campingplatz übernachten zu müssen. Wir sitzen gedankenverloren auf dem Barhocker und schauen auf die stürmische See, der Regen verdunkelt den Horizont. Es gibt solche besinnlichen Momente, in denen man nicht gern redet. Überhaupt schweigt man manchmal ganz gern. Ich denke an die, die ihren ganzen Urlaub im Regen verbringen müssen.

Was macht der begeisterte Camper im strömenden Regen? Er verliert seine Begeisterung und beneidet die Hotel-Touristen. Der Hotel-Tourist seinerseits schaut derweil aus dem Fenster und versucht, Himmel und Meer zu unterscheiden. Er beneidet die Fernost- und Südsee-Touristen. Alle plagen Skrupel, denn auf den Urlaubskarten, die man schon geschrieben hat, steht »strahlender Sonnenschein«. So treffen sich alle an der Hotel-Bar und ertränken die verregnete Urlaubsfreude in Bier.

Uns trifft das Wetter nicht. Denn für uns bedeuten ein paar Tage Aufenthalt nur eine vorübergehende Unterbrechung, keine Beeinträchtigung unserer Fahrt. Zeit haben wir genug.

Doch wie so oft sieht die Welt am nächsten Tag ganz anders aus. Es ist klar, windstill. Bald sitzen wir wieder im Sattel und fahren weiter nach Süden. Die landschaftliche Kulisse ist überwältigend: Links von uns türmt sich der Gebirgsrücken des Velebit auf, von Null auf 800, 900 Meter, der höchste Gipfel ist über 1700 Meter hoch. Nicht die absolute Höhe macht die Attraktion aus, sondern der Höhenunterschied zwischen Meer und Gipfel, der hier größer ist als mitten in den Alpen, wo man sich zwischen 800 und 1000 Metern oder auch zwischen 700 und 400 Metern hin und herbewegt.

Ein weiterer Kontrast ist die Kahlheit der Berge, der schmale grüne Streifen Land an ihrem Fuß und das blaugrüne Meer unmittelbar daneben. Zu lange auf die Berggipfel schauen ist aber nicht ratsam! Die Straße ist höllisch gefährlich. Immer wieder kommt eine unvermutete Biegung oder ein Lastwagen. Oder beides. Ab und zu sehen wir die automobilistischen Opfer dieser Tücken: verrostete Autowracks im Meer unterhalb der Serpentine. Fahrräder sieht man Gott sei Dank nicht. Die Verpflegungslage ist für Radfahrer an der Küste recht günstig. Überall gibt es Büffets, kleine Restaurants oder Gaststätten, in denen preisgünstige Gerichte angeboten werden, die jugoslawische Küche ist ja bei uns bestens bekannt. Im Straßenverkauf gibt es hier außerdem die hervorragenden Bureks, mit Schafskäse oder auch Marmelade gefüllte Blätterteig-Taschen, spottbillig. Und sehr nahrhaft sind diese

Über Rijeka braut sich was zusammen

Bureks ebenfalls, ein oder zwei halten für den ganzen Tag vor.

Die flüssige Nahrung besteht weitgehend aus Mineralwasser, das billig und gut ist. Abends genehmigen wir uns ein Bier. Oder auch zwei. Überall an der Küste sprechen die Dienstleistungs-Gewerbetreibenden Deutsch. Viele haben jahrelang in Deutschland gearbeitet. Das soll nicht heißen, daß man selbst nicht ein paar Brocken Serbokroatisch auf Lager haben sollte. Bitte und Danke, die Zahlen eins bis drei, die Worte für Brot, Wasser und Bier (chleb, voda, pivo). Es macht auch viel mehr Spaß, abends in der Kneipe ein serbokroatisches »dobre vece«; ein »Guten Abend« zu rufen, als sich nur mit einem Kopfnicken verständlich zu machen. Nach ein paar Tagen sind uns die Redewendungen geläufig, auch die Übersetzung der Speisekarte gibt keine Probleme mehr auf.

Wir sind erst eine Woche unterwegs, schon völlig in einem Rhythmus aufgegangen, wir haben das Gefühl, schon monatelang unterwegs zu sein. Übrigens ist nach drei Monaten auf Tour das Abwesenheitsgefühl von zuhause so, als ob man schon Jahre unterwegs wäre.

Bei Zadar wird der Küstenstreifen breiter, die Straße etwas flacher, ein

Straßenschild verkündet in verschiedenen Sprachen: »Willkommen in Dalmatien«. Dalmatien ist keine Republik des jugoslawischen Staatenbundes, sondern eine Landschaftsbezeichnung. Nach der karstigen Strecke von Norden her erscheint uns das grüne Dalmatien wie eine Erlösung für das Auge.

Auch die Städte-Ansichten ändern sich: Zadar, Sibenik, Trogir, Split und Makarska erinnern mit ihren venezianischen Glockentürmen in den alten Stadtzentren daran, daß die Venezianer hier von Anfang des 15. bis Ende des 18. Jahrhunderts geherrscht hatten. Straßen und Plätze sind großzügig angelegt, überall Straßencafés, fast wie in Italien. Aber nur fast. Etwas ernster geht es hier zu als in Italien, aber nicht unfreundlich. Radfahrer mit ihrem »Biciklet« werden immer interessiert nach dem »Woher« und »Wohin« gefragt.

Der Oberkellner vom Sport-Hotel in Biograd begrüßt jeden Gast mit »Grüß Gott«. Entweder die meisten seiner Gäste sind Schwaben, oder er sieht uns unsere Herkunft an. Später stellen wir fest, daß er sogar seine Landsleute mit »Grüß Gott« anspricht. Die Wahrscheinlichkeit, einen Treffer zu landen, ist immerhin sehr groß, deutsche Touristen häufen sich.

Wenn in Süddeutschland die Sommerferien beginnen, kann man in Split Wetten abschließen, wann die ersten eintreffen. Die besten schaffen die Strecke München–Split in acht Stunden. Der deutsche Ferien-Kalender hängt hier über jedem Tresen. Die Inbesitznahme der dalmatinischen Küste durch germanische Touristen-Stämme hält an bis Dubrovnik. Dort staut sich der Schub noch kurz auf. Dahinter verebbt der Massentourismus schlagartig. Ein seltsames Phänomen. Wir erklären uns das damit, daß knapp 100 Kilometer hinter Dubrovnik die jugoslawische Welt zu Ende ist und das immer noch mysteriöse Albanien dem zufälligen Touristen die Durchreise verwehrt. Die meisten Autofahrer scheuen den Rückweg über das gebirgige und trockene Binnenland, die Strecke über Titograd und Titovo Uzice bis Belgrad. Deshalb nehmen sie lieber in Kauf, die gesamte Küstenstrecke wieder nordwärts hinaufzufahren. Aber wir nicht.

PER LKW ÜBER DIE BERGE

Verwundert registrieren wir zunächst den dünner werdenden Touristenstrom hinter Dubrovnik, dann erleichtert. Die Straßen werden dafür wieder etwas bergiger. Aber für sehr bergige Straßen haben wir ja ein Rezept parat:

Hier in Südjugoslawien gibt es reihenweise albanische Lastwagen, die noch etwas langsamer sind als die jugoslawischen. Gerade recht für unsere Zwecke. Wenn also ein steiler Berg auf uns zu kommt, dann steigen wir nach der ersten Kurve ab und warten. Nach spätestens fünf Minuten hören wir ein

Einst Fischerdorf, heute Hotelkomplex: Sveti Stefan

dumpfes Brummen, das wir im Lauf der Zeit aus den anderen Brummgeräu-
schen heraushören. Es gehört einem albanischen Lastwagen. Der jedoch hat
auch mit dem Berg zu kämpfen. Vor der ersten Kurve muß er zurückschal-
ten, dabei verringert sich seine Geschwindigkeit fast auf Schrittempo. In
diesem Moment springen wir in den Sattel und treten so fest wir können in
die Pedale. Für ein paar Sekunden sind wir gleichauf mit dem LKW. Er will
langsam an uns vorbeiziehen, da packen wir ihn hinten: Zack, haben wir
irgendeinen vorstehenden Haken oder eine Ladeklappe im Griff. Und dann
lassen wir nicht mehr los, bis wir oben auf dem Paß angelangt sind. Es
funktioniert. Man muß ein bißchen üben, mag sein, aber beim dritten oder
vierten Versuch hat man den Bogen raus. Kein Paß kann uns mehr schrecken,
dank der albanischen Lastwagen!

Auf diese Weise arbeiten wir uns auf der Strecke vor. Ab und zu fahren wir
natürlich auch selbst. Hier, südlich von Dubrovnik, gibt es auch eine Reihe
von Süßwasser-Seen, die sich hervorragend für ein Bad eignen. Gerade sind
wir wieder auf einer ebenen Strecke unterwegs, da kommen uns zwei
Radfahrer entgegen. Die Frage »Sprecht ihr deutsch« wird fast gleichzeitig

gestellt. Daraufhin gehen wir erst einmal Kaffee trinken und tauschen Informationen aus. Die beiden, ein Pärchen aus Leverkusen, kommen aus Belgrad, wohin sie mit dem Zug angereist waren, und wollen nun nach Dubrovnik. Wir haben exakt dieselbe Route in entgegengesetzter Richtung vor uns. Mit dem Erfahrungsaustausch geht die Zeit vorbei. Wir verabschieden uns und liefern der Piste noch ein zweistündiges Gefecht, bis wir in einer Kneipe rechts am Weg den Abend beschließen.

Wir sitzen gerade beim zweiten Bier, da entdecken wir am Horizont eine Staubfahne. Langsam kommt sie näher. Nach ein paar Minuten erkennen wir die Ursache: ein Radfahrer, der wie von Sinnen in die Pedale steigt. Was hat er vor? Ist etwa eine Rallye im Gange? Fast ist er schon an der Kneipe vorbei, da trifft sein Blick unsere Räder. Er schlägt einen 90-Grad-Haken und reitet direkt auf uns zu. Mit einer Vollbremsung bleibt er genau vor unserem Tisch stehen. »Hab' ich Euch endlich«, keucht er. Dann steigt er ab und bestellt sich ein Bier. Peter heißt der einsame Reiter, er kommt aus Bern. Die beiden aus Leverkusen hatten ihn unterwegs getroffen und ihm erzählt, daß da noch drei Radler in seiner Richtung unterwegs seien. Daraufhin hatte er sich in die Riemen gelegt – nur um uns einzuholen. Und das mit einem Schweizer Armee-Fahrrad.

Das Schweizer Armee-Räder nicht kaputt gehen, liegt daran, daß sie weitgehendst auf Zubehör verzichten, das kaputt gehen könnte. Gangschaltung haben sie sowieso keine. Eine Trommelbremse vorn plus Rücktritt hinten. Schwer wie Blei. Aber hart im Nehmen. Wir haben viel zu erzählen an diesem Abend. Und aus den paar Bieren zu Anfang wird eine ganze Menge. Wir schaffen es nicht mehr, auf die Räder zu steigen und müssen uns hinter der Kneipe auf die Wiese legen. Das war die erste Nacht in Montenegro, dem Land der Schwarzen Berge.

Und es ist hier anders als der Küstenstreifen. Die Straßen werden schmaler, staubiger, schlechter. Die albanischen Lastwagen werden noch langsamer. Schön für uns, so haben wir noch weniger Probleme, sie zu entern. Eine Fahrt jedoch wird gefährlich: Gerade haben wir einen LKW gepackt und hängen zu viert nebeneinander hinten dran, da kommt ein Tunnel. Die Straße ist übersät mit Schlaglöchern, denen wir immer ausweichen müssen. Mit einer Hand hängen wir am Laster, die andere am Fahrrad-Lenker. Den Kopf beugen wir ganz tief, um unter dem Wagen erkennen zu können, wo sich das nächste Schlagloch auftut. Und jetzt auch noch ein Tunnel! Es wird spannend. Wer läßt zuerst los? Keiner läßt los. Als wir auf der anderen Seite der Röhre wieder in die Sonne kommen, freuen wir uns. Aber da kommt schon der nächste Tunnel in Sicht! Die Arme werden lahm. Mit einem schnellen Zwischenspurt kann man auch den Arm wechseln. Ist aber schwierig. Meist halten wir den LKW mit einem Arm fest, bis wir oben sind. Im Falle der Tunnel-Strecke dauert es gut eine halbe Stunde, die sich mit einem Dutzend Tunnels äußerst kitzlig gestaltet! Aber schließlich sind wir oben. Der LKW-Fahrer muß seinen Laster abkühlen lassen, wir müssen die Arme entspannen. Wir laden unseren Schlepper zu einem Kaffee ein. Denn nicht immer sind die Fahrer begeistert, wenn plötzlich ein paar Fahrrad-Fahrer hinten dran hängen!

In Montenegro steht fast in jedem Dorf noch eine Moschee, ein Zeugnis, daß ein beträchtlicher Teil der Bevölkerung Moslems sind. Zigeuner überholen uns gelegentlich mit ihren Pferdewagen, auf denen die ganze Familie samt Hab und Gut Platz findet. In den Dörfern verkauft man uns Joghurt, der so gut schmeckt, daß wir uns tagelang nur davon ernähren. Die Preise für Essen und Trinken sinken, das Angebot freilich auch. Wenn wir Glück haben, gibt es abends in der einzigen Gaststätte des Dorfes etwas Warmes zu essen. Hammel-Eintopf zum Beispiel. Ein Bier dagegen findet sich immer irgendwo. Am Abend sind wir so geschafft von den strapaziösen Berg-Etappen, daß wir unsere Schlafplätze nicht sehr sorgfältig auswählen. Staub und Hitze setzen uns stark zu, sodaß wir gelegentlich längere Pausen einlegen müssen. Ab und zu finden wir klare Bäche oder sogar Seen, in die wir dann mit voller Montur hineinspringen; einmal habe ich vergessen, meine Brille vorher abzunehmen. Habe sie aber wiedergefunden.

Die Tage vergehen in Montenegro langsamer als an der Küste. Dennoch kommen wir recht gut vorwärts. Wir sind sonst an Tagesetappen von 120 Kilometer und mehr gewöhnt, hier in Montenegro sind es gerade halb soviel, ein respektabler Schnitt jedoch, wenn man die Umstände berücksichtigt. Auf diese Weise merken wir gar nicht, daß wir uns Belgrad nähern. Wir sind deshalb ganz überrascht, als wir ungefähr eine Woche, nachdem wir hinter Dubrovnik in die Berge abgebogen sind, am Ende unserer diesjährigen Tour angekommen sein sollen. Denn von Belgrad aus wollen wir mit dem Zug zurückfahren. Das ist kein Problem, der Hellas-Expreß aus Athen fährt jeden Tag.

Wir verbringen noch zwei geruhsame Tage an der Donau, ein gutes Stück außerhalb der Stadt, nachdem wir die Bahn-Tickets gekauft haben. Ganze 24 Stunden Bahnfahrt trennen uns schließlich noch von zuhaus, dann ist auch diese Tour zu Ende.

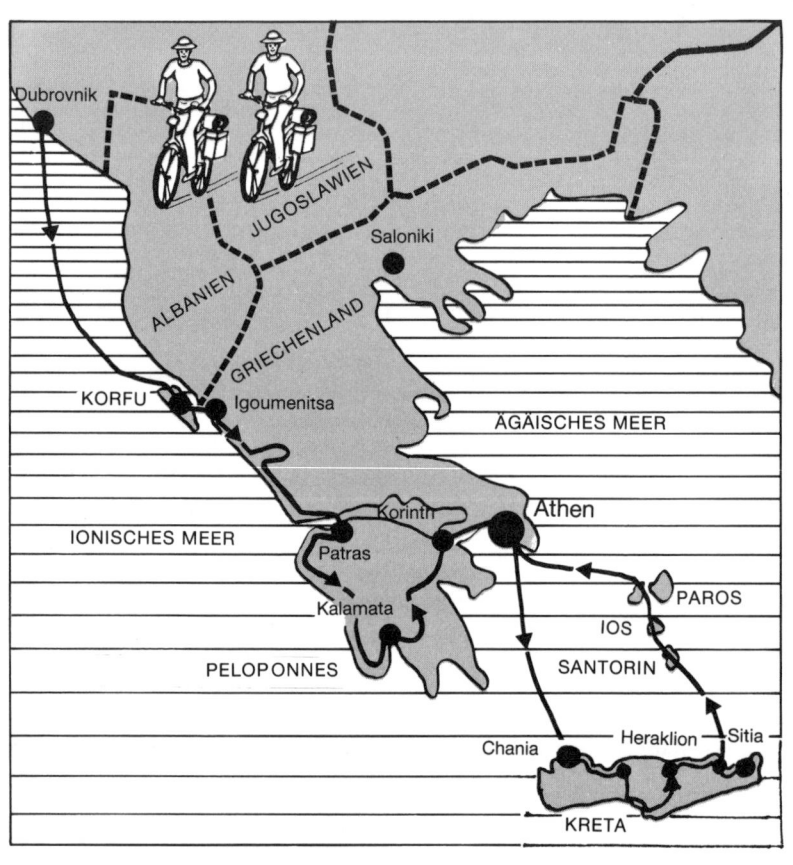

Tour 11: GRIECHENLAND

194

Griechenland – keine Spur von Alexis Sorbas

Reiseberichte über Griechenland sind immer zwiespältig. Sie beschwören in Bildern und Worten das archaische, urtümliche und gastfreundliche Land mit seinen unschätzbaren Kulturdenkmälern. Gleichzeitig bedauern sie, daß sich alles geändert hätte, es »nicht mehr so ist, wie es einmal war«. Das ist eine sehr romantische Betrachtungsweise aus der Sicht europäischer Intellektueller.

Natürlich gibt es die Gastfreundschaft in Griechenland noch, aber genauso selbstverständlich machen die Griechen ihre Geschäfte mit den Touristen. Warum sollte man ihnen verübeln, Kneipen und Kunsthandwerk-Geschäfte zu eröffnen, nur weil sie sich Umsatz von den Touristen erhoffen? Man kann doch nicht Tourist sein in Griechenland und gleichzeitig die Folgen des Tourismus kritisieren! Es gibt so viele Griechenland-Romantiker, die über die Ostertage oder im Sommer die kretischen Küsten bevölkern. Sie suchen alle die stille, einsame Bucht. Wenn keine Gastwirtschaft in der Nähe ist, beschweren sie sich darüber, daß nichts los sei. Haben sie dann eine gefunden, beschweren sie sich über die Preise und halten den Wirt für einen Halsabschneider. Die üblichen Formen des Massentourismus, der sich in Griechenland genauso darstellt wie überall in Südeuropa. Den Griechen selbst ist dabei kein Vorwurf zu machen.

Der aus Griechenland stammende amerikanische Filmregisseur Michael Cacoyannis drehte im Jahre 1964 auf Kreta einen legendären Film: »Alexis Sorbas«, in dem er versuchte, die Lebensumstände in einem Dorf und den vorübergehenden Aufenthalt eines englischen Schriftstellers einzufangen. Die rigorosen Moralvorstellungen der Landbevölkerung und die herbe Schönheit der Landschaft bilden den Hintergrund, vor dem Anthony Quinn (übrigens irisch-mexikanischer Abstammung) seinen Sorbas hinlegt. Die schauspielerische Leistung ist grandios. Auch die der zahlreichen Laien-Darsteller, die sich der Regisseur einfach dort holte, wo er drehen wollte. Noch heute gibt es in Nordkreta, in der Nähe von Chania, ein paar, die damals eine Statisten-Rolle spielten. Sie sind ganz stolz darauf, aber den Film haben die meisten von ihnen nicht gesehen. Und darin liegt auch der Schlüssel für das Mißverständnis, mit dem die Touristen nach Griechenland fahren: der Film war mitreißend. Das Leben in Griechenland spielt sich in Teilen, mal hier, mal dort, schon so ab, wie im Film, aber nie genauso – und schon gar nicht überall so.

Frei von allen folkloristischen Klischees zeigt sich Griechenland seinen Besuchern mit starker Landflucht, für das der Tourismus eine wichtige Einnahmequelle bedeutet. Aber: die Freundlichkeit der Griechen ist selten gespielt; die Reaktionen sind echt. Und sie unterscheiden ganz genau zwischen denen, die Landschaft und Folklore konsumieren und zu diesem Zweck auch ganz ungeniert mit ihrer D-Mark angeben, und denen, die sich Zeit genommen haben und Interesse an den Menschen zeigen.

Als Fahrrad-Fahrer ist man zwar auch Tourist, aber kein gewöhnlicher. Mit dem Rad durch Griechenland zu reisen ist anstrengend. Aber es ist ohne Zweifel die beste Art, direkt mit Land und Leuten in Kontakt zu kommen.

Die Griechenland-Tour ist die zweite in der Balkan-Trilogie, zu der nach Jugoslawien noch die Türkei gehört. Die drei Touren stehen absichtlich am Ende meiner Reisebeschreibungen. Die Erlebnisse sind schon exotischer als in Frankreich oder Ungarn. Und man kann, sofern man die Zeit dazu hat, alle drei Touren zu einer ganz großen verbinden, auf der man dann im Verlauf von Monaten wirklich alle mitgebrachten mitteleuropäischen Alltagsgewohnheiten hinter sich läßt.

So bilden die Griechenland-Beschreibungen die direkte Fortsetzung der Jugoslawien-Tour, die man natürlich abkürzen kann, um schneller nach Griechenland zu gelangen. Eine praktische Möglichkeit ist zum Beispiel, in Jugoslawien ab und zu eine Fähre zu benutzen, um sich schneller in den Süden vorzuarbeiten. Und damit beginnt auch unsere Tour.

DIE TOUR BEGINNT

Man könnte es fast als Routine beschreiben, wenn es nicht jedesmal wieder so erlebnisreich wäre: die Fahrt über die Alpen in den Süden. Ich möchte mich ungern wiederholen, deshalb verweise ich, was die Alpen angeht, auf die Jugoslawien-Tour.

Wieder nehmen wir die Alpen, von Norden kommend, über den Fernpaß und den Brenner in Angriff. Wieder begeistert uns die Landschaft und die Bergwelt in Südtirol. Wieder geht es über Udine hinunter nach Triest. Wir beschließen jedoch, von hier aus die Route etwas abzukürzen. Wir fahren deshalb an der Küste Istriens von Triest aus nach Süden. Über Rovinj nach Pula, wo wir die Fähre nach Zadar in Dalmatien besteigen wollen. Es ist

196

Der Kanal von Korinth wird überbrückt

Anfang Juni, an der zerklüfteten Küste Istriens sind nur vereinzelte Wohn-
mobile und Zelte zu entdecken. Die Sonne gibt schon ganz schön Hitze ab,
ein frischer Meerwind kühlt sie jedoch auf angenehme Temperaturen herunter.

In Pula fahren wir zuallererst an die Fähre, um die Abfahrtszeiten zu
erkunden. Mit den Fähren ist das so eine Sache: Von einem Problem kann
man eigentlich nicht sprechen, eher von einer anderen Auffassung, vor allem,
was den Zeitbegriff angeht.

Ich erinnere mich an eine Szene in einem kleinen Hafen, irgendwo in
Griechenland: Die Fähre liegt festgemacht am Kai, ein paar Autos sind schon
drauf – da braust ein Campingbus heran. Der Fahrer, laut Nummernschild
ein Deutscher, bremst mit quietschenden Reifen vor der Fähre, springt aus
dem Auto, rennt auf den lässig am Boot lehnenden Fährmann und fragt ihn,
wobei er auf seine Armbanduhr deutet, auf Englisch: »when is the boat
going?«, wann also das Boot losmacht. Der Grieche schaut ihn an, schaut
sein Auto an, dann blickt er zum Himmel empor, hebt die Arme und sagt
gottergeben: »Maybe tomorrow«, morgen vielleicht. Daraufhin verliert der

gestreße Autofahrer die Nerven, rennt haareraufend davon. Niemand kann ihn verstehen.

Dies Erlebnis soll klarmachen, was im Süden unter einer Fähre zu verstehen ist: eine Transportmöglichkeit, keine Gewißheit. Selbstverständlich kann man schon in Deutschland in Erfahrung bringen, welche Fähren zwischen welchen Häfen im Mittelmeer-Raum verkehren. Sogar die ungefähren Preise lassen sich herausbekommen. Eines jedoch geht nicht: Die Abfahrtstermine zu erhalten. Wo immer man bei uns im Reisebüro eine diesbezügliche Auskunft erhält (wenn man sie erhält!) – sie ist mit Sicherheit falsch. Sie kann überhaupt nicht stimmen. Die Fähren im Süden verkehren in so vielerlei verschiedenen Intervallen, die alle entweder von der Jahreszeit, vom Wetter an dem bestimmten Tag, von der Auslastung des Bootes, von der Lust und Laune des Kapitäns und auch vom Verhalten des Touristen abhängen.

Die Faustregel: Je kleiner die Fähre, desto weniger kann man sich auf einen regelmäßigen Turnus verlassen. Das ist kein Vorwurf gegenüber den Fähr-Leuten, das muß so sein. Wenn sich die Abfahrt im Hafen A um eine Stunde verzögert, dann ist es mehr als wahrscheinlich, daß sie sich im nächsten Hafen wiederum um eine Stunde verzögert, womit man schon bei zwei Stunden Differenz wäre. Das Wetter ist der häufigste Grund für Verzögerungen – kein Seemann riskiert Kopf und Kragen, nur weil ein paar Touristen zuhause in irgendeinem Falt-Prospekt gelesen haben, daß von A nach B jeden Tag um dieselbe Zeit eine Fähre übersetzt.

Leider gibt es immer noch Touristen, die die Pünktlichkeit innergriechischer Bootsverbindungen am Fahrplan der Berliner Verkehrsbetriebe messen. Ihnen ist nicht zu helfen. Doch immer kommt man ans Ziel, wenn man genügend Zeit hat, um auf die Umstände Rücksicht zu nehmen.

Soviel zum Thema Fähren. Ob in Jugoslawien, Griechenland oder der Türkei: es ist überall dasselbe. Ein Problem ist es aber, wie gesagt, nicht. Für Fahrrad-Fahrer darf es auch wirklich keins sein. Für uns bestimmt nicht, wir haben nämlich noch mehr Zeit als die Boots-Leute.

Mit dieser nervenschonenden Einstellung kommen wir gut voran. Von Pula über die Adria nach Zadar. Dann, nach einer kurzen Land-Etappe, von Dubrovnik auf die Insel Korfu. Gute 16 Stunden dauert die Schiffsreise von Südjugoslawien um Albanien herum nach Korfu, das wie zur Begrüßung vor der Westküste Griechenlands liegt. 16 Stunden auf dem Schiff bedeuten 16 Stunden Zwangspause. Es geht die Nacht hindurch, aber niemand schläft in dieser Nacht. Die ganze Fähre ist voller junger Leute, die alle nach Griechenland wollen. Die Unerfahrenen legen gleich ihre Schlafsäcke auf Deck aus, in der Hoffnung, eine romantische Nacht verbringen zu können. Aber auf hoher See an Deck zu schlafen, kann ganz schön feucht werden. Der Dunstschleier, der sich abends aufs Meer legt, kriecht in die Schlafsäcke hinein, bei Wind bekommt man ab und zu das Salzwasser direkt ins Gesicht.

Nein, man hält sich besser unter Deck auf. Da die Fähre eine Bar besitzt, fällt die Entscheidung leicht. Man knüpft die ersten Kontakte, trinkt die ersten Biere, Stimmung kommt in den Laden. Eine Gitarre wird hervorgekramt. Es wird später, das Boot schaukelt sich über die Adria in Richtung Ionisches Meer. Der Steward hinter der Fähr-Bar will den Laden schließen. 50 Gäste wollen aber nicht, daß er schon zumacht. Er ist kein Spielverderber und rückt die letzten Bier-Reserven heraus. Der Abend ist gerettet. Irgendwann in der Nacht legen wir uns in unsere Schlafsäcke unter einen Tisch. Das Fest ist zu Ende.

ZUR BEGRÜSSUNG: KORFU

Korfu, in Griechenland Kerkyra genannt, begrüßt uns am nächsten Vormittag in strahlender Sonne. Bereits auf der Fähre hat man so seine Tips untereinander ausgetauscht, was die besten Plätze angeht. Mit dem Fahrrad haben wir einen eindeutigen Vorteil den Trampern gegenüber und haben die Ost-West-Verbindung über die Insel, rund 25 Kilometer, in einer Stunde geschafft.

Wir sind auf der Suche nach einem allseits empfohlenen Platz, einer Bucht südlich des Dorfes Pelekas, im internationalen Tramper-Jargon unter »Pelekas-Beach« bekannt. Wir finden sie tatsächlich und stellen sogleich einen Vorteil fest: Die Bucht ist völlig unzugänglich. Nur ein schmaler Trampelpfad führt hinunter ans Meer, unbefahrbar auch für Räder. Wir stellen die Gefährte ins Gebüsch, schultern das Gepäck und machen uns zu Fuß auf. Unten erwartet uns eine wunderschöne Bucht mit Pinienwald, Kakteen, Sandstrand und drei Kneipen.

Diese Vorzüge haben allerdings auch noch mindestens zweihundert andere entdeckt, die Bucht ist gut belegt. Und jeden Tag treffen neue ein. Mittlerweile ist es Ende Juni, in ganz Europa beginnen die Sommerferien, die ersten amerikanischen Touristen werden gesichtet (erkennbar an ihrer grenzenlosen Begeisterung über alles, was sie sehen).

Eigentlich wollten wir nur eine kurze Runde in der Bucht schwimmen. Als wir dann schließlich wieder den Berg hinaufsteigen und unsere Räder aus dem Gebüsch hervorholen, ist eine ganze Woche vergangen! Die Bucht hatte es uns trotz des Betriebs (vielleicht auch deswegen) so angetan. Eine Woche Schwimmen, Sonnenbaden, mit Leuten aus sämtlichen europäischen Ländern reden, abends in der Kneipe Ouzo und Retsina trinken, nachts unter sternklarem Himmel im Schlafsack träumen. Eine Woche, und keinen Meter Rad gefahren! Wir haben ein schlechtes Gewissen unserem Körper gegenüber. Aber diese Woche hat zu einem ungeheuren Kräfte-Stau geführt. Wir merken es, als wir uns oben in Pelekas in die Sättel schwingen.

Von Korfu aufs Festland ist es nur eine kurze Fahrt; die Fähren verkehren häufig, deshalb muß man auch nicht lange im voraus planen. Drüben auf dem Festland: Igoumenitsa. Jetzt können wir zeigen, was in uns steckt. Die Strecke an der Küste entlang in Richtung Patras ist bergig, sehr bergig. Und wie sich im Laufe der ganzen Tour herausstellt, ist das restliche Griechenland eine Folge von Hügelketten, die sich bisweilen zu Gebirgen auswachsen. Der Peloponnes zum Beispiel, der auf den Karten so harmlos aussieht, entpuppt sich als ein einziger Gebirgsstock mit einem Zweieinhalbtausender mittendrin. Und ganz zu schweigen von Kreta. Aber darüber später mehr.

Das griechische Festland ist fast überall bis direkt an die Küste hin sehr hügelig, was jedoch den angenehmen Nebeneffekt hat, daß es überall Buchten gibt, die zwar nicht direkt an der Straße liegen, mit dem Fahrrad aber gut zu erreichen sind. Wir schieben abends die Räder ein kurzes Stück über Schotter oder eine Art Steppe, dann haben wir die Bucht für uns allein. Auf das Wetter müssen wir hier nicht mehr achten, was das Übernachten angeht. Auch nachts ist es noch angenehm warm.

Tagsüber dagegen müssen wir Stirnbänder gegen die Hitze anlegen. Wann immer sich die Gelegenheit bietet, springen wir ins Meer oder in einen Bach. Langsam breitet sich die Sonnenbräune über den ganzen Körper aus. In den ersten Wochen nämlich gleicht man auf dem Fahrrad einem Zebra: Die Oberschenkel sind von der Sonne verbrannt, die Unterschenkel dagegen noch weiß. Auf den Fußrücken zeichnen sich die Umrisse der Sandalen ab. Die Schultern sind rot, der Bauch ist weiß. Wenn wir uns im Spiegel betrachten (falls wir gelegentlich mal einen finden) sieht das ganz lustig aus. Im Laufe der Wochen jedoch wird der ganze Körper gleichmäßig braun, je nach Empfindlichkeit der Haut muß man zunächst einen Sonnenbrand über sich ergehen lassen, bis sich die alte Haut abgeschält hat und die neue darunter umso dunkelbrauner zum Vorschein kommt. Die Bräune sitzt am Ende so tief, daß sie noch monatelang anhält. Meine Füße waren nach meiner ersten Tour so verbrannt, daß ich noch im Winter darauf, nach einem Jahr sogar, die Konturen meiner Sandalen erkennen konnte, die ich drei Monate getragen hatte.

Traumhaft schöne Buchten und idyllische Fischerdörfer gehören ins tägliche Griechenland-Bild

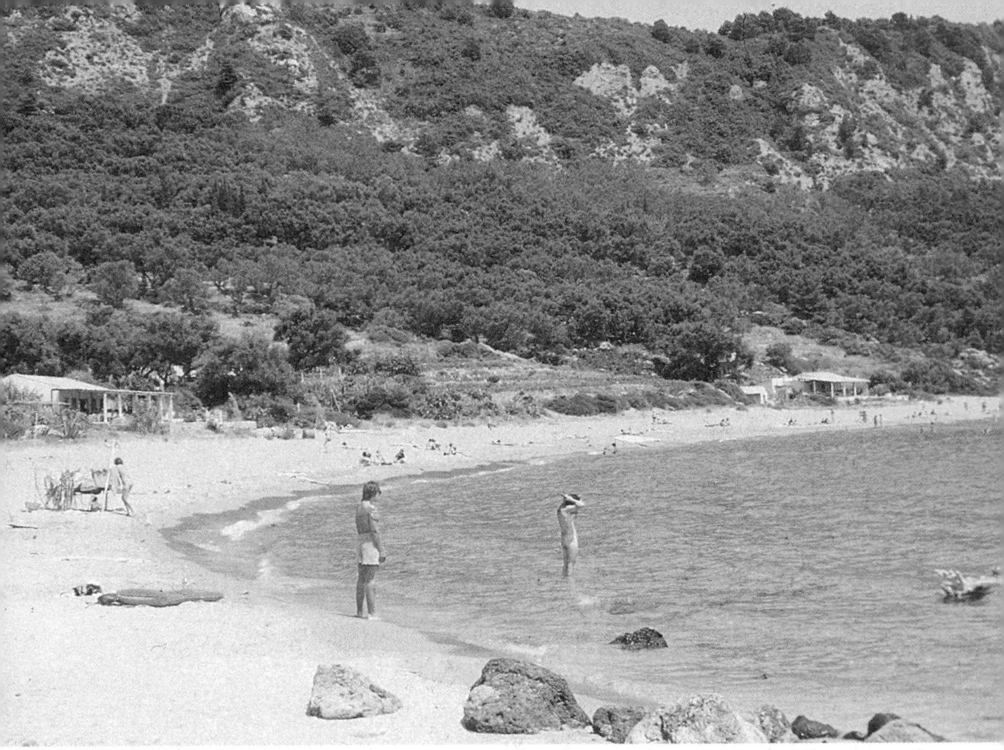

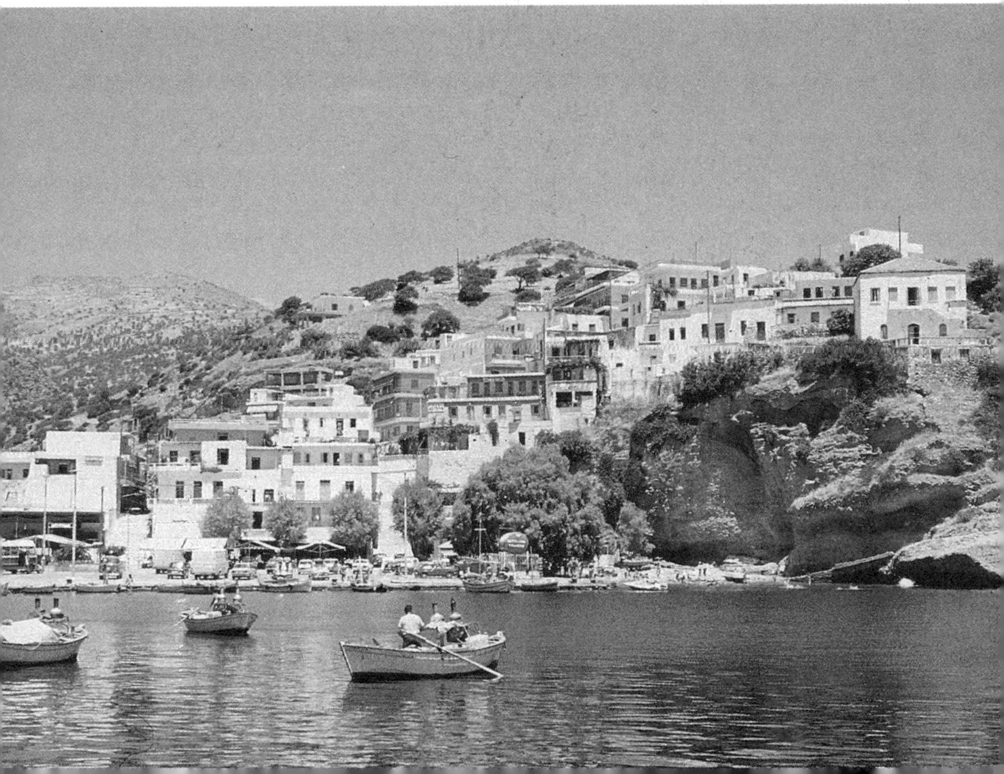

Orientierungsschwierigkeiten gibt es auf griechischen Straßen höchstens am Anfang, wenn man noch seine Probleme mit der Schrift hat. Auf den meisten Karten sind jedoch die Ortsbezeichnungen sowohl griechisch als auch lateinisch vermerkt, sodaß man im kürzester Zeit die Großbuchstaben im Griff hat. Ein P wird wie ein R gesprochen, daß ist die erste Erkenntnis. Ein A ohne den Querbalken bedeutet ein L, und so weiter. Nach ein paar Tagen entziffern wir die Straßenschilder mühelos.

Auch sonst gibt es keine Verständigungsprobleme mit den Einheimischen, nachdem wir uns an die Eigenheiten der zwischenmenschlichen Verständigung im Lande der Hellenen gewöhnt haben: »Ne, ne« heißt Ja, das sollte man sich zuerst einprägen. Nein heißt »ochi«, auch das kann man lernen. Die Aufforderung, näher zu treten haben wir anfangs falsch interpretiert: Immer, wenn wir an einem Feld vorbeifuhren, auf dem Melonen oder Tomaten angebaut wurden, forderten uns die Landarbeiter mit Armbewegungen auf, weiterzufahren. So dachten wir zunächst. Erst im Laufe der Tage erkennen wir, daß genau das Gegenteil gemeint ist: Wenn der Arm von oben nach unten schwingt, die Hand dabei mit dem Rücken nach oben zeigt, so, als wolle man im Sand scharren, dann heißt das soviel wie: Komm her. Bei nächster Gelegenheit setzen wir das Gelernte in die Praxis um: als wir wieder an einem Feld vorbeiradeln, die Leute uns wieder »herbeischarren«, nehmen wir die Einladung an. Unser Eimer wird sogleich mit Pfirsichen vollgepackt.

Ernährungsfragen löst man unterwegs in den Gasthäusern auch ganz einfach: indem man nämlich in die Küche geht und sich sein Essen aussucht. Wir finden das sehr praktisch. Kein langes Studium der Speisekarte, keine Bestellung beim Ober. Wenn wir abends ein Gasthaus betreten, gehen wir geradewegs in Richtung Küche oder dorthin, wo wir sie vermuten, um uns die Teller volladen zu lassen. Meist wird in griechischen Gasthäusern, auf dem Land zumindest, nur einmal am Tag gekocht und dann warm gestellt. So richtig heiß ist das Essen denn auch selten. Wir sind jedoch froh, abends überhaupt etwas zu bekommen.

Die Getränkebestellung sollte man zuhause etwas üben: der Daumen, der bei uns in Deutschland beim »Zahlen«-Zeigen immer mit benutzt wird, ist in Griechenland der kleine Finger. Wir wunderten uns am Anfang immer, daß trotz eindeutiger Bestellung von drei Bieren lediglich zwei auf dem Tisch erschienen. Des Rätsels Lösung: Wir hatten den Daumen, den Zeigefinger und den Mittelfinger hochgestreckt. Das aber heißt in Griechenland nur Zwei. Drei bedeutet Zeigefinger, Mittelfinger und Ringfinger. Eine akrobatische Übung, wenn man's nicht gewohnt ist. Es ging uns aber dann so in

Fleisch und Blut über, daß wir heute noch, auch zuhause, unser Bier stets ohne den Daumen bestellen.

Retsina, Ouzo, Metaxa – die Spezialitäten der griechischen Getränkeindustrie feuern den Geist an und lähmen die Glieder. Was sich stets am nächsten Morgen im Sattel bemerkbar macht. Nach 20 Kilometer spätestens haben wir uns wieder freigefahren. Der nächste Berg treibt uns den Schweiß aus den Poren und damit auch den Kater.

In diesem Rhythmus geht es weiter. Tagelang, wochenlang. Von Igoumenitsa an der Westküste entlang bis Patras. Dann an der Westküste des Peloponnes südwärts hinunter bis Pilos. Der Verkehr ist schwach bis mäßig, wir können uns nicht beklagen. Die Straßen haben jedoch die Eigenschaft, vom Dorf in der Bucht geradewegs auf den Berg hinaufzuführen, wo sich meist nur ein paar Häuser befinden, dann wieder abzudrehen und zum nächsten Fischerdorf hinunterzuführen. Dort geht das ganze von neuem los.

Und steil sind diese Strecken! An einem einzigen Tag, so errechnen wir, haben wir insgesamt sechs Stunden das Rad geschoben, zwei sind wir gefahren, 60 Kilometer Tagesleistung. Das gehört aber auch zu einer Radtour. Jammern hat keinen Sinn, wir müssen vorwärts.

MIT 60 SACHEN ÜBER DIE BERGE

Wir sind kurz vor Pilos am Südzipfel des westlichen Peloponnes-Fingers, die anderen sind schon auf der nächsten Bergkuppe angelangt. Heute läuft es nicht so gut bei mir, denke ich gerade, da überholt mich ein uralter Mercedes, ein 190 D, kanariengelb angemalt. Er hält an, ein Grieche steigt aus und ruft mir ein fröhliches »Hello, my friend« zu. Dabei hält er ein Seil in der Hand, das er an die Stoßstange seines Autos bindet. Ehe ich so recht weiß, was gespielt wird, wickelt er es um meinen Fahrrad-Lenker und drückt mir das andere Ende in die Hand. Mit einem »Let's go« schwingt er sich hinter das Steuer und gibt Gas. Ich bin so verdutzt, daß ich gedankenlos das Seil festhalte.

Ein Ruck, der 190 D fährt an und wird immer schneller. Den Berg hinauf geht es ja noch. Aber oben angekommen wird er noch schneller. Was in so einem alten Diesel noch steckt! Ich fange an zu schwitzen. Aber es ist nicht die Hitze. Ich habe Angst. Vergebens versuche ich, den Teufelsfahrer auf mich aufmerksam zu machen, sinnlos. Er treibt seinen Mercedes die nächste Steigung hinauf, wir haben mindestens 60 Sachen drauf. Die Straße ist voller Löcher, ich bin vollauf beschäftigt, den Lenker mit einer Hand so fest wie möglich zu halten. Ich kriege langsam Panik. Abspringen ist auch nicht drin. Da überhole ich meine Freunde. Sie können sich nicht halten vor Lachen und

Mit dem Rad durch Grie-
chenland: man läßt es locker
angehen. Pausen am Strand,
Angelversuche und Repara-
turarbeiten sind willkommene Verzögerungen

denken, ich mache das als Zirkus-Einlage. Schließlich habe ich durch mein Gebrüll erreicht, daß der Fahrer anhält. Lachend steigt er aus. »Enough?« fragt er, genug? Ich habe genug, ja. Ich muß mich erst einmal erholen. Wir radeln noch bis Pilos, dort machen wir Station. Ich trinke ein paar Retsina mehr als sonst.

Am nächsten Morgen entdecken wir den kanariengelben 190 D an der Strandpromenade von Pilos. Daneben fährt ein Hochseil-Artist mit einem Einrad über das Drahtseil, auf den Schultern hat er ein Kind. Die Frau geht mit dem Hut herum. Er ist es! Es ist ein Ein-Familien-Zirkus. Der Künstler auf dem Seil hat mich also gestern als Kollegen betrachtet. Ein Drahtseilakt war es wirklich!

Wir umrunden den Peloponnes mehr oder weniger an der Küste entlang über Kalamata und Sparta (es geht spartanisch zu) bis Nauplion und Korinth. Den berühmten Kanal von Korinth überspannt eine Brückenkonstruktion, die gleichzeitig Bahngleise, Autobahn und Fußweg aufnimmt. Die Schlucht ist weniger imposant, als es auf den Postkarten immer den Anschein hat. Noch 100 Kilometer bis Athen! Eine durchschnittliche Tagesetappe also.

IN ATHEN BRAUCHT MAN NERVEN

Wir sind aufgeregt und gespannt auf Athen. Die Freude ist jedoch verfrüht. 30 Kilometer vor Athen beginnen die Industrie-Gebiete von Eleusis und Perama. Die Straße ist übersät mit spitzen Drahtstücken, Glasscherben und allerlei sonstigem Abfall. Bloß keinen Plattfuß jetzt! Das hieße, in dieser staubigen heißen Luft den Reifen wechseln. Bloß das nicht! Die Sonne brennt dermaßen auf den Asphalt, daß die Straße Wellen wirft. Lastwagen donnern an uns vorbei.

30 Kilometer geht das so, dann erreichen wir die City von Athen. Der Gestank läßt nach, die Hektik nimmt zu. Es gibt keine Wahl, wir müssen durch. In der Altstadt, der Plaka, direkt unterhalb der Akropolis, kennen wir eine Herberge, das Hotel »California«. Völlig genervt parken wir die Räder im Hof hinter dem Haus, wo gerade Bettgestelle weiß gestrichen werden. Sollen sie ruhig abfärben auf die Räder. Erschöpft quartieren wir uns in einem Acht-Mann-Zimmer ein. Außer uns ist es schon von drei Schotten und zwei Australiern belegt. Sie halten uns zur Begrüßung ein Bier entgegen. Wir werden augenblicklich wieder munter. Wir werfen unser Gepäck auf die Matratzen und erzählen. Jeder berichtet Erlebnisse und Anekdoten. Die anderen haben auch allerlei auf Lager. Alle zehn Minuten muß einer zum Laden vis-à-vis hinuntergehen und acht Biere holen. Es ist schwül in Athen. Von draußen strömt der Duft von Gebratenem aus der Kneipe nebenan

Athen: interessant anzusehen, schwer zu verkraften

herauf. Wir schwitzen wie die Teufel. Der Durst wird immer größer. Nachts um eins macht der Bierladen zu, er hat ein gutes Geschäft gemacht.

Athen ist sicher ein paar Tage wert. Die Fahrräder läßt man jedoch am besten irgendwo stehen, wo sie einigermaßen sicher sind, und macht sich zu Fuß oder per Bus auf durch die City. Das Dreieck Akropolis-Syntagma-Omonia hat alles, was man braucht, einen Stadtplan gibt es in jedem Reisebüro. Die Kulturdenkmäler Athens zu beschreiben will ich mir an dieser Stelle verkneifen, hierfür gibt es speziellere Reiseführer. Ich setze meinen Bericht lieber an der Stelle fort, an der wir Athen in Richtung Kreta wieder verlassen. Wer sich an das ruhige Leben und Fahren auf dem Land gewöhnt hat, den nervt Athen schon nach drei Tagen. Es zieht einen hinaus.

In unserem Fall steht Kreta auf dem Programm. Jeden Abend startet eine Fähre von Piräus aus nach Chania, eine weitere nach Heraklion, die wichtigsten Städte an Kretas Nordküste. Auf der Fahrt, die die ganze Nacht dauert, darf man allerdings den Laderaum nicht betreten. Das heißt, man kommt an die Räder nicht heran. Alles, was man auf der Fähre braucht, muß man demnach mit an Deck nehmen. Die Fähre selbst hat neben einem Restaurant auch einen sogenannten »Fernsehraum«, dessen Fernsehapparat aber selten funktioniert. Der »TV-Room« dient vielmehr als Schlafgemach. Hier hält man es, in den Schlafsack gewickelt, die Nacht über aus.

Am nächsten Morgen stehe ich schon in der ersten Dämmerung an Deck und schaue nach Süden. Ich erwarte ein Schauspiel, daß immer wieder faszinierend ist. Als der Nebel langsam dünner wird, kann man es erkennen: Kreta! Und zwar zunächst die gewaltigen Gipfel des Gebirgsmassivs, aus dem Kreta besteht. Drei der Berge reichen an die 2500-Meter-Grenze heran, es gibt sage und schreibe 60 Zweitausender auf Kreta! Auch im Hochsommer liegt auf den Kämmen noch Schnee. Und der leuchtet jetzt in den ersten Strahlen der Morgensonne. Zunächst sieht man nur Umrisse, dann werden die Konturen deutlicher: das Gebirgsmassiv scheint sich in voller Breite gegen den Norden zu stemmen.

Als die Fähre noch näher herankommt, das Licht besser wird, kommt auch der grüne Streifen am Fuß der Berge zum Vorschein: Felder, Olivenhaine. Dazwischen einzelne weiße Flecken: Gehöfte. Dieser Anblick vom Schiff aus ist unvergleichlich. Und die Berge deuten es an: Kreta ist eine einzige Gebirgsetappe.

KRETA – EIN EINZIGES GEBIRGSMASSIV

Auf dem Festland gibt es ab und zu mal eine flache Strecke, die Hügel halten sich in Grenzen. Auf Kreta gibt es nur Bergstrecken. Die Straßen sind steil, zum Teil nur mit Schotter belegt. Die Sonne brennt tagsüber gnadenlos herunter. Nachts dagegen wird es im Gebirge, auch im Sommer, empfindlich kalt. Aber trotzdem: Kreta bleibt einzigartig, auch mit dem Fahrrad. Die Anstrengungen lohnen sich allemal.

Von Chania aus fahren wir zunächst ein Stück nach Osten in Richtung Rethymnon. Hier irgendwo muß es sein, das sagenhafte Dorf aus dem Film »Alexis Sorbas«. Aber es war ja nur ein Film. Das vergißt man manchmal, wenn man durch die Dörfer fährt. Alle könnten eine Filmkulisse abgeben.

Hinter Rethymnon biegen wir nach Süden ab. Es geht prompt den Berg hoch. Ich entdecke einen kleinen Gemüse-Transporter, der sich ebenfalls den Berg hochkämpft. Ich bekomme ihn zu fassen, eisern halte ich mich fest, da wird das Ding langsamer, und der Motor stirbt ab. Ich habe das Gemüse-Dreirad abgewürgt. Der Fahrer schimpft. Ich entschuldige mich, so gut ich es verständlich machen kann. Er dreht um, läßt sein Dreirad kurz den Berg hinunterrollen, bis der Motor wieder anspringt. Dann kehrt er wieder um und nimmt den Hang zum zweiten Mal in Angriff. Woher soll ich auch wissen, daß der Zweitaktmotor des Gefährts keine 90 Kilo (75 ich, 15 das

Rad) zusätzlich schleppen kann. Die anderen haben derweil einen Lachkrampf bekommen.

Kreta ist an dieser Stelle eigentlich recht schmal, Luftlinie vielleicht 30 Kilometer. Dennoch benötigen wir den ganzen Tag, bis wir an der Südküste ankommen: Timbakion. Auch wieder ein internationaler Treffpunkt. Viele der Dauergäste, die sich hier aufhalten, fangen an zu arbeiten, wenn ihnen das Urlaubs-Geld ausgeht. Das ist zwar offiziell nicht erlaubt, inoffiziell aber sehr beliebt. Die jungen Touristen verdienen sich so ein paar Drachmen mit Trauben- oder Tomatenpflücken; ihre Auftraggeber bekommen auf diese Art billige Arbeitskräfte. Das läuft dann meist so ab: Morgens, wir sitzen in Timbakion in der Strand-Kneipe, »Costa's Omelett-Station« genannt, und frühstücken. Da fährt ein kleiner Lieferwagen vor. Ein Grieche steigt aus und ruft auf englisch in die Kneipe hinein: »Drei Leute zum Tomaten-Pflücken gesucht«, in dem harten griechischen Englisch nur schwer zu verstehen, »I need three people for tomato-picking« etwa. Die Leute finden sich, handeln einen Pauschalpreis aus, und ab geht's auf dem Lieferwagen. Jeden Morgen das gleiche. Tomatenpflücken ist beliebt. Ein Dauer-Job. In Kreta werden dreimal im Jahr Tomaten geerntet. Reich wird man dabei nicht. Aber die Tomaten sind umsonst.

Von Timbakion aus (von Costa's Omelett-Station aus, besser gesagt) fahren wir zuerst östlich, dann nördlich, bis wir bei Heraklion wieder an die Nordküste stoßen. Heraklion ist die Hauptstadt Kretas, inclusive Flugplatz und einer Brauerei, die hier deutsches Bier in Lizenz braut. Henninger-Bier, um es genau zu sagen. Der überwiegende Teil des Tourismus in Kreta spielt sich zwischen Chania und Heraklion an der Nordküste ab, ebenfalls sehr beliebt ist das Stück östlich von Heraklion bis Agios Nikolaos. Dahinter spielt sich wenig ab. Eigentlich nicht so recht zu erklären. Denn östlich von Agios Nikolaos wird es erst interessant. Zum Beispiel im 50 Kilometer entfernten Sitia. Uns gefällt es hier auf Anhieb. Der Ort macht einen richtig urigen Eindruck auf uns. Wir treffen einen norwegischen Journalisten, der uns gleich über die Geschichte Sitias aufklärt:

GESCHICHTE UND GESCHICHTEN IN SITIA

Kreta hat im Zweiten Weltkrieg allgemein unter der deutschen Besatzung zu leiden gehabt, Sitia besonders. Hier gab es auch die meisten Agenten des britischen Geheimdienstes, des Secret Service. Und der alte Giorgios, in dessen Pension der Norweger wohnt, war so ein Agent. Der segelte im Krieg zwischen Sitia und Ägypten hin und her, um Filme von der deutschen Flotte im Hafen von Sitia höchstpersönlich in Kairo abzuliefern.

Oder Jacques Cousteau, der Meeresforscher. Der läuft nämlich immer Sitia an, wenn er zufällig in der Gegend ist und bunkert an die 1500 Liter Wein für die Besatzung. Es ranken sich viele Geschichten um Sitia. Es werden sogar welche hier geschrieben. Graham, beispielsweise, ein englischer Schriftsteller, der angeblich 10000 Dollar Vorschuß auf ein Buch bekommen haben will, das er nun in Sitia fertigstellen möchte. Nach einer Woche, die wir in Sitia verbringen, ist sein Manuskript tatsächlich um ein paar Seiten angewachsen. Aber es eilt nicht. Der Vorschuß wird in Sitia lange reichen. Graham, schreibt nach dem Frühstück eine Weile, dann tritt er aus der Tür, begrüßt alle Nachbarn und uns. Dann setzen wir uns zum Mittagsimbiß und beginnen Backgammon zu spielen, griechisch Tavli genannt. Graham spielt in betrunkenem Zustand besser als ich in nüchternem. Aber so gegen sechs Uhr abends zeigen sich meine konditionellen Vorteile. Gegen Mitternacht habe ich wieder gleichgezogen. Bevor uns der Wirt ins Bett schickt, singt Graham noch ein selbstgebasteltes Loblied auf Sitia im allgemeinen und den Retsina im besonderen, das er nach der Melodie von Bob Dylans »With God on our side« zum besten gibt. Ich habe es aufgeschrieben, hier ist es:

»Please help me, I'm drinking Retsina again,
can't stand the sensation,
don't know, why I give in.
I drink it for breakfast,
at lunchtime as well.
Hand in hand with Retsina
I'm going to hell.

I came to Sitia
a long time ago.
Don't remember the year,
from where I came, I don't know.
They gave me a bottle
of what they called wine.
And from that first bottle
my soul ain't being mine.«

Dabei entblößt Graham seinen gelben Bauch, der nicht etwa von der angegriffenen Leber so gefärbt wäre, sondern von seinem Brustbeutel, der im Schweiß des Bauches so langsam Farbe läßt.

Sitia hat schon etwas Eigenes. Dagegen kann man sich den Ausflug nach Vai sparen. Vai wird in allen Prospekten wegen seines Palmenstrandes gerühmt. Der ist aber mittlerweile völlig verdreckt. Die einzige Gastwirtschaft am Strand nutzt ihre Monopolstellung zu gesalzenen Preisen. Außerdem gibt es nur eine einzige Wasserstelle. Es lohnt sich also wirklich nicht, näher auf Vai einzugehen.

Fast fünf Wochen sind wir nun schon auf Kreta, eine davon allein in Sitia. Die innere Unruhe wird größer. Wir beschließen, wieder weiterzuziehen. Von Sitia fahren wir die 50 Kilometer zurück nach Agios Nikolaos, um uns

Auf der Strecke: ein einsames Bergdorf und ein einsamer Melonen-Verkäufer

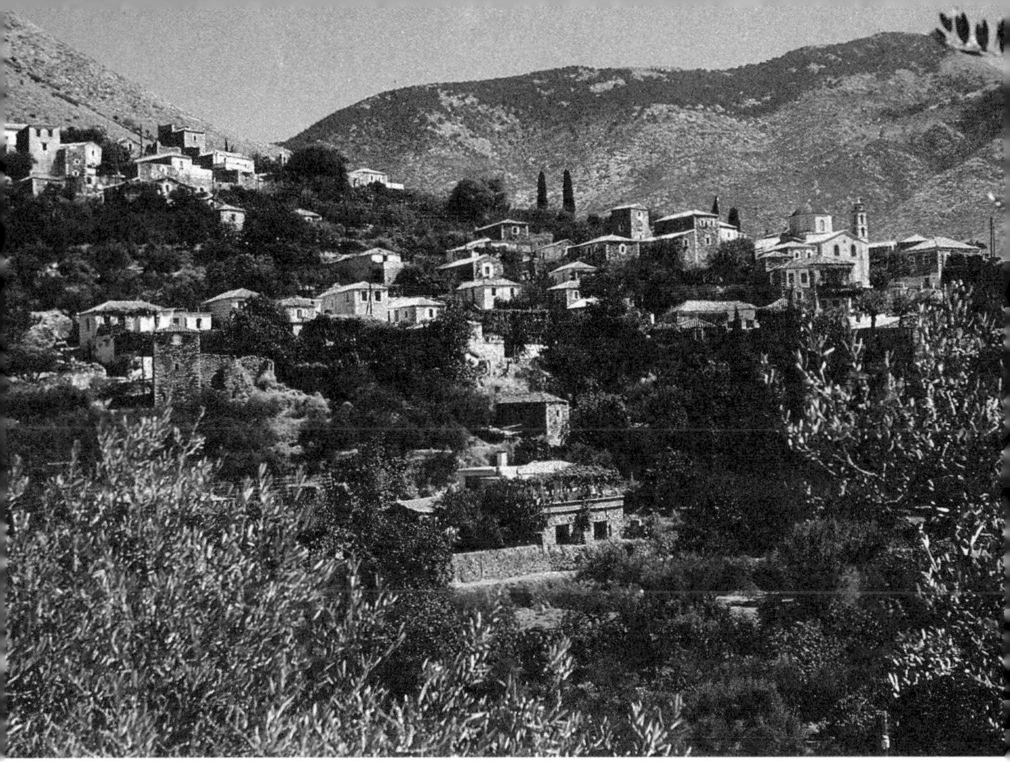

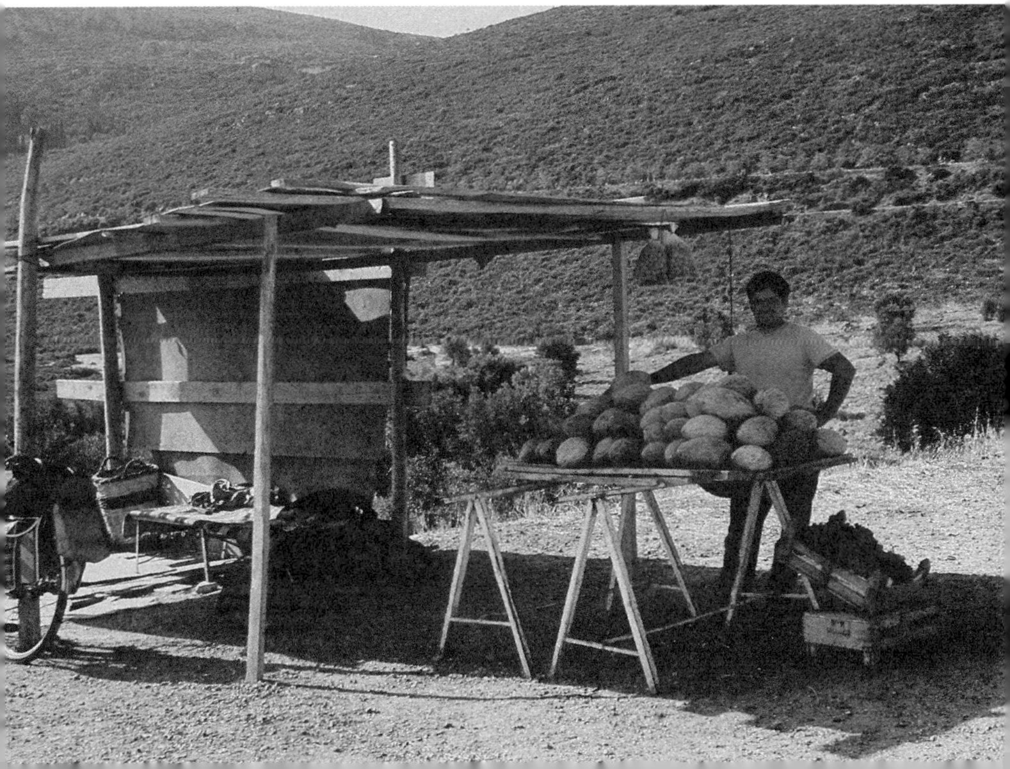

dort nach einer Fähre umzuschauen. Am Hafen gehen wir auf das erstbeste Boot zu und fragen nach seinem Ziel. »Thira« bekommen wir zur Antwort. In deutschen Karten ist Thira als Santorin verzeichnet, ein Name, der vom italienischen »Santa Irini«, der heiligen Irene also, abgeleitet wurde. Kurz vor Mitternacht legt das Boot ab, das Meer ist ziemlich stürmisch, und wir haben Mühe, die Anfälle von Seekrankheit zu verkraften. Ein Grieche klärt uns hilfsbereit auf, daß man in solchen Fällen stets an Deck in der frischen Luft bleiben sollte, statt, wie viele andere, ins Bootsinnere zu kriechen, wo einen die räumliche Enge psychisch noch mehr beeinflußt. »Aber seekrank«, so werden wir aufgeklärt, »werden fast alle, nur Kinder und Taubstumme nicht«. Sehr beruhigend.

MIT DEM FAHRRAD ÜBER DIE INSELN

Nach dieser stürmischen Nacht, in der wir fast nicht schlafen und uns an Deck festklammern, ist jeder feste Punkt am Horizont ein magisches Ziel für das Auge, das sich daran festhält. In der Morgendämmerung tauchen die ersten Umrisse von Santorin auf. Wir fixieren die schwachen Konturen, als ob wir uns mit den Augen wie an einem Seil näherziehen könnten. Die Insel sieht aus wie ein unsachgemäß aufgeschnittener Apfelkuchen, dessen eine Hälfte fehlt. Ein Vulkanausbruch in grauer Vorzeit ließ von der Insel nur noch einen halbmondförmigen Rest übrig, eine Seite flach zum Meer hin abfallend, die andere Seite steil, nahezu senkrecht aufragend. Der Anblick ist überwältigend! Das dunkle Vulkangestein ist auf dem Kamm oben mit weißen Flecken gesprenkelt, die Hauptstadt Thira.

Das Boot macht im sogenannten »alten Hafen« fest, ein Glück, wie wir später feststellen. Vom »alten Hafen nämlich führt eine Straße hinauf zur Stadt. Vom neuen Hafen dagegen, der direkt unterhalb von Thira in die Vulkanfelsen hineingebaut wurde, führt eine Treppe mit 450 Stufen steil den Hang hinauf!

Im neuen Hafen legen die Kreuzfahrtschiffe mit ihren zahlungskräftigen Gästen an, die sich dann per Maulesel-Stafette nach Thira hochschaukeln lassen. Gegen Drachmen versteht sich. Die Muli-Treiber peitschen die armen Tiere gnadenlos nach oben, um möglichst schnell wieder unten zu sein und noch einen Tourist hochschaukeln zu können. Die Mulis, bedauernswerte Kreaturen, deren Felle voller Narben und Flecken sind, werden geschlagen und getreten, die amerikanischen Touristinnen stoßen spitze Schreie aus, »oh great« und fordern ihre Ehemänner auf dem Muli dahinter zum Fotografieren auf, »Harry, get the camera«. Oben dann stürzen sie in den ersten Laden, der mit einem Schild »cold drinks« Erlösung verspricht.

Soviel zu den Schattenseiten des Betriebs.

Wir finden einen ruhigen Platz an der Ostküste der Insel, in der Nähe von Perissa, von wo aus wir tägliche Expeditionen per Rad unternehmen. Nach drei Tagen haben wir jedoch Santorin abgefahren. Außerdem wird der Rummel immer stärker – in Deutschland haben die Sommerferien begonnen. So kaufen wir uns oben in Thira im Reisebüro Tickets auf die nächste Insel: Ios. Dort angekommen, müssen wir feststellen, daß sie noch kleiner ist als Santorin, noch weniger Straßen und damit Radfahr-Möglichkeiten bietet und außerdem völlig mit Touristen überfüllt ist. In Santorin wurde uns von Ios vorgeschwärmt. Nichts davon ist wahr.

In diesem Zusammenhang muß ich eine Warnung aussprechen: Auf gute Tips von anderen Reisenden ist man immer angewiesen, man sollte sie jedoch mit größter Zurückhaltung genießen, sofern sie von amerikanischen Touristen stammen. Gerade die jüngeren, meist besser betuchten von der amerikanischen Ostküste, finden alles »beautiful« und »really cheap«, also toll und billig. Mit der Kraft ihres Dollars und der Disneyland-haften Vorstellung von Europa finden sie in Griechenland nur einen von vielen Orten, die für sie neu und deshalb »beautiful« und auch billig sind. Am besten, man glaubt auf einer Radtour zuerst sich selbst und, falls man sie trifft, anderen Radfahrern.

Es fällt nicht schwer, Ios zu verlassen. Es erinnert uns an eine Faschings-Veranstaltung an der Kunstakademie. Die nächste Insel heißt Paros. Sehr erholsam. Es gibt genügend Platz, um sich und das Fahrrad wieder einmal so richtig auszufahren. Stille Buchten, einsame Strandkneipen. Wir genießen es. Doch eigentlich sind diese Inseln ohnehin nur zur Erholung und nicht zum Radfahren geeignet. Aber immerhin sind wir auf diese Weise wieder ein Stück weiter nördlich gekommen, näher an Athen heran. Nach ein paar Tagen besteigen wir die Fähre nach Piräus. Die Großstadt hat uns wieder. Noch eine Nacht im Hotel »California« im Acht-Mann-Zimmer, einen Rundgang durch die Altstadt, die Plaka, einen Aufstieg auf die Akropolis.

Die Frage der Rückreise war zuvor geklärt worden: mit dem Zug. Jeden Abend um 17.30 Uhr verläßt der »Hellas-Expreß« den Bahnhof in Athen. Das Ticket wollten wir zunächst am Bahnhof kaufen. Geht aber nicht. »In Office only« sagt man uns, also nur im Reisebüro. Das gibt noch einmal eine kurze hektische Fahrt in die City und zurück. Ticket kaufen, zurück zum Bahnhof, Fahrrad aufgeben und selbst einladen. Und vor allem: Proviant kaufen. Es gibt nämlich keinen Speisewagen im »Hellas-Expreß«. Ein paar Biere kaufen wir selbstverständlich auch. Die Fahrt ist lang. Bis Stuttgart dauert sie 46 Stunden. 46 Stunden, in denen wir Abschied nehmen von Griechenland und uns in Gedanken wieder auf den mitteleuropäischen Arbeits-Alltag einstellen.

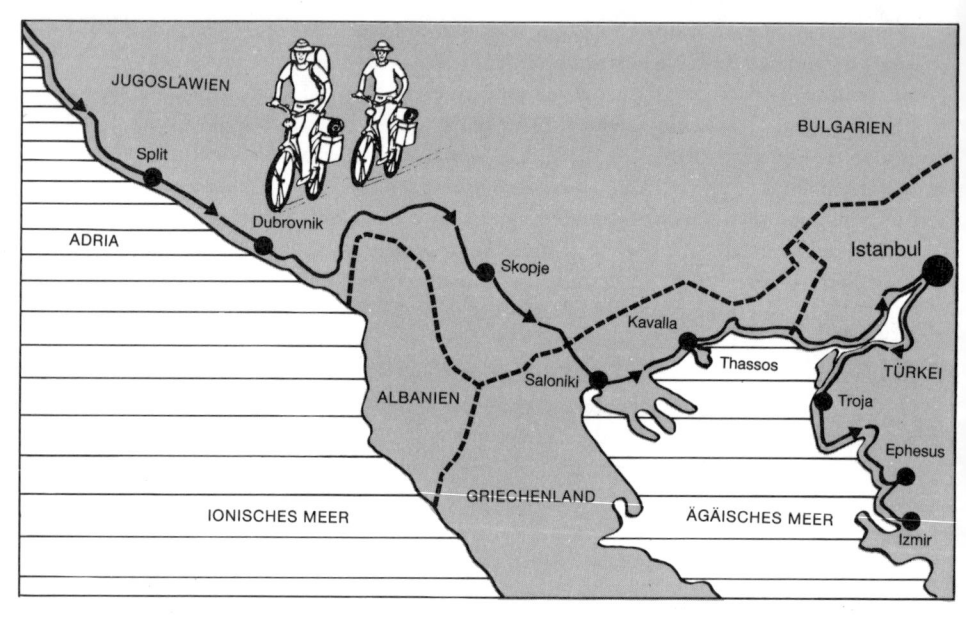

Tour 12: TÜRKEI

214

Einmal Anatolien und zurück

Mit dem Fahrrad in die Türkei? Warum nicht? Eine Zeitfrage zunächst, von Süddeutschland bis Istanbul sind es rund 3000 Kilometer. Eine Frage der Bereitschaft, sich zwei oder drei Monate von allen Gewohnheiten zu trennen, auch das ist Voraussetzung. Darüber hinaus jedoch gibt es eigentlich nichts, was einer Türkei-Tour entgegenstünde. Wer die Idee einmal ernsthaft in Erwägung zieht, den wird sie nicht loslassen. Sie wird ihn fesseln, und die Phantasie wird immer neue Bilder produzieren. Das Wort Istanbul allein hat schon Anziehungskraft, in Kombination mit »Fahrrad« bekommt es eine magische Bedeutung. Und irgendwann hält man's nicht mehr aus: man fährt los.

Die Frage, ob man ein Land bereisen soll, in dem recht zweifelhafte politische Zustände herrschen, ist berechtigt. Aber andererseits: was wissen wir in Deutschland über die Türkei? Herzlich wenig. Und wenn, dann sind die Informationen mit einem Haufen Klischees durchsetzt. Die türkischen Arbeitnehmer in Deutschland leiden unter diesem Unverständnis. Wer nach Wochen oder Monaten von der Türkei-Radtour zurückkehr, sieht sie mit anderen Augen.

Ein Deutscher aus der Bundesrepublik, der mit dem Fahrrad in ein türkisches Dorf einfährt, ist eine Sensation. Er kommt aus dem gelobten Land, in das schon so viele der Dorfbewohner ausgewandert sind. Aus einem Land, in dem doch jeder ein Auto besitzt, kommen sie mit dem Fahrrad, dem Symbol der Armut! Dieses Interesse, das einem entgegengebracht wird, wird nur noch von der Gastfreundschaft übertroffen, mit der dort der Radfahrer empfangen wird. Jede Radtour, egal, wohin sie führt, hat etwas eigenes, das immer in Erinnerung bleibt. Eine Türkei-Tour ist mehr. Sie ist, zumindest im Vergleich mit den vorgestellten Touren, die Krönung. Und deshalb bildet sie auch den Schluß meiner Erzählungen.

Zwischen Süddeutschland und der türkischen Grenze liegen mehr als 2500 Kilometer. Und trotzdem, oder gerade deshalb: Wir fahren zuhause los. Landschaft, Vegetation, Architektur, die Musik und die Gewohnheiten der Leute: sie gehen alle fließend ineinander über, nicht abrupt, Italien und Jugoslawien, Jugoslawien und Griechenland: alles fließt. Zwischen Griechenland und der Türkei sind die Unterschiede deutlicher, die Grenzformalitäten genauer. Aber drüben, auf der türkischen Seite dann, erkennt man auch die Gemeinsamkeiten, die sich die Erzfeinde Griechenland und Türkei niemals freiwillig eingestehen würden.

Die Alpen sind uns vertraut. Wir nehmen die gewohnte Route über Innsbruck und den Brenner, das Pustertal, Triest und die jugoslawische Adria-Küste. Ab und zu jedoch wird es uns selbst bewußt, daß wir diesmal die ganz große Tour machen. Immer dann, nämlich, wenn wir nach unserem Ziel gefragt werden.

Am zweiten Tag schon, irgendwo bei Kempten, hält man uns für verrückt, als wir ganz selbstverständlich Istanbul als Reiseziel angeben. Und bei Innsbruck erregen wir öffentliches Ärgernis; die Burschen in der Kneipe glauben, daß wir sie auf den Arm nehmen wollen und schimpfen über die Dreistigkeit unserer »Lüge«. Wir haben Glück, daß man uns keine Prügel androht, denn obwohl wir nicht gerade zu den Schwächsten zählen, sind ein Haufen rauflustiger Bauernburschen der letzte Grund, Krankenversicherung zu zahlen. Wir packen unsere Straßenkarten aus und erläutern die geplante Route. Das scheint sie zu besänftigen. Wir trinken eine beachtliche Menge Bier, und das überzeugt sie endlich.

Als häufigste Resonanz ernten wir Kopfschütteln, was uns in unserer Absicht aber nur bestätigt. Das ist es ja, was uns reizt: anders zu sein, als andere Touristen, die Welt mit anderen Augen zu sehen.

Wir sind ziemlich schnell: Am sechsten Tag schon, nachmittags gegen sechs, erreichen wir Triest. Nach genau einer Woche sind wir im jugoslawischen Zadar, nach elf Tagen in Dubrovnik. Von dort kämpfen wir uns über die Bergwelt Montenegros, was mit Hilfe der zahlreichen albanischen Lastwagen ohne Kollaps über die Bühne geht. Titograd, Ivangrad, schließlich Skopje. Skopje wurde 1963 von einem Erdbeben fast vollständig zerstört, dann wieder aufgebaut. Inzwischen wird die Katastrophe touristisch vermarktet: Postkarten zeigen fallende Ziegel. Entweder die herunterstürzenden Steine wurden in die Vorlage einkopiert, oder der Fotograf hat tatsächlich neben einer Mauer gewartet, bis sie zusammenfiel! So oder so, die Karten haben Seltenheitswert.

Griechenland kommt näher. Parallel zum berüchtigten »Autoput« fahren wir in südöstlicher Richtung. Es ist heiß, wirklich gnadenlos heiß. Aber wir müssen ja vorwärtskommen. Wir nähern uns der griechischen Grenze und haben seit 50 Kilometern kein Dorf mehr gesehen. Keine Möglichkeit, im Schatten auszuruhen und etwas zu trinken. Die Wasser-Vorräte gehen zur Neige. Wir lösen Salztabletten im restlichen Wasser auf, um die mit dem Schweiß verlorengegangenen Salze wieder aufzunehmen. Dann fahren wir weiter. Noch 50 Kilometer bis zur Grenze, dort wird es ja sicher einen Wasserhahn geben!

Es ist am frühen Nachmittag, die Sonne steht schräg vor uns. Der Körper ist aufgeheizt, wir glühen. Da sehe ich hinter einem unscheinbaren Bretterschuppen Glas blinken. Ich brülle: »Eine Kneipe«. Wir machen einen 90-Grad-Haken und rasen darauf zu. Tatsächlich: Hinter dem Schuppen sitzen ein paar Männer und trinken Bier. Nebenan fließt ein Bewässerungskanal. Jeder kauft sich ein Bier, dann stellen wir uns in den Kanal, dessen Wasser uns bis zur Brust reicht. Ein Schluck Bier, dann untertauchen, dann wieder ein Schluck Bier, wieder untertauchen. Wir sind gerettet!

Drei Stunden später haben wir die Grenze erreicht. Die Abfertigungsbeamten scherzen, und einer, ausgerechnet ein dicker, will unbedingt mit meinem Rad eine Rund drehen. Hoffentlich bricht es nicht zusammen. Die Tour wäre gestorben. Aber es hält.

Wir begrüßen Griechenland auf unsere Art: gleich hinter der Grenze, wo die Dörfer vielsagende Namen haben (»Metamorfossis«, »Neon«, oder auch »Nea Filadelfia«), biegen wir in eine schöne schattige Dorfkneipe ab, gehen in die Küche, um uns nach einem Abendessen umzusehen und bestellen, natürlich, Retsina. Die Begrüßung – wir grüßen Griechenland, die Griechen grüßen uns – verläuft herzlich, aber die Wirkung ist heftig. Nachdem jeder von uns schon drei Flaschen Retsina getrunken hat, bestelle ich eine vierte. Als wir schließlich aufbrechen, habe ich Schwierigkeiten, mein Rad zu besteigen. Mit Anlauf trete ich auf das linke Pedal, beschreibe mit dem rechten Bein einen schwungvollen Bogen – und falle rechts wieder vom Rad herunter! Sämtliche Griechen springen von ihren Stühlen und helfen mir auf. Ich habe Glück, nichts passiert. Nur mein Kilometer-Zähler an der Vorderachse ist abgebrochen. Den Rest des Heimwegs schieben wir die Räder.

Von Saloniki führt die Route exakt nach Osten. Da wir Zeit haben, machen wir Abstecher auf die Insel Thassos mit ihren wunderschönen Sandstränden und auf die Insel Samothraki. Die kleine Felseninsel Samothraki ist landschaftlich weniger reizvoll als Thassos, hier ist es aber auch wesentlich ruhiger. Um korrekt zu sein: Wir sind die einzigen Touristen. Zwischen Alexandroupolis auf dem Festland und Samothraki verkehrt zweimal die Woche ein Boot. Genau das Richtige, um sich auszuruhen. Zurück auf dem Festland treten wir denn auch um so kräftiger in die Pedale. Noch ein paar Eiskaffees in Griechenland, ein kurzer Spurt, wir sind an der Grenze zur Türkei!

IM PASS STEHT BISIKLET

Man ist mißtrauisch. Was, mit dem Fahrrad wollen Sie nach Istanbul? Und ausgerechnet mitten durch Griechenland hindurch? Wir machen den Beamten klar, daß wir überhaupt nicht die Absicht haben, uns auf politische Diskussionen einzulassen. Aber das Fahrrad wird in den Paß eingetragen. Ein Stempel, ein paar schwungvolle Unterschriften, mittendrin das Wort »bisiklet«. Das muß »Fahrrad« heißen. Warum das Rad im Paß verzeichnet wird, bleibt uns ein Rätsel. Vielleicht, um zu verhindern, daß wir es verkaufen?

Hinter der Grenze jedenfalls, wir packen gerade unsere Sachen zusammen, bietet man uns schon umgerechnet ein paar hundert Mark für jedes Rad. Daß Sport- oder Tourenräder aus Deutschland beliebt sind, wird klar, wenn man bedenkt, daß es in der Türkei noch jede Menge Räder ohne Schaltung gibt, zum Teil sogar noch mit Gestänge-Bremsen, also ohne Seilzüge. Die Angebote steigern sich, wir bleiben hart: wir wollen nicht verkaufen.

Die Karte sagt uns, daß es bis Istanbul noch rund 270 Kilometer sind. So, wie die Straße hier aussieht, würde es wohl keine große Schwierigkeit machen. Breit, asphaltiert, allerdings auch sehr verkehrsreich. Doch wir haben keine Wahl, es ist die einzige Straße, die von der Grenze nach Istanbul führt. Und wieder ist es sengend heiß. Wir haben uns wohl zu früh gefreut. Bei Tekirdag stoßen wir auf das Meer, eine frische Brise macht die Fahrt etwas leichter. Die Felder sind ausgetrocknet, die vereinzelt liegenden Gehöfte machen einen ärmlichen Eindruck. Als wir kurz anhalten, werden wir von zwei vielleicht sechsjährigen Jungen um Zigaretten gebeten. »Hello mister, zigarett«, sagen sie lachend und entblößen braune Zähne. Wir sind alle Nichtraucher und müssen den Kopf schütteln, obwohl wir ihnen gerne etwas gegeben hätten. Doch wir haben selbst nichts dabei, was wir entbehren könnten. Später stellen wir fest, daß hier überall schon kleine Kinder rauchen. Andererseits lehnen wir alle Zigaretten ab, die uns angeboten werden. Das wirkt manchmal sehr unhöflich, aber wir können doch nicht aus Höflichkeit zu Kettenrauchern werden. Wir versuchen dabei immer das Fahrradfahren als Grund für unsere Abstinenz hinzustellen. Das leuchtet ein.

Ziel vieler Fahrrad-Träume: die Blaue Moschee in Istanbul

Die 270 Kilometer bis Istanbul sind eine schwere Prüfung. Schnurgerade Straße, immer leichte Steigungen, landschaftlich kaum eine Abwechslung. Abends machen wir uns kaum die Mühe, einen schönen Schlafplatz zu suchen. Wir sind zu müde. So legen wir uns hinter einer winzigen Kneipe direkt an der Straße in die Wiese. Nachts um zwei ohrenbetäubender Lärm. Ein Kumpel des Wirts ist gekommen, um Abschied zu feiern. Der Wirt hat eine Schallplatte aufgelegt und den altersschwachen Plattenspieler voll aufgedreht. Aber die Scheibe hat einen Sprung – und die Nacht ist lang! Am dritten Tag, gegen Nachmittag: die ersten Umrisse von Istanbul. Der Verkehr wird stärker, die Luft stickiger, die Straße schlechter. Moscheen tauchen aus dem Dunst auf. Erst langsam wird uns bewußt, daß wir es geschafft haben: 2800 Kilometer zeigen die Zähler, als wir nach 24 Tagen Fahrtzeit die Stadtgrenze passieren! Benommen von der Hitze und vom Verkehr, müssen wir uns im Schatten erst einmal erholen.

Wir haben Probleme, unsere Gefühle und Eindrücke unter einen Hut zu bringen: Wir wollten nach Istanbul, weil es uns symbolhaft erschien, als Beweis, daß man mit dem Fahrrad die mitteleuropäischen Grenzen sprengen kann, Istanbul als der Inbegriff von Ferne und Orient. Doch auf der anderen Seite zeigt uns der Verkehr hier die vertrauten Seiten einer hektischen City, das haben wir in Stuttgart auch. Als wir uns ins Gewühl stürzen, um nach der Adresse eines Bekannten zu suchen, erkennen wir, daß auch der Verkehr seine orientalischen Seiten hat: Vollgas scheint die einzige Betriebsstellung des rechten Fußes zu sein, Verkehrsschilder werden ignoriert, die Hupe ist das am häufigsten benutzte Teil am Auto. Als es dämmert, wird es noch toller: man fährt ohne Licht! Wir versuchen, über das Kopfsteinpflaster so gut wie möglich vorwärts zu kommen, wobei wir die Köpfe einziehen. Nur nicht nach rechts und links schauen, man könnte sonst womöglich Angst bekommen.

Unser Freund wohnt drüben auf der anderen Seite der Stadt in Galata. Und das heißt, wir müssen über die Galata-Brücke, die zwar vier Spuren hat, auf der sich aber kein Mensch um die Spuren kümmert. Als wir ganz vorsichtig hinüberfahren, sehen wir, wie jemand ganz seelenruhig, mittendrin im Getümmel, den Reifen wechselt. Offensichtlich werden hier die Nerven besser, oder man verliert sie ganz. Wir sind als Mitteleuropäer überfordert. Obwohl wir schon einiges gewöhnt sind. Schließlich finden wir unseren Freund, der es anfangs nicht glauben will, daß wir es tatsächlich geschafft haben. »Die ganze Strecke von Stuttgart bis Istanbul, das gibt's nicht, das gibt's nicht«, murmelt er immer wieder. Aber wir stehen unübersehbar vor ihm.

Erst am nächsten Tag, als wir durch die Stadt schlendern, wird es uns selbst so richtig klar, daß wir allen Unkenrufen zum Trotz unser Ziel erreicht haben. Die Räder haben wir im Keller unseres Freundes abgestellt, zu Fuß kommt man hier genauso schnell vorwärts. Wir besuchen den Basar, wo ich um einen Samowar feilsche und ihn dann doch nicht kaufe. Das macht den Händler wütend. Und eigentlich hat er Recht: Man sollte nur bei echtem Kaufinteresse mit dem Handeln beginnen. Das Handeln selbst ist Ehrensache und wird auch erwartet.

Die berühmte Blaue Moschee bleibt uns versperrt. Da wir Sandalen tragen, bedeutet man uns am Eingang: »Wash your feet«, Füßewaschen also. Es herrscht jedoch ein solches Gedränge, daß wir die Moschee lieber nur von außen betrachten.

Ganz in der Nähe liegt der ebenso berühmte »Pudding-shop«, der Globe-trotter-Treff und Umschlagplatz für Nachrichten und Tips für den gesamten Orient. Der köstliche Pudding, von dem das Gasthaus seinen Namen hat – einer teuflisch süßen Mischung aus Milchreis und Vanillepudding, bestreut mit Zucker und Zimt – wurde freilich hier nicht erfunden. Ihn gibt es überall in der Türkei. Weil jedoch so mancher Weltreisende von Istanbul und der

Er wollte uns mitnehmen, doch sein LKW streikte

Türkei nur diesen Treffpunkt kennt, nimmt er an, der Pudding sei eine Spezialität des Hauses.

DIE KASSETTE RUFT ZUM GEBET

Wir bekommen vom Umherlaufen Muskelkater. Das ist kein Witz, denn bei dreieinhalb Wochen Radfahren sind ganz andere Muskeln und Sehnen beansprucht worden, als jetzt, beim normalen Spazierengehen. Abends fallen wir todmüde auf die Matten und schnarchen, bis wir vom Muezzin der benachbarten Moschee geweckt werden. Wo ist der Muezzin? Keiner da, nur Lautsprecher. So ist das also: Das Wort des Propheten wird unter Zuhilfenahme heidnischer Technik unter die Gläubigen gebracht. Wir erfahren, daß es in ganz Istanbul nur noch zwei hauptamtliche Muezzin gibt, die auch nur zu besonderen Anläßen auf die Minarette steigen.

So schön und interessant Istanbul auch sein mag: Wir sind auf unserer Tour bisher eher die Ruhe und die Abgeschiedenheit gewöhnt, die Stadt nervt uns nach ein paar Tagen. Wir werden nervös, und das heißt, wir müssen weiterfahren. Am besten an der Küste entlang, das beschließen wir nach kurzer Beratung. Von Istanbul und Üsküdar spannt sich die Brücke über den Bosporus. Hier noch Europa, dort schon Asien. Direkt vor Ort ist die Symbolhaftigkeit dieses Bauwerks nicht so recht zu spüren.

Auf der Fähre hinüber nach Bandirma an der anatolischen Küste blicken wir zurück auf die Minarette der Blauen Moschee. Sie versinken allmählich wieder im Dunst, so wie sie fast eine Woche zuvor aufgetaucht waren.

Als wir ein paar Stunden später in Bandirma von Bord gehen, ist es, als hätten wir einen Sprung um hundert Jahre zurück gemacht. Anatolien: winzige Dörfer mit Holzhütten, Pferdewagen, Felder, Pinienhaine. In dem groben Schotter der Straße kommen wir kaum vorwärts, aber wir freuen uns, wieder auf dem Land unterwegs zu sein. Wir sind kaum ein paar Minuten gefahren, da hält ein Lastwagen neben uns. Der Fahrer deutet mit Handbewegungen auf die Ladefläche – wir verstehen. Einer steigt auf den Lastwagen und hebt die Räder nacheinander hinauf. Oben stehen wir nebeneinander hinter dem Führerhaus und lassen die Sonne und den Fahrtwind voll auf uns wirken. Gott sei dank sind wir wieder aus der Großstadt heraus! Und wir stecken buchstäblich knöcheltief im Landleben: Der Laster hatte nämlich zuvor Kühe transportiert, was an den Rückständen auf der Ladefläche unschwer zu erkennen ist. Und wir stehen knöcheltief drin! Wir machen uns nichts daraus, sondern finden es unheimlich lustig. Wir fangen an, mit dem Kuhmist zu werfen, so sehr steigt die Euphorie in uns hoch.

Anatolien ist eigentlich der ganze riesige Landzipfel südlich von Istanbul. Ein einziges Gebirge. Deshalb fahren wir auch stets an der weniger bergigen Küste entlang. Alle paar Kilometer ein Dorf, überall einsame Buchten. Leider auch Lastwagen, die uns per Hupkonzert begrüßen. Am Anfang freuen wir uns darüber. Nach dem hundertsten Lastwagen, der uns mit seiner Fanfare anhupt, sind wir schon leicht genervt. Die meisten haben Mehrklang-Fanfaren, einige spielen richtige Melodien damit. Beliebt ist die Hup-Fanfare nach der Melodie von »Ein Schiff wird kommen«.

Verpflegungsprobleme gibt es keine. Wie in Griechenland, so gehen wir auch hier selbstverständlich in die Küche, um dort unser Menü zusammenzustellen. Auf den steinernen Öfen brutzelt und blubbert es in großen Pfannen und Töpfen so appetitanregend, daß wir uns fast überessen. Sogar Bier gibt es. In Ermangelung eines Kühlschranks wird es oft im Dorfbach hinter der Kneipe gekühlt. Der hat im Sommer zwar auch seine 15 Grad Celsius, das ist aber immer noch relativ frisch im Gegensatz zur Luft-Temperatur.

Fast in jedem Dorf halten wir an, um Tee zu trinken. Der wird in einem kleinen Kännchen als Sud aufgebrüht, heißes Wasser kommt anschließend aus dem Kessel dazu. So ein Samowar ist schon eine großartige Sache. Der Tee ist sehr süß und sehr billig, wir trinken jeden Tag mindestens 20 Gläser. Wer im Fastenmonat in der Türkei unterwegs ist, muß ebenfalls nicht verhungern. Denn während des Ramadans wird nachts gegessen und getrunken! Damit auch ja niemand die Nahrungsaufnahme verpaßt, rennt vor dem Morgengrauen ein »Wecker« mit einer Trommel durchs Dorf und macht mit ohrenbetäubendem Lärm klar, daß es jetzt Zeit ist aufzustehen und zu essen.

EIN FRIEDHOF ALS SCHLAFPLATZ

Die Übernachtungsfrage ist, mit etwas Übung, leicht zu klären. Wie überall, so ziehen wir auch in der Türkei einen windstillen Strandabschnitt allen anderen Plätzen vor. Ein leichter Wind schadet aber nicht, im Sommer vor allem wird es an der anatolischen Küste auch recht heiß. Ein anderes Problem sind die Stechmücken. Nach schlechten Erfahrungen in Wiesen und Sümpfen bevorzugen wir Nadelwälder. Und wir glauben auch zu wissen, warum: Die Larven der Moskitos fressen Blätter. In Nadelwäldern gibt es keine Blätter, also auch recht wenig Moskitos. Und in der Türkei gibt es an der Küste ausgedehnte Pinienwälder. Noch besser ist freilich ein alter türkischer Friedhof. Dort, zwischen den Seekiefern und anderen Nadelbäumen, findet jeder seinen Schlafplatz. Einmal sogar breiten wir unsere Schlafsäcke auf etwas abgesackten Bodenflächen aus. Das sind doch nicht etwa Gräber gewesen? Wir sind abends so müde, daß wir die Pietät vernachlässigen. Aber so ein alter türkischer Friedhof ist und bleibt der beste Schlafplatz, den man finden kann!

Vor Bauernhöfen sollte man sich allerdings hüten. Nicht wegen der Bewohner. Die würden einen sogar einladen. Nein, vor Eseln und vor Hunden muß man sich fürchten. So ein Esel schreit so laut und durchdringend, daß man sein Gebrüll noch in einer Entfernung von einem Kilometer als gehörschädigend empfindet. Und wenn man abends nicht auf Esel geachtet hat und sich aus Versehen in ihre Nähe gelegt hat, dann beginnt das Tier garantiert mitten in der Nacht zu brüllen.

Bellende Hunde beißen nicht, sagt man. Es kommt aber vor, daß einem ein beißender Hund, der nicht bellt, lieber wäre. Ein kräftiges Tier mit gesunder Lunge bringt es auf einen Beller pro Sekunde. Und das kann die ganze Nacht dauern. Türkische Hunde können ganz schön ausdauernd sein. In zehn Stunden wären das 36000mal gebellt! Und das ist nicht nur ein Rechenexempel, sondern das ist auch eine konkrete Erfahrung.

An der anatolischen Küste entlang fahren wir über Canakkale nach Truva, besser bekannt unter der antiken Bezeichnung Troja. Vor Jahrtausenden

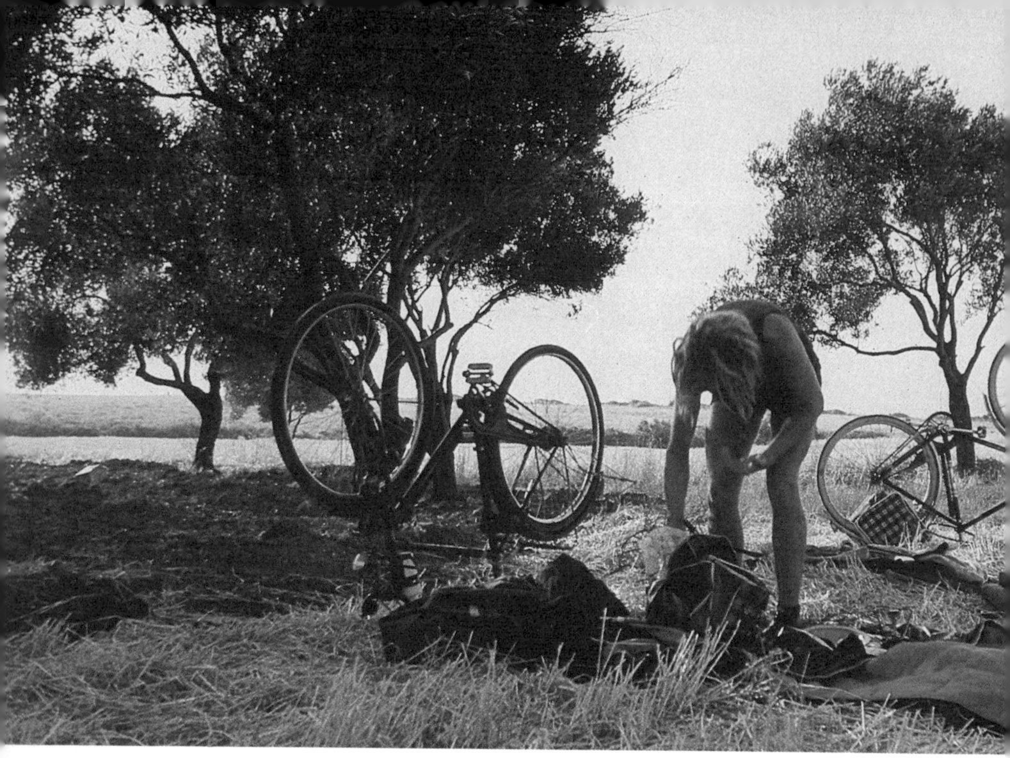

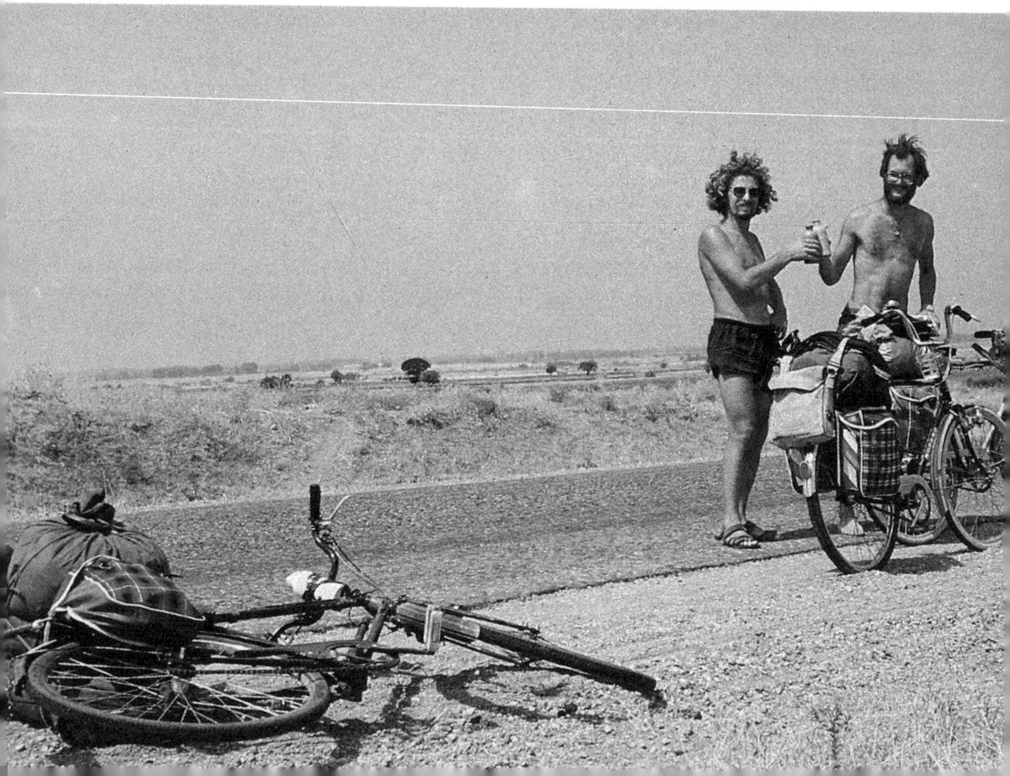

Man hat für alles viel Zeit in der Türkei: zum Reparieren, zum Tratsch mit den Männern des Dorfes oder zum Anstoßen auf eine runde Kilometer-Zahl

225

noch am Meer gelegen, liegt es jetzt, von einer sandigen Steppe umgeben, mitten im Land. Troja kann man besichtigen, ein spezieller Führer durch die antike Stätte ist jedoch Grundvoraussetzung für das Verständnis der alten Steine. Ohne historische Erklärungen sind die Gemäuer, die aus mindestens zehn verschiedenen Epochen stammen, ohne Aussagewert. Das trojanische Pferd steht, als Holz-Konstruktion für touristische Zwecke, am Eingang des Geländes.

Ein paar Kilometer hinter Troja biegen wir in einen sandigen Pfad ein, der auf eine Häuser-Ansammlung zuführt. Wir überqueren gerade eine Holzbrücke, da beginnt das Wasser unter der Brücke zu brodeln. Aus der braunen Brühe tauchen schwarze Schädel mit gewaltigen Hörnern auf: Wasserbüffel. Zehn, zwanzig oder mehr sind es. Man sieht nur die gehörnten Köpfe, die uns alle anstarren. Oder vielleicht auch die Fahrräder? Ein Fahrrad ist nicht alltäglich. Das merken wir, als wir ins Dorf einfahren. Wir stellen die Räder vor dem Eingang eines kleinen Ladens ab, um dort etwas Schafskäse und Brot zu kaufen. In einem Laden übrigens, der neben Käse auch so unterschiedliche Dinge wie Draht, Seife, Autoreifen oder Oliven verkauft. Daher der Name Gemischtwarenladen. Wir versuchen, mit Handzeichen einen Schafskäse auszuhandeln, da werden wir von einem kleinen Mädchen gefragt: »Kann ich Ihnen helfen?« Auf deutsch wohlgemerkt. Die Kleine ist die Tochter eines Gastarbeiters, der seinen Urlaub in seinem Heimatdorf verbringt. Bei Ford arbeitet er, in Köln.

Wir sind die Attraktion des Dorfes. Tische werden zusammengeschoben, Stühle herbeigeholt, Tomaten, Käse, Paprika, Brot und Salz erscheinen auf dem Tisch, und wir müssen essen. Immer mehr wird aufgetischt – es nimmt kein Ende. Wir ziehen die Karte heraus und schauen nach. Tatsächlich: auf der Karte ist das türkische Dorf eingezeichnet. Das bringt die Dorfbewohner aus dem Häuschen. Ein türkisches Dorf auf einer deutschen Karte! Das ist eine Sensation. Noch mehr Essen wird aufgetragen. Phantastisch ist vor allem der Yoghurt. Noch mehr Schafskäse, noch mehr Tomaten. Wir kramen einen Filzstift hervor und ziehen auf der Karte einen Kreis um das türkische Dorf herum. Das soll ein Lob sein. Es wird auch verstanden.

Wir können an diesem Tag nicht mehr weiterfahren. Erstens wäre es unhöflich, zweitens sind wir zu vollgefressen. Hinter einem Holzschuppen legen wir uns schließlich zur Ruhe, nachdem wir Unmengen von Tee getrunken haben. Auf Alkohol haben wir heute verzichtet, wir wollten den Moslems die Peinlichkeit ersparen, extra für uns Bier aufzutischen.

Überall werden wir mit Herzlichkeit begrüßt und bewirtet. Jeder will auf unserer Karte sein Dorf suchen. Wenn es verzeichnet ist, gibt es ein großes Hallo. Überall werden wir gefragt, ob man uns weiterhelfen kann. Manchmal organisiert irgendjemand sogar einen Lastwagen, der uns ein Stück mitnimmt, obwohl wir immer wieder beteuern, daß uns das Fahrrad-Fahren überhaupt nichts ausmacht. Das scheint man uns nicht so recht abzunehmen. Ein so reiches Land, wie die Bundesrepublik, und dann mit einem Fahrrad so weit zu fahren? Den Leuten muß man doch helfen, so sagen sich die gastfreundlichen Türken.

Wo immer wir an einem Feld vorbeikommen, auf dem gerade etwas geerntet wird, winkt man uns heran und füllt unsere Taschen mit Pfirsichen oder Trauben. Oder wir müssen eine Melone verspeisen, wobei wir immer gefragt werden: »Gut?« Es könnte uns wirklich nirgendwo besser gehen als hier, sagt uns unser Gefühl.

Wir sind sicher, daß mancher zuhause überrascht wäre von dieser Türkei, die er vielleicht niemals kennenlernen wird. Schade, es wäre wirklich jedem zu empfehlen. Andererseits ist ein großer Touristenrummel das letzte, was dieser Landstrich verdient hätte. Natürlich gibt es Touristen, auch Auto-Touristen. Vom 2 CV bis zur Luxuslimousine kann einem alles begegnen. Aber kein Vergleich mit den überfüllten Reiseländern in Südeuropa. Hier in Anatolien gibt es nur Individualisten.

Ab und zu geht ein Auto natürlich kaputt, was wir schadenfroh registrieren. In Pergamon, türkisch Bergama, auch eine antike Stätte von Rang, entdecken wir einen VW-Bus aus Deutschland, der vor einer Reparaturwerkstatt parkt. »Was kaputt?« fragen wir scheinheilig. »Ja,« sagt der Besitzer, »Kolbenfresser. Und ich weiß nicht, wie's weitergehen soll«. Der türkische Mechaniker scheint zu wissen, wie es weitergehen soll. Er zerlegt den Motor nämlich gerade, wobei er alle Teile schön nebeneinander auf den Gehweg legt. Das müßte mal ein deutscher KFZ-Meister sehen! Staub und Hitze, spielende Kinder – und er zerlegt seelenruhig den VW-Motor mitten auf dem Gehweg. Wir können es nicht lange mit ansehen und fahren zur Besichtigung des antiken Pergamon den Berg hinauf.

Zwei Tage später, wir haben die Szene schon längst wieder vergessen, überholt uns selbiger VW-Bus. Der Fahrer winkt aus dem Fenster. »Alles klar«, ruft er uns zu, »das Ding läuft wieder.« Sollte es tatsächlich möglich sein, einen Motor in der staubigen Luft einer Landstraße zu zerlegen, zu reparieren und wieder zusammenzusetzen? Wie lange der Motor noch halten wird, wissen wir nicht. Aber Lob auf die Improvisationskunst des türkischen Mechanikers!

Wir fühlen und bald so wohl, daß wir zu singen anfangen. Keine Fahrtkosten, keine Übernachtungskosten, die Verpflegung spottbillig, ein günstiger Urlaubstarif. Am teuersten ist immer noch das Bier, das hier umgerechnet 1,50 Mark die Flasche kostet. Das mag auf den ersten Blick nicht viel sein.

Doch wenn man bedenkt, daß es mit 1,50 Mark fast zehnmal so teuer ist wie ein Glas Tee, teurer noch als eine Schüssel Hammel-Bohnen-Eintopf, wird klar, was für ein Luxus eine Flasche Bier bedeutet. Aber irgendetwas müssen wir uns leisten. Außerdem ist Bier gut verträglich und ersetzt die Salze, die beim Schwitzen verloren gehen. Wir betrachten das Bier also als Medizin. Abends, in der Kneipe am Strand, wenn wir das ›woher‹ und das ›wohin‹ erklären, fallen wir schon auf, wenn wir jeder drei Biere trinken. Aber wir haben nicht den Eindruck, daß wir deshalb negativ angesehen werden.

DIE GASTFREUNDSCHAFT IST ÜBERWÄLTIGEND

Die Freundlichkeit und die Hilfsbereitschaft der türkischen Dorfbewohner kann man gar nicht genug hervorheben. Und was die Sicherheit unserer Räder angeht: Immer, wenn wir absteigen, um einzukaufen oder essen zu gehen, können wir unbesorgt sein. In den ersten Tagen schließen wir die Räder immer sorgfältig ab. Aber dann bedeutet uns ein Türke, daß dies nicht nötig sei, jeder würde hier auf die Fahrräder aufpassen. Und in den nächsten Tagen merken wir, daß zwar immer reges Interesse daran besteht, die Gangschaltung zu betätigen, zu klingeln und zu hupen und an allem herumzuspielen, niemals jedoch die Gefahr, daß die Räder geklaut werden könnten. Im Gegenteil: Kinder, die zu wild an den Hebeln herumspielen, werden stets von den Älteren gemahnt, vorsichtig zu sein, nur nichts kaputt zu machen.

Dies ist der Eindruck, den wir vom Land haben. Istanbul bietet als Millionenstadt natürlich mehr Gründe und mehr Gelegenheit, ein Fahrrad zu stehlen, für das Land jedoch gibt es nur Gutes zu berichten.

Leider gibt es auch Negatives zu berichten. Politische Diskussionen sind in der Türkei sehr frustrierend. Über ihre eigene Situation reden die Leute nur sehr ungern, gegen ihre griechischen Nachbarn dagegen wettern sie umso heftiger. Wir machen einmal den Fehler, in einer Kneipe einen »griechischen Kaffee« zu bestellen. Wir werden sehr energisch darauf hingewiesen, daß es in der Türkei ausschließlich türkischen Kaffee gebe. Eine Belehrung über das türkisch-griechische Verhältnis folgt.

Und das Verhältnis ist nicht gut. Während wir in Griechenland nirgendwo Haß gegen die Türken gespürt haben, ist der Griechen-Haß in der Türkei unübersehbar. Immer wieder werden wir gefragt, welche Nation, welches Volk wir denn als die »Besseren« betrachten. Und immer antworten wir, daß wir Griechen und Türken gleichermaßen lieben, für eine allgemeine Völkerverständigung und gegen Kriege eintreten. Man hört sich die Antwort schweigend an, doch zufrieden ist niemand damit. Möglicherweise verstehen wir auch zuwenig von der wechselhaften Geschichte, die Griechen und

Hier werden Trauben in der Sonne getrocknet. Resultat: Rosinen

Türken seit Jahrhunderten gegeneinander aufgebracht hat. Daß ein einzelner Dorfbewohner irgendwo auf dem Land einen persönlichen Haß hegt gegen den griechischen Nachbarn auf der Insel draußen vor der Küste, der genauso lebt, wie er selbst, die selben kleinen Probleme hat, wie er in der Türkei, das können und wollen wir nicht dem einzelnen als Schuld zuweisen.

Bis Izmir fahren wir, soweit es möglich ist, an der Küste entlang. In Izmir, einer Industriestadt, der drittgrößten der Türkei übrigens, halten wir uns nicht lange auf. Wir stellen uns die Frage, wie wir unsere Rückfahrt gestalten wollen. Wir könnten zum Beispiel von Izmir aus mit der Fähre über die griechischen Inseln nach Athen dampfen und von dort mit dem Zug nach Hause fahren. Doch die Küste Anatoliens hat uns so fasziniert, daß wir, zum ersten und einzigen Mal auf unseren Touren, denselben Weg wieder zurück-fahren. Nach Norden bis Canakkale, dann mit der Fähre über die Dardanel-len-Enge und auf dem europäischen Teil der Türkei wieder bis zur Grenze nach Griechenland. Unterwegs zeigen unsere Kilometer-Zähler die 4000er-Marke! Wir feiern mit Tomaten, Käse, Paprika, Brot und Bier in einem Dorf am Meer. Und wir versprechen: wir kommen irgendwann einmal wieder.

Anhang

Übersicht über die Deutschen Botschaften beziehungsweise Konsulate im Ausland sowie die Telefonnummern von Polizei und Unfall-Rettung:

Dänemark, Norwegen und Schweden:
Kopenhagen, Stockholmsgade 57, Tel. 261622

Oslo, Oscarsgate 45, Tel. 563290

Stockholm, Skarpögatan 9, Tel. 631380
Polizei und Unfall: Tel. 90000

Frankreich
Paris, 13, Av. Franklin D. Roosevelt, Tel. 3593351
Polizei in Paris: Tel. 17

Griechenland:
Athen, Odos Karaoli kai Dimitriou 3, Tel. 36941
Polizei in Athen, Saloniki, Patras und Korfu: Tel. 109
Touristenpolizei in Athen: Tel. 171
Polizei in anderen Städten: Tel. 100
Unfall Athen: Tel. 166

Irland:
Dublin 4, Ailesbury Road 43, Tel. 693011
Polizei und Unfall: Tel. 999

Jugoslawien:
Belgrad, Kneza Milosa 74–76, Tel. 645755
Polizei: Tel. 92
Unfall: Tel. 94

Italien:
Rom, Via Po 25c, Tel. 860342/45
Polizei und Unfall: Tel. 113

Niederlande:
Den Haag; Groot Hertoginnelaan 18–20, Tel. 469206

Österreich:
Wien, Metternichgasse 3, Tel. 736510/18
Polizei: Tel. 133
Unfall: Tel. 144

Schweiz:
Bern, Willadingweg 78, Tel. 440831/36
Polizei: Tel. 17 o. 117
Unfall: Tel. 144

Spanien:
Madrid, Calle Fortuny 8, Tel. 4199100
Polizei: Tel. 091

Türkei:
Ankara, Atatürk Bulvari 114, Tel. 265465
Touristenpolizei Istanbul: Tel. 285369
Informationen in Istanbul: in der Halle des Hilton-Hotels und am Flughafen.

Ungarn:
Budapest, Iszo utca 5, Tel. 224204
Polizei in Budapest: Tel. 07, in anderen Städten 007
Unfall in Budapest: Tel. 04, in anderen Städten 004